트럼피디아

트럼프 알고리즘을 해부하다

트럼피디아

트럼프 알고리즘을 해부하다

이지윤 지음

마음의숲

프롤로그

도널드 트럼프는 2024년 11월 5일 제47대 미국 대통령에 당선됐다. 그로부터 정확히 364일 뒤 트럼프의 고향 뉴욕에서 '민주사회주의자'를 자처하는 1991년생 무명 정치인 조란 맘다니가 시장으로 선출됐다. 트럼프를 '파시스트'라고 부르며 등장한 맘다니는 트럼프의 고강도 이민 단속과 강력한 반(反)다양성 정책에 질린 뉴요커들의 환호를 등에 업고 당선됐다. 트럼프보다 45살이나 어린 그는 완벽한 대척점이자 데칼코마니 같은 존재였다.[1]

트럼프는 맘다니를 향해 "공산주의자"이자 "극좌 미치광이"라며 독설을 퍼부었고, 주 방위군 투입까지 경고했다. 그런데 맘다니의 당선 약 보름 만인 2025년 11월 21일, 백악관에서는 믿기 어려운 이변이 일어났다.

첫 회동을 마친 두 사람은 매우 화기애애한 분위기에서 기자회견을 열었다. '아직도 트럼프를 파시스트라고 생각하냐'는 날선 질문에 트럼프는 맘다니의 어깨를 토닥이며 대신 이렇게 답했다. "괜찮다. 그냥 '예스'라고 해라. 그 편이 간단하다."[2]

도대체 어떤 교감이 있었기에 트럼프는 '공산주의자'라 비난하던 맘다니를 이토록 환대했을까? 그저 트럼프 특유의 즉흥적인 변덕이었을까?

나는 지난 1년간 트럼프라는 거대한 현상을 집요하게 추적해 왔다. 일간지 국제부 기자로 근무하며 쏟아지는 외신과 서적을 뒤지고, 국내외 미국 전문가들에게 조언을 구하며 트럼프를 이해하려고 최선을 다했다. 매주 〈트럼피디아〉라는 연재를 통해 독자들과 호흡하며 깨달은 것은, 트럼프는 생각보다 일관된 사람이라는 사실이다.

트럼프가 당장 내일 어떤 결정을 내릴지 예언할 수 있다는 뜻은 아니다. 하지만 참모들이 그에게 어떤 선택지를 제시할지는 예상할 수 있다는 생각을 하게 됐다. 모든 인간이 그러하듯, 그 또한 기저에 깔린 욕망과 신념에 따라 움직이고 있다. 그를 중심으로 한 '트럼프 세계'에도 분명한 작동 원리, 달리 말해 알고리즘이 존재한다. 이 책은 독자들에게 트럼프 작동 원리와 키플레이어를 전달하고자 했다.

맘다니는 '트럼프 알고리즘'을 본능적으로, 혹은 전략적으로 완벽하게 간파해 낸 인물이었다. 그날의 33분 기자회견은 맘다니가 트럼프의 마음을 어떻게 돌렸는지 보여주는 결정적 단서다. 맘다니가 트럼프를 사로잡은 비결은 이 책에 나오는 내용을 바탕으로 추론할 수 있다.

맘다니가 쥔 첫 번째 열쇠는 트럼프의 '뿌리'였다. 회담 직후 트럼프는 "그가 주택 건설에 대해 매우 흥미로운 이야기를 했다"고 말했다. 맘다니는 선거 기간 동안 공공주택 20만 호 보급과 개발 승인 절차 간소화를 공약했다.[3] 이는 트럼프의 아버지 프레드 트럼프가 뉴욕에서 정부 지원금으로 공공주택을 지어 부를 축적했던 방식과 정확히 맞닿아 있다.[4]

뉴욕 맨해튼에 '트럼프 타워'와 '그랜드하얏트 호텔'을 짓기 이전에 트럼프는 일생동안 아파트 2만 7,000호를 지은 전설적인 자수성가 사업가의 아들이었다. 아버지의 아파트를 돌며 월세를 받으러 다녔던 트럼프에게 '아파트를 짓기 쉽게 만들겠다'는 맘다니의 제안은 정체성을 건드리는 장치였을 것이다.[5] 이 책의 초반부에서는 프레드 트럼프의 제국이 어떻게 지금의 도널드 트럼프를 만들었는지 파헤친다.

두 번째 열쇠는 '기득권에 대한 반감'이라는 공통분모였다. 맘다니는 트럼프 앞에서 "뉴요커들이 고통받는 것은 집세와 전기요금 때문"이라며, 그 원인을 민간 전기 공급자인 '콘 에드(Con Ed)'와 기성 정치권의 무능으로 돌렸다.[6] 물가 상승으로 지지율 하락을 겪으며 희생양을 찾던 트럼프에게 공공의 적을 선물한 셈이다.[7] 독자들은 트럼프가 어떻게 '워싱턴 아웃사이더'를 자처하고 진보정치에 대한 대중의 반감을 동력 삼아 백악관을 점령했는지, 그 포퓰리즘의 작동 원리를 이 책 곳곳에서 확인할 수 있다. 또 트럼프가 왜 관세 인상과 물가 안정이라는 공존 불가능한 목표를 추구하고, 참모들이 이를 관리하기 위해 어떤 안간힘을 쓰는지도 알게 될 것이다.

무엇보다 트럼프는 맘다니에게서 자신이 겹쳐 보였을 것이다.

기자회견 내내 맘다니는 트럼프보다 살짝 뒤에 서서 두 손을 공손히 모으고 있었다. 기회가 될 때마다 '트럼프는 생활비를 해결할 대통령'이라는 이미지를 전달하고자 노력했다. 심지어 내각 회의실에 걸린 프랭클린 루스벨트 대통령의 초상화 앞에선 존경심을 표하며 사진 촬영을 제안했다. 강력한 대통령을 꿈꾸며 루스벨트를 롤모델로 삼고 있는 트럼프를 위한 맞춤형 전략이었다. 트럼프는 자신의 권위를 세워주면서 실리를 챙길 줄 아는 이 영리한 청년에게서, 거물들을 찾아다니며 필요할 때는 굽히며 야망을 키우던 자신의 젊은 날을 보았을지도 모른다.[8]

맘다니는 사석에서 트럼프를 '각하(Sir)'라고 불렀다지만, 이날 지나친 아부 없이 자존심을 지키면서 트럼프의 마음을 사로잡는 데 성공했다. 맘다니가 그러했듯, 독자들에게 트럼프라는 혼돈의 세계를 해석할 수 있는 도구를 제공하는 것이 이 책의 목표다.

책장을 넘기다 보면 트럼프가 쏟아내는 뉴스들이 하나의 거대한 퍼즐처럼 맞춰지는 쾌감을 느끼게 될 것이다. 돌발 발언과 충격적 정책을 관통하는 트럼프 세계의 작동 원리를 이해하게 되면 놀라운 해방감마저 들게 된다. 책을 덮을 때쯤 독자들은 더 이상 트럼프의 말폭탄에 휘둘리지 않고, 트럼프라는 파도를 지혜롭게 읽으며 항해할 수 있게 될 것이다.

세상에 대한 호기심이 샘솟게 되는, 세상을 바라보는 해상도가 달라지는 여정을 시작해보자.

목차

2장 트럼프 행정부 작동 원리 분석하기

3장 '절반의 미국' 파고들기

5장 트럼프 다음을 내다보기

트럼프 세계의 주요 인물들

2025년 12월 기준

도널드 트럼프 대통령 Donald Trump

1946년생. 뉴욕 퀸스에서 자수성가한 부동산 사업가의 차남으로 태어나 풍족한 환경에서 자랐다. 성공과 권력에 대한 집요한 열망을 가진 인물. 30대에 스타 개발업자가 됐지만 진짜 꿈은 대통령이 되는 것이었다. 인생이 잘 풀릴 때마다 대선 출마를 시도했다. 1987·1999·2011·2015년 대선 출마를 저울질했다.

2004년 사업 서바이벌 프로그램 〈어프렌티스〉에서 도전자들에게 "넌 해고야(You are fired)!"라고 불호령을 내리는 모습으로 제2의 전성기를 맞았다. 2011년에는 "오바마 대통령이 미국 태생이 아니라 대통령 출마 자격이 안 된다"는 음모론을 퍼트리며 대선주자로 반짝 주목을 받았다. 직후 차기 대선 준비에 돌입해 2015년 69세의 나이로 다시 대선 출마를 선언해 이듬해 당선됐다.

대통령이 됐지만 백악관과 내각을 꾸릴 세력 기반없는 '워싱턴 아웃사이더'였다. 갖은 소동 끝에 2020년 대선에서 패배한 뒤 선거 결과에 불복했다. 이후 4년간 플로리다주 사저 마러라고 리조트에서 '마가(MAGA·미국을 다시 위대하게)' 세력을 재규합했고, 2025년 백악관에 복귀했다.

자신을 위해 싸우는 투사를 좋아한다. 정치적·금전적 이익을 가져오는 자를 곁에 둔다. 의견이 100% 일치하지 않더라도 자신의 영역에서 '승리'를 증명한 사람은 존중한다. 도덕에는 큰 가치를 두지 않는다. 사립 기숙학교인 뉴욕군사학교에서 중고등학교 교육을 받았지만, 그와 그의 자녀 중 군 복무자는 없다.

백악관 사람들

JD 밴스 부통령 JD Vance

유력 차기 대선 주자로 꼽히는 마가 후계자. 정치자금 모금 행사, 유세, 외교 회의, 의회 등 그의 '말발'이 빛날 무대들을 종횡무진하고 있다. 다양한 정체성을 지닌 인물이다. 마가 진영과 노동계층, 기독교도, 청년층을 잇는 다리 역할은 물론, 막강한 자금력을 갖춘 실리콘밸리의 '테크 보수'를 대변하기도 한다. 트럼프의 메시지를 청자 맞춤형으로 세련되게 포장하는 능력이 뛰어나고, 당 지도부와 소통하며 외교·안보 분야 정책을 주로 맡고 있다.

밴스는 2016년 백인 노동계급의 몰락을 그린 회고록《힐빌리의 노래》를 펴냈다. 당시 트럼프를 "마약"이라고 부르며 비판했지만, 2021년 상원의원 출마를 준비하며 트럼프 지지로 돌아섰다. 쇠락한 공업지대 '러스트벨트'에 속한 오하이오주 출신으로 가난과 가정 폭력을 겪으며 자랐다. 이라크전에 참전한 후 예일대 로스쿨에 진학해 학교에서 만난 인도계 부인과 결혼했다. 졸업 후 '멘토' 피터 틸을 따라 실리콘밸리로 건너가 투자자로 잠시 일한 뒤 정계에 입문했다. 천주교 신자지만 '기독교'라는 공통분모를 강조하며 트럼프 핵심 지지층인 복음주의 개신교도들의 호응을 얻고 있다.

수지 와일스 비서실장 Susie Wiles

백악관과 트럼프 주변에서 돌아가는 모든 일을 관장하는 인물. 트럼프가 들어가는 거의 모든 회의에 그도 들어간다. 누굴 어디에 앉힐지 인사 전략을 짜고, 기센 참모들을 휘어잡는 군기반장. 트럼프는 그를 '얼음 아가씨'라고 부르며 총애한다.

와일스는 트럼프 사저 마러라고 리조트가 있는 플로리다주에서 활동하는 정치 전략가였다. 2016년 플로리다에서 선거 운동을 돕고, 2020년 대선 패배 후 트럼프 곁을 지키며 부활을 이끌었다. 와일스는 미식축구 선수 출신 유명 스포츠 캐스터 팻 서머롤의 장녀다. 알코올 중독증을 앓던 아버지를 재활 시설로 보낸 단호함을 지닌 인물이다. 로널드 레이건 대선 캠프에서 만난 전 남편의 고향인 플로리다주에 정착해 정치 전략가 겸 로비스트로 활동했다.

스티븐 밀러 부비서실장 Stephen Miller

마가 이념을 설계하는 백악관의 브레인. 강경 이민 반대론자이다. 트럼프의 이민책은 밀러가 만든 틀 안에서 톰 호먼, 크리스티 놈과 같은 참모들이 실행으로 옮기고 있다. 민주당식 DEI(다양성·형평성·포용성) 정책과 워크(woke·깨어 있다는 뜻) 문화에 대한 공격에도 앞장서고 있다. 대학 졸업 후 공화당 의원들의 참모로 일하다 2015년 "오바마 이민정책을 폐기하겠다"는 트럼프 대선 출마 선언에 감명받아 캠프에 합류했다.

러셀 보트 예산관리국장 Russell Vought

백악관에서 정부 구조조정을 주도하고 있다. 트럼프 2기의 청사진으로 꼽히는 보고서 〈프로젝트 2025〉를 만든 인물. 의회의 예산권을 넘보고, 공무원 길들이기에 나서며 대통령 권한을 확대하고 있다. 변호사 출신으로 보수 싱크탱크에서 근무하다 트럼프 1기 예산관리국장을 지냈다.

캐럴라인 레빗 대변인 Karoline Leavitt

"기관총처럼 움직이는 입"을 가진 최연소 백악관 대변인. 정례 브리핑에서 트럼프를 무조건 옹호하고, 날카로운 질문을 던진 기자들과 설전을 벌인다. 트럼프 1기 백악관 대변인실에서 근무한 뒤 2022년 하원의원에 도전했으나 낙마한 뒤 트럼프 팀에 복귀했다.

나탈리 하프 비서 Natalie Harp

트럼프의 '심기 보좌'를 담당하는 비공식 소통창구. 트럼프가 가는 곳은 어디든 함께 한다. 트럼프의 기분이 좋아질 소식을 싹싹 모아 휴대용 프린터로 인쇄해 전달한다. 그의 말을 그대로 받아적어 소셜미디어 게시글로 올리고, 공화당 의원들에게 문자 메시지로 보낸다. 보수 방송 앵커 출신으로 2022년 트럼프 팀에 합류했다.

톰 호먼 국경 차르 Tom Homan

트럼프 1기 이민세관단속국(ICE) 국장으로 밀러와 합을 맞췄다. 험악한 인상으로 트럼프가 "센트럴 캐스팅(역할과 잘 어울리는 배우)"이라며 아끼는 인물이다. 뇌물 수수 의혹으로 의회 인준이 어려워지자 인준이 필요 없는 백악관 보직을 받았다. '차르'는 특별 보좌직을 뜻하는 용어다. 이민 단속 관련 부처 간 조율을 담당한다.

스티브 윗코프 중동 특사 Steve Witkoff

트럼프의 절친. 가자 전쟁 휴전 중재를 시작으로 우크라이나 종전 등 중요한 외교 협상에 투입되는 인물. 유대계 뉴요커로 트럼프와 40년 넘게 알고 지낸 변호사 출신 부동산 사업가이다. 트럼프는 그의 협상가로서의 자질과 인간미를 높게 사 중동 특사 직책을 줬다. 약물 중독으로 사망한 맏아들을 위해 좋은 일을 하고자 중동 특사를 자처했다고 한다. 트럼프의 신뢰를 등에 업은 '그림자 국무장관'이라는 호칭도 얻었다. 그와 트럼프의 자녀들이 가상자산 사업을 벌이며 이해충돌 논란을 빚고 있다.

행정부 참모들

마르코 루비오 국무장관 Marco Rubio

미국의 외교장관인 국무장관을 맡은 핵심 관료. 언변이 좋아 TV에 자주 출연한다. 늘상 차분한 표정을 짓고 있지만 유머 감각이 있다. 그의 농담에 트럼프가 웃는 모습이 종종 포착된다. 트럼프의 총애를 받아 한때 국무장관, 백악관 국가안보보좌관, 국제개발청(USAID) 청장, 소비자금융보호국(CFPB) 국장 대행까지 4개의 직책을 동시에 맡았다.

트럼프와는 2016년 대선에서 공화당 후보 자리를 놓고 경쟁했다. 트럼프는 그를 '리틀 마르코'라고 부르며 조롱했지만, 트럼프 1기 출범 후 상원의원을 지내던 루비오가 외교 현안을 적극 돕자 화해했다.

플로리다주 마이애미에서 쿠바 이민자의 아들로 태어나 로스쿨 졸업 후 시청 직원, 플로리다주 하원의원 등 차곡차곡 정치 커리어를 쌓았다. 2011~2024년 상원의원으로 지내며 러시아와 중국 강경파로 활약했다. 2024년 대선에서 부통령 후보로 거론됐고, 2028년 대선에서도 밴스의 유력한 러닝메이트로 꼽히고 있다.

피트 헤그세스 국방장관 Pete Hegseth

폭스뉴스 패널에서 펜타곤의 수장으로 올라섰다. 소령 출신으로는 이례적으로 국방장관에 임명됐다. 국방부 내 '좌파 문화' 퇴출을 주도하고, '강한 군대' 이미지를 부각하며 트럼프에게 인정받고 있다.

엘브리지 콜비 국방부 정책차관 Elbridge Colby

대중국 견제·동맹 재편을 주장하는 미국의 국방전략 설계자. 트럼프 행정부의 인도태평양 전략에 깊이 관여해 한반도 안보에 지대한 영향을 미치는 인물이다.

스콧 베센트 재무장관 Scott Bessent

트럼프 행정부의 모든 '숫자'를 책임지는 인물. '트럼프 관세'로 시장이 요동쳤을 때 월가(街)를 안정시킨 인물이다. 채권과 환율 관리부터 관세 협상, 대규모 감세안이 담긴 '하나의 크고 위대한 법안'까지 전부 그가 관여하고 있다. 대학 시절 기자가 되려다 좌절해 월가 헤지펀드 매니저가 됐다. 인간 심리에 관심이 많아 트럼프를 잘 이해하려고 트럼프의 측근들과 접촉하다 경제 자문을 하게 됐다.

하워드 러트닉 상무장관 Howard Lutnick

제이미슨 그리어 미 무역대표부(USTR) 대표, 스콧 베센트 재무장관과 함께 관세 실무 협상을 맡고 있다. 트럼프의 오랜 친구이자 든든한 정치 후원자. 재무장관 자리를 원했으나 결국 상무장관이 됐다. 관세협상 과정에서 거칠고 일관되지 않은 언행으로 비판을 받았다. 종합금융사 캔터피츠제럴드 말단 사원으로 입사해 8년 만에 최고경영자(CEO) 자리에 오른 월가의 입지전적인 인물. 9·11 테러 당시 동생을 비롯한 회사 직원 658명을 잃은 비극으로 대중에 알려졌다.

크리스티 놈 국토안보장관 Kristi Noem

트럼프 행정부 이민 단속의 얼굴. 화려하게 갖춰 입고 철창에 갇힌 이민자들 앞에 선 그의 모습이 강렬한 시각적 대비로 화제를 모았다. 스티븐 밀러, 톰 호먼과 한 팀이 되어 이민 정책을 담당하고 있다. 사우스다코타 주지사 출신으로 한때 부통령 후보로 거론됐다.

로버트 케네디 주니어 보건장관 Robert Kennedy Jr.

마하(MAHA·미국을 다시 건강하게) 운동의 핵심축. 엄마들에게 인기가 많다. 보수 여성 유권자를 규합한 공을 인정받아 보건장관이 됐다. 백신과 각종 화학 물질을 부정하고, 거대 제약사와의 싸움, 미국인 식단 개선 운동에 열중하고 있다. 존 F. 케네디 대통령의 동생인 로버트 케네디 전 법무장관의 아들이다.

마가 진영 인사들

스티브 배넌 Steve Bannon

반엘리트·반세계화 가치를 내세운 마가 이념의 설계자. 트럼프 1기 백악관 수석전략가였고 현재도 영향력을 유지하고 있다. 인기 팟캐스트 〈워룸〉을 진행하고, 유럽을 다니며 우파 운동 연합을 물밑에서 조직했다. 우파 매체 《브레이트바트뉴스》의 설립자로, 현재는 브레이트바트를 떠난 뒤 주류 언론에 마가 입장을 대변하는 역할을 맡고 있다.

로라 루머 Laura Loomer

공식 직함은 없지만 트럼프의 '충성심 감별사'. 2기 행정부에 들어 루머의 백악관·행정부 인사 교체 요구가 관철되며 영향력을 발휘하고 있다. 각종 음모론과 공격적 언사로 파장을 일으킨 극우 활동가이자 자칭 탐사 기자이다. 2023년 트럼프의 라이벌 론 디샌티스 플로리다 주지사를 공격해 트럼프의 눈에 들었다.

찰리 커크 Charlie Kirk

대학가에서 청년 마가를 조직한 보수 활동가. 10대 때부터 보수 운동에 뛰어들었다. 대학을 중퇴한 뒤 보수 청년단체 터닝포인트 USA를 설립해 전국 대학에 지부를 세웠다. 각종 정치 페스티벌을 개최하고, 마가 운동을 개신교와 결합하며 하나의 라이프스타일로 브랜딩했다. 터닝포인트USA 회원들을 2024년 대선 운동에 동원해 트럼프 당선에 큰 공을 세웠다. 2025년 9월 캠퍼스 토론회 도중 총격에 피살됐다.

실리콘밸리 보수

일론 머스크 Elon Musk

트럼프에게 '올인'한 억만장자. 테슬라와 스페이스X의 최고경영자(CEO)이자 소셜미디어 X의 소유주. 장남의 성전환 이후 감당할 수 없게 커진 진보 진영에 대한 반감과 화성 식민지 건설이라는 궁극적 꿈을 위해 트럼프에 배팅했다는 추측이 나온다.

2024년 최대 경합지 펜실베이니아주에서 마지막 한 달간 직접 선거운동을 뛸 정도로 트럼프를 전폭 지원했다. 정부 출범 후 정부효율부(DOGE) 수장을 맡으며 거침없는 실리콘밸리식 구조조정을 연방정부에 시도해 큰 반발을 일으켰다. 그러나 트럼프가 대규모 감세안을 강행하자, 정부 재정적자 감축 노력에 역행하는 시도라며 갈라섰다. 이후 밴스의 중재로 화해했다.

피터 틸 Peter Thiel

2016년 대선 때부터 트럼프를 후원한 골수 지지자. 진보 성향이 강한 실리콘밸리에서 보수 억만장자들을 물밑에서 모았다. 머스크와 페이팔을 공동 창업했고, 이후 로스쿨 재학 시절 룸메이트였던 알렉스 카프와 팔란티어를 공동 창업했다. 대학을 돌며 보수 성향 청년들을 멘토링했고, 이 과정에서 밴스와도 연을 맺었다. 밴스와 트럼프의 첫 만남을 주선하는 등 조용한 영향력을 발휘하고 있다.

연방 상하원의원

마이크 존슨 하원의장 Mike Johnson

충성파 중의 충성파. 루이지애나 출신 보수 성향의 변호사로, 2023년부터 하원의장을 지냈고 트럼프가 밀어줘 2025년에도 재선에 성공했다. 2025년 기준 219명이나 되는 하원의원을 관리하며 주요 법안의 신속한 통과를 책임지고 있다.

린지 그레이엄 상원의원 Lindsey Graham

트럼프의 골프 절친. 충성파이지만 트럼프 행정부 외교 기조와 어긋나는 모습을 보일 때가 있다. 특히 러시아 제재를 앞장서 주장했는데, 그는 마가 진영과는 거리가 있는 공화당 전통 매파에 속한다. '보수 거목' 존 매케인 상원의원과 함께 전 세계를 누빈 과거를 갖고 있다.

1장

트럼프 이해하기

정치도 사업처럼

권력을 쥐기 위한 사업을 시작하다

트럼프에게 사업은 단순한 돈벌이가 아니었다. 남들보다 한 끗 더 독하고 화려해야 만족하는 청년 트럼프는 '무언가를 빼앗아야 하는' 포식자였다. 퀸스의 아파트 개발업자였던 트럼프는 아버지와 멘토의 인맥을 무기 삼아 고고한 맨해튼 상업건물 시장에 진출했다. 상대를 제압하고 승리를 쟁취하는 과정을 생중계하듯 알린 그는 유일무이한 '스타 사업가'였다. 퀸스에서 맨해튼으로, 뉴욕에서 워싱턴으로. 69세의 트럼프는 사업가로서 쌓은 성공 공식을 그대로 적용해 또 한 번 '그들만의 리그'를 부수고 들어갔다.

트럼프는 미개척 시장을 귀신같이 찾아내는 직감이 있다. 우선 그들만의 리그였던 맨해튼 부동산 시장의 빈틈을 파고들어 성공했다. 시청과의 우호적인 관계를 활용해 좋은 부지를 입찰 받았고, 튀는 것이 금기시되던 부동산 업계 관행을 거슬렀다.[1] 스스로 언론에 정보를 흘리며 사람들의 입에 오르내렸다.[2] 유명세는 사업을 견인하고 보호해주는 그만의 비법이 됐다. 줄파산으로 사업이 흔들린 뒤에는 '성공한 기업인'에 대한 미국인의 호감을 활용해 기적처럼 리얼리티 TV쇼 스타가 됐다.[3] 앞뒤가 맞지 않는듯 싶지만 트럼프의 사업 실패를 모르는 시청자가 대다수였기에 가능했다.[4]

정치 또한 사업처럼 접근했다. 대통령이 되기 위해 꼭 필요한 것은 유권자의 표. 트럼프는 이민자가 '미국인'의 자리를 빼앗아 갔고, 진보 진영이 이민자의 표를 얻기 위해 '침략'을 제도적으로 뒷받침했다고 비판하면서, 자신이 미국을 다시 위대하게 되돌려 놓겠다는 정치적 서사를 제시했다. 분노와 상실감, 과거에 대한 향수를 자극한 것이다. 그리고 그렇게 오랜 꿈이었던 백악관 입성에 성공했다.

2015년 대선 출마 선언 이전까지 그의 여정을 돌아보면서, 트럼프의 사고방식과 삶을 앞으로 나아가게 한 원동력을 이해하고자 한다. 트럼프는 출마 선언 당시 이미 69세였다. 70년에 가까운 시간 동안 그의 세계관을 만든 사건들을 살피기에 앞서, 잠시 한 발짝 떨어져 그의 삶을 조망해 보자.

트럼프의 첫 맨해튼 프로젝트라 할 수 있는 그랜드하얏트 호텔의 막바지 공사가 한참이던 1979년, 뉴욕 지역 언론은 트럼프에 대한 장문의 인물기사(profile)를 썼다.[5]

웨인 배럿은《빌리지보이스》에서 시청의 부정부패를 전담 취재하는 기자였다. 트럼프와 동년배였던 그는 컬럼비아대 졸업 후 시민단체에서 활동하다 언론사에 들어왔다. 어느 날 웨인은 뉴욕 시장에게 오랜 기간 정치 자금을 대던 브루클린 아파트 개발업자의 아들이 그랜드하얏트 호텔 개발권을 따냈다는 사실을 알게 됐다. 그 아들이 트럼프였다.

33세의 트럼프는 회유와 압박을 시도했다. 웨인에게 먼저 전화를 걸어 아파트 분양을 도와줄 수 있다고도 했다. 이따금씩 속내를 드러내기도 했다. 웨인의 기사에는 트럼프의 내면을 엿볼 수 있는 대목이 등장한다.

> 나는 라이프스타일이나 성격 대신 사업을 통해 인물 트럼프를 그려내고 싶었다. 그러나 사업이 곧 트럼프의 인생이라는 것을 깨닫

게 됐다.

트럼프는 내게 이렇게 말했다. "전 이익만을 위해 거래하지 않습니다. 흥미진진한(flair) 요소가 있어야 합니다."

맨해튼의 다른 개발업자는 그를 이렇게 표현했다. "트럼프는 그냥 돈만 버는 거래는 하지 않는다. 일종의 도덕적 절도(larcency)가 있어야 한다. 그는 단순 이익만으로 만족하지 못한다. 무언가를 더 빼앗아야만 짜릿함을 느끼는 사람이다."[6]

트럼프는 아버지 프레드와 멘토였던 변호사 로이 콘의 울타리 안에서 성장했다. 보수적인 프레드는 아들에게 정신 교육을 단단히 시켰다. 성공에 대한 열망을 심어주고, 집세를 거두게 하며 세상의 거친 이면을 체험하게 했다.[7] 맨해튼 진출을 원하는 아들을 이해하지 못했지만 인맥과 자본을 총동원해 물심양면 지원했다. 트럼프에게 호전성을 가르친 콘도 자신의 모든 것을 내어줬다. 그를 화려한 사교계로 이끌고, "정치를 하면 잘할 것"이라며 그의 야망을 키워줬다.[8]

그러나 이들 또한 노쇠했다. 40대의 트럼프는 이혼과 사업 실패라는 역경을 맞닥뜨렸다.[9] 그를 지탱한 것은 스타성과 자기 확신이었다. 월가 은행들은 트럼프가 유명세를 활용해 재기할 것으로 보고 기다려줬다. 트럼프는 카지노 파산 위기 와중에도 "사업이 이보다 좋을 수 없다"고 말하고 다니며 냉소와 혼란을 자아냈다.[10]

그는 2004년 NBC방송과 〈어프렌티스〉라는 히트작을 내놓으며 부활했다. 실패한 사업가였지만 미국엔 이 사실을 모르는 시청자가 많았고, '화려한 쇼맨' 트럼프는 방송에 더없이 적합한 인재였다. 부동산 사업도 안정을 되찾았다. 직접 개발하는 대신 '트럼프' 브랜드 사용권을 주는 구조로 전환해 실패 리스크를 줄였다.[11]

삶이 다시 성공 궤도에 오르자 트럼프는 또다시 정계 도전에 나섰다. 2011년 한때 그는 여론조사에서 차기 공화당 대선 주자 중 1위를 기록했다. 비결은 음모론이었다. "버락 오바마 대통령은 미국 태생이 아니다"라고 주장했다. 근거 없는 날것의 음모론에 대중은 환호했다. 하지만 꿈 같은 나날은 오바마가 출생신고서를 공개하면 사라질 신기루였다. 그렇게 60여 일 만에 조롱 속에서 끝났다.

〈어프렌티스〉의 인기도 시들해지던 이 시점에 트럼프는 인생의 마지막이 될 도전을 준비했다. 2015년, 트럼프는 인생 세 번째 대선 출마를 선언했다. 대부분의 언론매체가 냉소로 반응했지만, 누군가는 그의 출마 선언을 신호탄으로 봤다. '마가(MAGA·미국을 다시 위대하게)' 세력이 결집하기 시작했다.

사업도 정치처럼

정경유착이 '거래의 기술'이다

트럼프가 사업가로서 가진 '한 끗'은 인맥이었다. 자금을 충분히 조달한들 꼭 필요한 허가를 정부로부터 얻어내지 못하면 부동산 사업은 첫 삽을 뜰 수 없다. 그는 지역 정치인과 우호적인 관계를 쌓아 좋은 부지를 입찰받고, 대형 프로젝트를 진행했다. 트럼프가 정치 역학에 눈이 밝은 건 조기 교육의 효과이기도 하다. 부동산 사업가였던 아버지의 일터를 따라다니며 아버지가 공사장 인부들을, 정계 인사들을 대하는 방법을 어깨 너머로 체득했다.

도널드 트럼프의 세 아들 트럼프 주니어, 에릭, 배런이 세운 '월드리버티파이낸셜(WLFI)'이 2025년 9월 1일 코인을 발행했다. 상장 첫날 트럼프 일가가 보유한 이 코인의 가치는 오후 5시경 50억 달러(7조 원)에 달해 3대에 걸쳐 부동산 사업으로 쌓은 자산의 가치를 뛰어넘었다.[1] 트럼프 주니어와 에릭은 전 세계 가상자산 행사에 연사로 나서며 사업의 정당성을 주장했다.

트루스소셜에 간간히 뜨는 '아메리칸 비트코인' 광고는 너무나 노골적이라 민망하다. 아메리칸 비트코인은 에릭이 세운 채굴 기업에서 발행하는 가상화폐다. 광고에는 트럼프의 얼굴이 그려진 '아메리칸 비트코인', 트럼프, 배런의 사진이 나란히 걸려 있다. 광고 문구는 이러하다. '그 아버지에 그 아들, 배런 트럼프는 돈을 자석처럼 끌어당긴다.' 광고를 누르면 "아메리칸 비트코인 혁명은 시작됐다"는 홍보물이 나온다. "비트코인이 헐값이었을 때가 있었다. 모두가 비웃었지만, 10년 만에 10만 달러를 넘겼다." 그러면서 아메리칸 비트코인 역시 비트코인처럼 가격이 급등할 것이라는 주장이 이어진다.

언뜻 황당하지만, 트럼프 자녀들의 가상자산 사업은 순항하고 있다. 로이터통신 추산치에 따르면 2025년 상반기 트럼프 가문이 가상자산으로 무려 8억 200만 달러의 수입을 거뒀다.[2] 2024년 상반기 트럼프그룹의 총 매출은 5,100만 달러(714억 원), 가상자산 부문 매출은 57만 달러에 불과했다. 그러나 트럼프가 취임하자 가상자산 사업이 번창하며 2025년 상반기 매출이 8억 6,400만 달러(1조 2,096억원)로 불어났다.

천문학적인 실적을 두고 당연히 이해충돌 논란이 크다. 사익 추구를 위해 친(親) 가상자산 정책을 펼치고 있는 것 아니냐는 비판도 크다. 그러나 트럼프 본인은 전혀 문제가 되지 않는다고 보는 것 같다.

그의 삶을 돌아보니 이해가 되기 시작했다. 그 또한 아버지의 정치적 영향력과 정부 정책을 지렛대 삼아 부를 쌓았다. 인맥과 정보를 활용해 그 시대에 가장 큰돈을 벌 수 있는 사업 분야를 선택하는 것이 트럼프 가문의 사업 전략이라고 볼 수 있다. 이들은 대를 이어 법의 회색지대를 최대한 활용해 사업을 벌이고 있다.

트럼프는 아버지 프레드 덕에 평생을 풍족한 환경에서 살았다. 《뉴욕타임스》 보도에 따르면 8세에 아버지의 증여로 이미 백만장자가 됐을 정도다. 자수성가한 아버지 밑에서 자랐고, 아버지의 사업은 성공 가도를 달렸다.[3]

프레드는 전혀 다른 성장기를 보냈다. 아버지의 사업 실패와 별세 후 어머니는 두 아들을 데리고 작은 건설업 사업체를 세워

트럼프그룹의 매출 비교

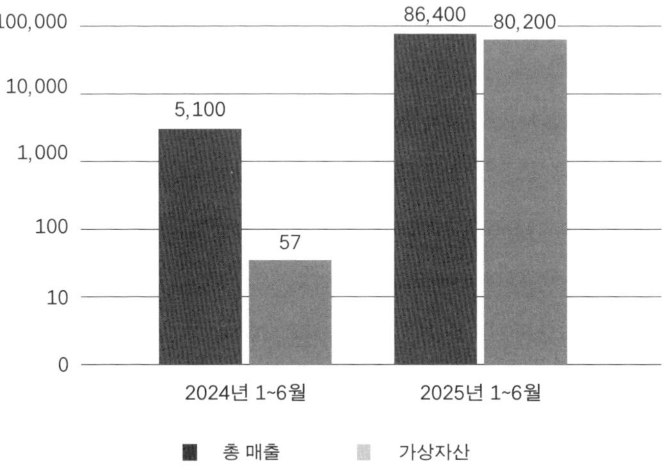

자료: 로이더통신

(단위: 만 달러)
100,000
10,000
1,000
100
10
0
5,100
57
86,400
80,200
2024년 1~6월
2025년 1~6월
총 매출
가상자산
자료: 로이더통신

필사적으로 생계를 꾸렸다. 프레드가 거부로 거듭난 건 1940년대의 일이다. 그는 정부 정책의 수혜를 입었다. 1930년대 프랭클린 루스벨트 미국 행정부는 뉴딜 정책을 시행했다. 전후 경기 활성화를 위해 대규모 토목, 건축 프로젝트에 투자했고, 공공주택 건설 또한 장려했다. 연방정부는 제1차 세계대전 등에서 싸웠던 참전용사를 위한 공공주택 건설을 지원했고, 프레드처럼 인맥도, 자본도 없는 사업가에겐 절호의 기회였다. 이 같은 집념으로 프레드는 일생동안 아파트 총 2만 7,000호를 지었다.[4]

프레드는 퀸스와 브루클린 일대에 정부 자금을 받아 지은 아파트로 임대 사업을 벌이며 재산을 불렸다. 브렌트 세불 펜실베이니아대 교수와 마이클 글래스 보스턴칼리지 교수의 연구에 따르면, 프레드가 연방주택공사(FHA)를 통해 받은 정부 지원금이 300만 달러가 넘는다.[5]

프레드는 정부 지원금을 100% 건설비로만 사용하지 않았다. 일부는 자신의 주머니로 가져갔다. 아파트 가격을 일부러 높게 책정해 차액을 챙기는 방식으로 부를 축적한 것이다. 당시 미 국내법상 위법 행위는 없었다. 프레드의 꼼수는 부동산 업계 관행으로 여겨졌다. 그러나 세입자가 보다 높은 임대료를 부담하는 문제가 생겼고 연방정부 예산이 낭비됐다는 지적도 컸다.[6]

프레드는 악착같이 사업을 운영했다. 절세를 위해 자녀들도 동원했다. 자녀 명의로 신탁회사를 만들어 아파트가 세워진 땅의 소유권을 이전했다. 이 과정을 통해 1946년 프레드의 차남으로

프레드 트럼프의 주요 아파트들

프레드 트럼프는 아파트 총 2만 7,000호를 건설

자료: 뉴욕타임스

태어난 트럼프는 8세에 백만장자가 됐다. 당시 미국은 제2차 세계대전 이후 패권국으로 부상해 호황을 누리고 있었고, 그는 아버지 덕분에 더욱 유복한 생활을 영위했다. 1968년 대학 졸업 직후에는 아버지 소유 회사를 통해 연간 100만 달러의 소득을 올리게 됐다.[7]

주택 사업이 잘 운영되기 위해서 필요한 건 연방정부 지원금뿐만이 아니었다. 지역 정치인들과의 연도 중요했다. 프레드의 아파트는 대부분 브루클린에 있었다. 그는 브루클린 정치인들과 교류하며 이들을 각별히 관리했다. 훗날 뉴욕시장이 된 에이브 빔이 대표적이다. 프레드는 빔에게 정치자금을 대줬고, 빔의 '절친' 버니 린덴바움은 트럼프 가족의 변호사였다.[8]

트럼프도 어깨 너머로 인맥의 중요성을 절감하며 성장했다. 아버지의 성공 비결로 정계와의 관계를 꼽기도 했다. 2016년 《뉴욕타임스》 인터뷰에서 "부동산 개발의 핵심은 용도 변경이다. 용도 변경을 위해서는 정치인들과 아는 사이여야 하는데 우리 아버지는 이들과 교류했다"고 했다.[9]

프레드는 트럼프를 마냥 부잣집 도련님으로 키우지는 않았다. 그는 어린 아들을 공사 현장에 데리고 출근했으며, 자라서는 집집마다 다니며 세를 걷게 했다고 한다.[10] 그만의 방식으로 일찍이 경영 수업을 한 셈이다. 트럼프는 공사장에서 보낸 어린 시절을

이렇게 회고했다.

> 어렸을 때 저는 주택 건설 현장에서 자랐습니다. 아버지 무릎에 앉아 블럭을 가지고 놀면서 아버지가 배관공과 석고공과 전기공과 협상하는 모습을 지켜봤습니다. 하도 많이 듣다 보니깐 열넷 열다섯 살이 됐을 땐 집을 어떻게 지으면 되는지 알겠더라고요. 아버지를 보며 협상은 어떻게 하는 건지 배웠습니다. 따로 앉혀두고 가르치신 게 아닙니다. 계속 보다 보니 알겠더군요.
> 아버지는 일을 너무나 사랑했고, 휴가를 좋아하지 않으셨습니다. 휴가를 지겨워하셨습니다. 현장으로 돌아가 자신이 사랑하는 일을 하고 싶어 하셨죠. 오늘날 저는 세계에서 가장 위대한 부동산들을 소유하고 있습니다. 그런데 제가 아는 모든 것은 아버지께 배웠습니다. 저는 주택 건설자(home builder)로부터 정말 많이 배웠습니다.
> 아버지는 대선 도전을 무척 자랑스러워하실 것입니다. 저는 여러분이 어떤 마음가짐으로 사는지도 잘 압니다. 여러분은 엄청난 일을 해낼 수 있는 사람들입니다. 일터로 돌아가 집을 짓고, 일자리를 만듭시다. 우리는 함께 미국을 다시 위대하게 만들 것입니다. 감사합니다.[11]

사립 기숙학교인 뉴욕군사학교를 나와 뉴욕 포덤대에 진학한 트럼프는 펜실베이니아대 경영학과(와튼스쿨)로 편입했다. 대학 시절엔 필라델피아와 뉴욕을 오가며 아버지에게 경영 수업을 받았다. 트럼프의 대학 동기들은 그가 주말이면 뉴욕으로 가 아버지의 사업을 도왔다고 펜실베이니아대 학보사《데일리펜실베이니안》에 말했다.[12] 트럼프는 자신이 집세를 걷으러 다닐 때 "총에 맞을 위험을 피하기 위해 현관문 바로 앞에 서면 안 된다는 것을 배웠다"고 2006년《포브스》인터뷰에서 회상했다.[13] 베트남 전쟁이 한창이었지만 징집을 다섯 차례 유예받은 끝에 참전하지 않았다.[14]

1968년 무사히 졸업한 뒤엔 가업을 물려받았는데, 트럼프가 사회에 나오고 보니 1970년대 뉴욕은 부동산 사업을 하기 좋은 환경이 아니었다. 시 재정이 파산 위기에 놓여 도시 전체가 흔들리고 있었다. 범죄율이 치솟았고, 중산층은 안전한 곳을 찾아 다른 도시로 떠났다. 세수가 급감하고 인구가 빠져나가는 악순환이 이어졌다. 공공주택을 개발하는 시대는 사실상 끝이 난 것이었다.[15]

그런데 1974년 트럼프 부자에게 천운과 같은 일이 벌어졌다. 프레드가 20년간 정치자금을 댄 빔이 뉴욕시장이 된 것이다. 프레드는 아들에게 자신의 인맥 또한 물려줬다.

부자는 맨해튼 상업 부동산으로 눈을 돌렸다. 우중충한 분위기에 상업 부동산 개발 열기가 꺾였던 시기였고, 뉴욕시장이 이들과 각별한 관계라는 점을 적극 활용하기로 판단한 것으로 보인다. 레이더에 들어온 것은 기차역 '펜 스테이션' 일대 부지 3곳.

대학생 트럼프의 통학로

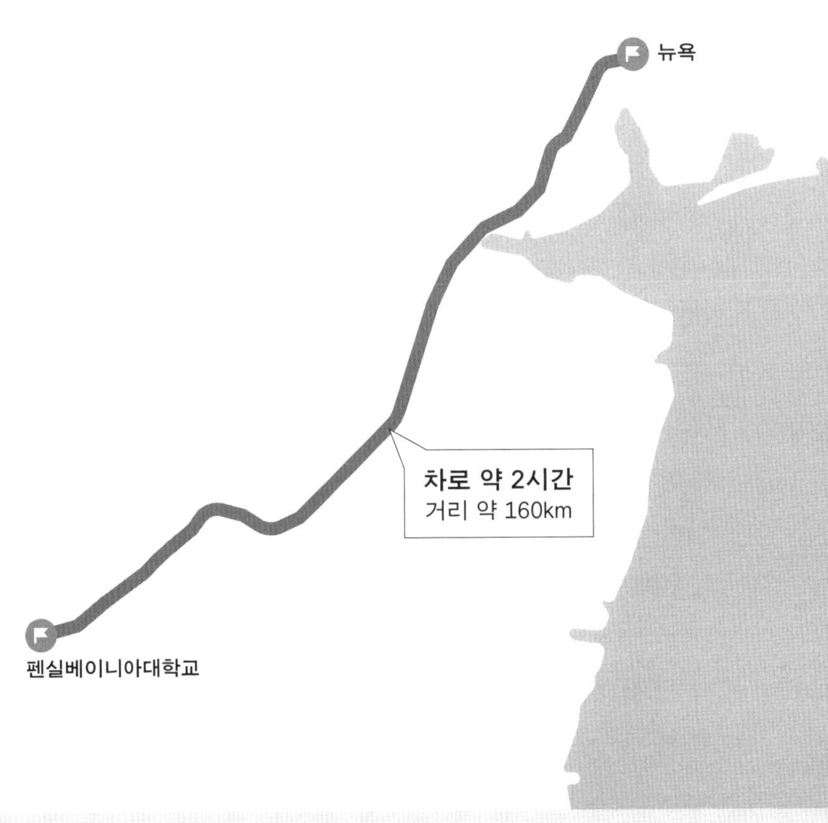

뉴욕 중심부에 있는 이 부지는 맨해튼의 마지막 미개발 노른자위 땅으로 평가받았다.

트럼프 부자는 이곳을 낙찰받는 데 성공했다. 지역 언론은 이 과정에서 시장의 입김이 작용했다는 의혹을 제기했다. 《빌리지 보이스》에 따르면, 부지를 소유한 펜센트럴교통회사(PCTC)는 입찰 희망자 중 트럼프 부자와만 협상을 진행했다. 협상 주선자는 갓 시장에 취임한 빔이었다. 펜센트럴교통회사 측은 "부지의 정치적 민감성을 고려해 트럼프 부자가 적임자라고 판단해 이들과 협상했다"고 밝혔다.[16]

트럼프는 이 부지에 있는 낡은 코모도르 호텔을 고급 호텔로 개조하는 작업에 나섰다. 그의 이름을 알리는 계기가 된, 그랜드 하얏트 호텔이 이 자리에 몇 년 뒤 탄생하게 됐다. 트럼프는 그간 "아버지에게 빌린 100만 달러를 밑천 삼아 맨해튼 진출에 성공했다"며 자신의 성공 신화를 홍보했다. 그러나 실제로는 더 큰 규모의 지원을 받은 것이었다.

수상한 혜택은 빔의 시장 퇴임 직전까지 이어졌다. 1977년 뉴욕시는 하얏트 호텔 개발 사업에 대해 40년짜리 감세 혜택을 줬다. 임기를 약 열흘 남긴 시점에 발표가 났다. 《뉴욕타임스》는 트럼프가 뉴욕시 역사상 전례 없는 감세 혜택을 받았다고 보도했다. 2016년을 기준으로 36년간 받은 세금 혜택이 3억 4,930만 달러(4,890억 2,000만 원)에 달하는 것으로 집계됐다.[17]

1982년 마리오 쿠오모가 뉴욕 주지사 민주당 후보 경선에서 승리하자 트럼프는 적잖이 당황했다. 당시 뉴욕 사업가들은 빔에 이어 시장이 된 에드 코치를 지지했다. 초기 여론조사에선 코치가 크게 앞섰다. 그러나 '뉴욕 깍쟁이' 이미지가 있는 코치보다, 점잖고 지도자의 책임이란 무엇일지 고민하는 가톨릭 신자 쿠오모가 뉴욕주 전반의 유권자에게 더 많은 표를 받았다. 본선에서도 이겨 뉴욕주지사가 된 쿠오모는 주도 올버니 밖으로 잘 나가지 않고 조용히 생활했다.[18]

그래도 트럼프는 쿠오모에게 줄을 댈 방법을 찾아냈다. 쿠오모의 아들 앤드루였다. 트럼프보다 열한 살 어린 25세의 앤드루는 아버지의 핵심 참모였다. 올버니로스쿨을 졸업하자마자 아버지의 캠페인 매니저로 주지사 선거를 치렀다. 아버지 취임 후에는 정책 자문으로 곁에서 일했다.[19]

이듬해 앤드루는 정책 자문 직책을 유지하면서 아버지의 최측근이 세운 로펌에 합류했다.[20] 이곳은 당시 앤드루의 연인이었던 루실 팔코네가 파트너로 있는 로펌이었다. 트럼프는 팔코네의 로펌과 법률 자문 계약을 맺은 뒤, 팔코네를 통해 당국자들과 물밑에서 접촉했다. 이 외에도 쿠오모 주변인을 로비스트로 포섭했다. 쿠오모의 재선 때도 후원 행사에 값비싼 가구를 선물로 보내고, 공개 지지 발언을 하며 환심을 샀다. 트럼프는 정치권력과 유착의 대가로 주 정부로부터 도로 설계 특혜와 거액의 세금 감면

을 받았다는 의혹을 샀다.[21]

트럼프에게 있어 정치공학을 잘 이해하는 사업가는 곧 실력이 좋은 사람이다. 본인이 그렇게 사업을 했으니 말이다. 트럼프는 1970, 1980년대 뉴욕에서 정치권과 교묘히 얽히고, 호쾌한 성품으로 매혹해 이익을 얻어냈다. 그 공식은 현재까지도 이어지고 있다.

트럼프 가문은 비트코인 매입부터 밈 코인, 채굴, 스테이블코인까지 가상자산 전반에 손을 뻗고 있다. 2기 취임식을 며칠 앞두고 밈 코인(유행을 반영해 만든 가상화폐) '$TRUMP'를 출시했다. 로이터통신은 2025년 상반기 트럼프 코인으로 얻은 판매 수익을 3억 3,600만 달러(4,704억 원)로 추산했다.[22] 상위 보유 투자자와 만나는 행사를 열며 가격을 끌어올리기도 했다.

'민원'을 해결하고 싶은 이들은 트럼프 가문의 가상자산 사업에 접근했다. 2025년 3월 아랍에미리트(UAE)의 아부다비 국부펀드 MGX는 20억 달러(2조 8,000억 원) 규모의 투자를 단행했다. 주목할 점은 트럼프의 자녀들이 설립한 월드리버티파이낸셜에서 발행한 스테이블코인 USD1을 사용해 대금을 치렀다는 것이다.[23]

이 거래로 월드리버티파이낸셜은 20억 달러의 예치금을 운용해 매년 수천만 달러(수천억 원)의 수익을 올릴 수 있게 된다. 이에 민주당 소속 엘리자베스 워런 상원의원은 "미 헌법의 보수조항과

연방 뇌물수수 금지법 위반에 해당할 수 있다"며 긴급 조사를 촉구했다.[24]

아부다비 국부펀드가 순수하게 경제적 손익만을 따져 단행한 투자라고 보긴 어렵다.[25] 중동의 인공지능(AI) 강국을 꿈꾸는 아랍에미리트는 조 바이든 행정부 시절 반도체 수출 통제 대상에 올랐다. 바이든 행정부는 중국과 AI 패권 경쟁에서 우위를 유지하기 위해 전 세계 국가를 3가지 등급으로 나눠 AI 반도체 수출을 통제하도록 했다. 트럼프는 2025년 5월 7일 중동 순방을 앞두고 이 규제를 철회했다.

세계 최대 암호화폐 거래소 바이낸스의 창업자 자오창펑도 2025년 10월 23일 트럼프에게 사면을 받았다. 미 증권거래위원회(SEC)는 2023년 6월 바이낸스와 자오를 상대로 13건의 증권법 위반 혐의로 소송을 제기했다. 이와 별도로 미 법무부도 같은 해 11월 바이낸스와 자오를 기소했으며, 당시 자오는 유죄를 인정하면서 최고경영자(CEO)에서 물러나고 벌금 43억 달러를 지급하기로 합의하면서 징역형을 면했다. 바이낸스는 2023년 자오의 유죄 인정 후 미국 내 영업이 금지된 상태였지만, 사면을 통해 바이낸스의 미국 복귀가 가능해질 전망이다.

《월스트리트저널》은 바이낸스 측이 미국 시장 재진입과 자오의 사면을 위해 의도적으로 트럼프 측근에 접근했다고 보도했다. 앞서 언급한 아부다비 국부펀드 MGX의 20억 달러(2조 8,000억 원) 투자를 유치한 기업이 바로 바이낸스였다.[26]

가상화폐 '트론'의 창시자이자 2023년 3월 미 증권거래위원회(SEC)에 사기 혐의 등으로 기소된 중국계 쑨위천도 트럼프 가문의 가상자산 사업에 접근해 셀프 구명활동을 벌였다. 그는 트럼프 자녀들의 월드리버티파이낸셜에 7,500만 달러(1,050억 원)를 투자한 것으로 알려졌다. 이후 2025년 2월 SEC가 쑨위천과 관련한 소송을 일시 중단해달라고 법원에 요청하자 "트럼프 2기 행정부가 돈을 받고 범죄 혐의자의 편의를 봐줬다"는 의혹이 일었다. 쑨위천은 트럼프 밈 코인 최대 보유자이기도 하다. 그는 2025년 5월 버지니아주 골프 리조트에서 열린 밈 코인 상위 보유자 비공개 만찬에도 참석했다.[27]

장남 트럼프 주니어와 차남 에릭은 세계를 돌아다니며 가상자산 사업을 홍보하고 있다. 영업을 위한 출장이지만 공식 연설에서는 "부패한 금융 권력에 대한 정치 투쟁을 벌이는 것"이라며 사업의 정당성을 항변한다.

트럼프 주니어는 2025년 5월 카타르 수도 도하에서 열린 카타르경제포럼에 연사로 나섰다. 그는 무대에 올라 "2020년 대선 패배 후 은행이 우리 가족의 정치적 견해를 문제 삼아 거래를 일방적으로 끊었다. 생존을 위해 가상자산으로 눈을 돌렸다"고 주장했다. 금융 기득권의 '탄압' 때문에 정상적인 금융 거래가 어려워져 가상자산업에 뛰어들었다는 것이다.

마가 진영 특유의 반엘리트 정서에 호소하기도 한다. 에릭도 며칠 뒤 미국 네바나주 라스베이거스에서 열린 비트코인2025 행사에서 "우리 가족은 은행들의 대우에 매우 분노했다"며 "솔직히 일부 대형 은행들이 멸종되는 것을 보고 싶다"고 했다. 트럼프 주니어는 "중앙화된 전통 금융 시스템은 일종의 폰지 사기"라며 "가상자산을 통해 금융의 민주화를 달성해야 한다"고 주장했다.[28]

미 정부도 금융권 압박에 동조하고 있다. 트럼프 행정부는 JP모건 체이스 은행 등 주요 은행의 보수 고객 차별 행위에 대한 조사에 착수했다.[29]

트럼프 가문은 정경유착을 통해 사업을 일궜다. 그런데도 미국인의 절반은 트럼프를 굳건히 지지한다. 정공법보다 '뒷길'을 찾아내 사업을 해온 이들을 괜찮다고 생각하는 이유는 무엇일까.

2011년에 실린 한 칼럼에서 실마리를 엿본 것 같다. 당시 트럼프는 '오바마 출생 음모론'을 제기하며 고작 61일 만에 공화당 큰손에서 차기 대선 유력 주자로 도약했다. 대선판을 뒤흔든 그는 강한 반작용도 일으켰다. "많은 이들이 트럼프를 웃음거리이자 국가적 수치로 여기지만, 나는 그가 절대 농담 같은 존재가 아니라고 확신한다."《뉴욕타임스》 칼럼니스트 데이비드 브룩스는 이렇게 썼다.

> 트럼프는 예의 바른 모습을 보여주려고 들지 않고 자신의 부(富)를 과시한다. '성공의 복음'을 증명하는 살아 있는 화신이다. 그는 미

국인이 사랑하는 '거침없는 부자'의 계보를 잇는 인물이다. 그뿐만 아니라 일부 유권자들이 원해온 '어두운 시대를 이끌어 미국의 쇠락을 역전시킬 독설가'의 표본이기도 하다. 그는 미국 문화의 깊은 흐름 속에서 탄생한 인물이다. 그는 미국의 오래된 판타지에 응답하고 있다.[30]

수비 전략
“나는 된다”

말하는 대로
이루어진다

트럼프를 뉴욕에서 가장 성공한 부동산 사업가라고 할 수는 없다. 트럼프는 1990년대 초반 개인 파산 직전까지 갔다. 가업을 일군 아버지 프레드가 노년에 접어들고, 트럼프를 위해 뭐든 하던 변호사 로이 콘이 세상을 떠난 직후 사업을 무리하게 확장하다 사달이 났다. 그는 파산 위기 와중에도 매우 낙관적인 태도를 보였다. 머릿속에 부정적인 생각을 들이지 않고, 장밋빛으로 전망하는 사고방식은 '번영 신학'의 영향으로 보인다. 그가 다녔던 교회의 노먼 빈센트 필 목사는 "긍정적으로 생각하면 성공한다"는 정신 자세를 설파했다.

2025년 3월 10일 미국 증시는 폭락했다. 전날 트럼프가 폭스뉴스에 출연해 관세 정책으로 인한 단기 침체를 피할 수 없다고 말한 것이 도화선이 됐다.[1] 와중에 기이한 일이 벌어졌다. 트럼프는 불과 2시간 만에 트루스소셜에 게시글을 100개 넘게 쏟아냈는데, 대부분 그를 칭송하는 기사였다. 증시 상황과 관련된 게시글은 단 한 건도 없었다. 기사 제목은 이런 식이었다.

"연설 천재 트럼프의 '연설의 기술'."

"트럼프는 대통령계의 타이거 우즈."

이날 게시글은 그야말로 쏟아졌다. 6분 만에 25건이 올라오기도 했다. 강철 멘탈이라고 봐야 할지, 홀로 딴 세상에 산다고 봐야 할지 난감했다. 전략이라면 대체 어떤 목표를 달성하기 위한 것일지 도무지 가늠하기 어려웠다.

유년 시절 트럼프는 부모의 손에 이끌려 맨해튼에 있는 한 교회에 다녔다. 유명 목사 노먼 빈센트 필이 운영하는 마블 신학 교회였다. 필의 교회에는 사업가와 정치인이 많이 다녔다. 자기 확신을 가지면 신(神)이 번영을 이루어준다는 필의 '번영 신학'은 미

국에서 큰 인기를 끌었다. 트럼프의 아버지 프레드 역시 필의 설교를 통해 자신감을 얻어 부동산 사업가로 성공했다. 그래서 온 가족을 데리고 교회에 나갔다.[2]

필은 "마음먹기에 따라 인생이 달라질 수 있다"며 미 전역을 돌아다니며 동기부여 강연을 했다. 그는 유능한 직장인과 사업가와 교류한 일화를 풀어놓으며 신도들에게 당신 또한 올바른 마음가짐과 신앙의 힘으로 성공할 수 있다고 설파했다.[3]

빌립보서 4장 13절 "내게 능력 주시는 자 안에서 내가 모든 것을 할 수 있느니라"는 필의 주장을 한 줄로 요약하는 성경 구절이다. 그는 이 구절이 "의식의 깊은 곳까지 스며들고, 모든 정신 자세에 두루 가득하게 될 때까지" 되새기라고 저서《적극적 사고방식》에서 강조했다.

그는 생각한대로 현실이 펼쳐진다고 주장했다. 부정적이고 소극적으로 사고해서는 절대 성공할 수 없다고 했다. 신도들에게 세상의 불행과 어려움 앞에서 흥분하거나 조바심을 내지 않고 평정심을 유지하며, 자신을 의심하거나 눈앞의 난관에 압도되지 말라고 조언했다. 적극적인 자세도 강조했다. 이길 수 있다는 믿음을 갖고 자신의 모든 것을 내던지라고 했다.

특히 사실보다 '태도'가 중요하다고 강조했다. 삶에 시련이 닥쳤을 때 극복하기 위해서 가장 필요한 것은 시련을 시련으로 인식하지 않고, 극복 가능한 도전으로 여기는 태도라고 봤다. 절망적인 상황에 긍정적 태도로 맞서야 패배하지 않는다고 주장했다.

그는 절대적으로 긍정적인 사고를 강조했다. 이른바 '정신 승리'의 자세를 심어준 것이다. 그는 "난관은 제거될 수 있다"며 "난관이 그렇게 대단한 것이 아니라는 신념을 가져라"고 했다.

트럼프는 거의 평생을 이 교회에 다녔다. 첫 부인 이바나와의 결혼식 주례도 필이 봤고, 두 번째 결혼식 주례는 필의 후계자가 봤다. 트럼프는 2010년대 초반까지 교인이었던 것으로 추정된다. 교회 측은 2015년 CNN 질의에 "트럼프가 더 이상 교인이 아니다"라고 밝혔다.[4]

필이 트럼프에게 미친 영향은 트럼프의 말과 글을 통해서도 드러난다. 트럼프는 1983년 트럼프 타워 개장 직후 《뉴욕타임스》와의 인터뷰에서 "난 절대 부정적인 생각을 하지 않는다. 정신력으로 그 어떤 역경도 극복할 수 있다"며 필에게 '긍정적 사고'를 배웠다고 설명했다.[5]

1990년대에 부도 위기와 이혼 등을 겪으면서도 《뉴욕매거진》에 "어느 때보다 잘나가고 있다"고 말했다. 트럼프가 현금이 바닥나 은행에 이자를 갚지 못해 채권 재협상에 나섰다는 《월스트리트저널》 보도[6]가 나오자 트럼프는 《정상에서 살아남기》라는 책을 내 "자신이 잘 나가고 있다"고 주장했다.[7] 출간 직후 ABC방송 인터뷰에서 '사업이 위기에 빠진 것 아니냐'는 질문을 받자 "훌륭한 자산을 갖고 있다"며 의혹에 맞섰다.[8] 《폴리티코》는 "나쁜 일을 자신과 연관 짓지 않는 것은 트럼프식 사고방식의 특징"이라고 짚었다.[9]

2009년 한 심리 잡지 인터뷰에서는 "나는 자기 확신을 잃은 적이 단 한 번도 없다. 내 사전에 패배란 없다"고 했다.[10] 필의 저서 《긍정적 사고》도 언급하며 "나는 긍정적 태도의 힘을 굳건하게 믿는다"고 덧붙였다. 2015년 유세에서도 "필 목사에게 긍정적 사고방식의 저력을 배웠다"고 소개했다.[11]

긍정적 사고방식은 트럼프 정신세계의 요체를 구성하는 것으로 보인다. 아부에 집착하고, 불리한 일은 기억조차 하지 않으려고 드는 습관의 배경이라는 분석이 나온다.

2020년 신종 코로나바이러스 감염증(코로나19) 팬데믹이 닥쳤을 때, 트럼프는 "완전히 통제하고 있다" "바이러스가 어느날 갑자기 기적적으로 사라질 거다" "우리는 승리할 것"이라고 거듭 말했다.[12] 현실과 괴리된 인식은 불행한 결과를 초래했다. 미국의 코로나19 대응 실패, 더 나아가 트럼프의 2020년 대선 패배로 이어졌다.

자신에 대한 노골적인 찬사를 트루스소셜에 공유하는 트럼프를 보면 이런 경향이 더욱 짙어지고 있다는 생각도 든다. 증시 대폭락의 날 게시글을 본인이 올린 것인지, 직원을 시킨 것인지는 알 수 없으나, 소셜미디어를 관리하는 직원은 늘 그의 곁에 있다. 나탈리 하프다. 하프의 백악관 직책은 알려지지 않았으나, 주 업무는 이른바 '심기 보좌'로 알려졌다. 트럼프를 지근거리에서 보

트럼프의 험난했던 1990년대

1989	배우 말라 메이플스와 외도 사실 알려지며 사생활 스캔들 확산
1990	첫 부인 이바나, 이혼 소송 제기 빚을 갚지 못해 은행들과 채무조정 협상 돌입
1991	이바나와 이혼 메이플스와 약혼 타지마할 카지노 파산
1992	카지노 2곳 추가 파산, 뉴욕 플라자호텔 파산 항공기 사업 '트럼프셔틀' 운영권 상실 개인 파산 위기
1993	차녀 티파니 출생, 메이플스와 결혼 브랜드 라이선스 사업에 집중
1994	금융권과 대규모 채무조정 완료
1997	메이플스와 별거 시작
1999	메이플스와 이혼 아버지 프레드 트럼프 사망 혁신당 후보로 대선 출마 시도

좌하는 그는 백악관 집무실 '오벌 오피스'의 단골 멤버다.

보수 기독교 가정에서 자란 하프는 강경 보수 성향 방송 〈원아메리카뉴스네트워크〉에서 앵커로 활동했다. 2019년 폭스뉴스에 출연해 트럼프가 집권 1기 때 서명한 임상시험 법안 덕분에 자신이 희귀병 치료를 받았다고 주장했는데, 이 이야기를 감명 깊게 본 트럼프가 2020년 공화당 전당대회에 하프를 연설자로 초대했다. 트럼프와 인연을 맺게 된 하프는 2022년 3월 그의 팀에 합류했다.[13]

당시 트럼프는 2021년 퇴임 후 마러라고에서 쓸쓸하게 생활하고 있었다. 그에게 하프는 '좋은 소식을 가져오는 전령' 역할을 했다. 읽으면 기분이 좋아질 기사와 소셜미디어 게시글을 싹싹 모아서 전달했다. 하프를 두고 로니 잭슨 하원의원은 "활발하고 긍정적인 태도가 트럼프의 기분을 유지하는 데 도움이 된다"고 《뉴욕타임스》에 말했다.[14]

트럼프에 대한 충성심은 숭배 수준이었다고 한다. 트럼프의 골프 라운딩을 따라다니며 무선 프린터로 기사를 인쇄해 준다는 일화도 유명하다. 이런 하프에게는 '인간 프린터'라는 별명이 붙었다.[15]

트럼프의 개인 소셜미디어 게시글 업로드도 하프가 주로 담당한다. 트럼프가 말하면 하프가 받아 적어 올린다. 공보팀과 상의 없이 오직 트럼프의 지시에 따르다 마찰을 빚은 적도 있는 것으로 알려졌다. 《액시오스》는 "트럼프가 게시글을 올리고 싶을 때,

기사를 읽고 싶을 때, 이를 다른 정치인에게 문자로 보내고 싶을 때 나탈리가 모두 해준다"고 전했다.[16]

트럼프는 2020년 대신 패배 후 이른바 '마러라고 유배기'를 거치며 매우 독해졌다. 팬데믹과 대선 패배라는 극심한 실패를 겪으며 더욱 대안적 세계관에 빠져든 것일 수 있다. 2기에 들어서 내놓는 다소 당혹스러운 주장도 상당 부분 이 시기에 탄생했다.

측근들은 하프가 뽑아주는 기사와 트럼프의 소셜미디어 어투가 비슷하다고 미 언론들에 말했다. 자꾸 읽다 보니 입에 붙은 것이다. 트럼프에게 가는 정보의 절대다수는 하프를 통한다. 하프는 말하자면 인간 알고리즘 같은 인물이다. 이 때문에 트럼프가 편향된 정보만 보며 '필터 버블'에 둘러싸였다는 우려도 크다.

공격 전략
"내가 맞다"

내 사전에
패배란 없다

진흙탕 싸움에서 끝내 이기고 마는 트럼프의 공격 본능은 악명 높은 변호사 로이 콘에게서 왔다. 트럼프는 그에게 “공격하고, 불리한 점을 인정하지 말고, 승리를 선언하라”는 교훈을 얻었다. 콘은 자기 확신과 야망으로 가득 찬 트럼프가 마음에 들었다. 콘은 멘토이자 언제나 트럼프를 위해 싸워주는 전사 역할을 자처했다. 자신의 정계 인맥과 이어줘 정치인으로서의 꿈도 키워줬다.

1979년 3월의 어느 밤 뉴욕에는 비가 내리고 있었다. 《빌리지보이스》의 기자 웨인 배럿은 맨해튼 중심가에 있는 클럽 '스튜디오 54'에서 야근 중이었다. 이곳에서는 뉴욕에서 가장 유명한 변호사 로이 콘의 52세 생일파티가 열리고 있었다. 파티에 들어가지를 못하니 웨인은 비를 맞으며 문 앞에서 이른바 '뻗치기'를 했다. 입장객을 한 명씩 붙잡고 이름을 물었다. 콘은 자신의 생일파티에 200명을 초대했다. 뉴욕 정재계와 언론계, 예술계 거물들에게 초대장을 보냈다.

웨인은 이날 기사에 이렇게 썼다.

"뉴욕의 많은 이들에게 '악(惡)'의 상징인 그를 기념하러, 빅애플의 악명 높은 인물들이 모였다."

32세의 젊은 사업가 트럼프는 기사에 이름만 딱 한 번 언급됐다. 그는 당시 무명에 가까웠다. 앞서 언급했던 그랜드하얏트 호텔의 막바지 공사가 한창이었던 시점이다. 반면 콘은 공포와 동경을 동시에 자아내는 유명인이었다. 그는 롤스로이스를 타고 다니고, 유명인들과 자신의 요트에서 어울렸다. 법률 사무소 겸 자택으로 사용하는 맨해튼의 타운하우스에서는 파티를 열었다. 마피아와 성직자, 정치인 등이 그의 클라이언트였다.[1]

콘은 실력까지 좋았다. 유력 판사의 아들로 20세에 뉴욕 컬럼비아대 로스쿨을 졸업해 21세에 변호사 시험에 합격한 영재였다. 그는 커리어 초반 매카시즘 광풍을 타고 이름을 알렸다. 제2차 세계대전이 끝나자 1950년대 미국은 소련과 체제 경쟁을 했다. 유대계 미국인이 소련에 원자폭탄 기밀을 넘겼다는 로젠버그 부부 사건은 미국을 뒤흔들었다. 이들은 1951년 간첩 혐의로 기소돼 유죄 판결을 받았고, 부부에 대한 사형은 1953년 집행됐다. 이 사건을 바로 콘이 담당했다. 당시 검사였던 콘은 소련 간첩을 색출하는 반공 사건에 주로 투입됐다.

연방 상원의원 조지프 매카시는 소련과의 체제 경쟁 속에서 공산주의자 색출 운동을 주도했다. 매카시는 로젠버그 부부 사건 이후 콘을 영입했다. 콘은 워싱턴으로 넘어가 매카시의 핵심 참모로 일했지만, 둘의 인연은 오래 가지 못했다.

매카시의 몰락은 한순간이었다. 1950년부터 4년간 사그라들지 않던 매카시즘 광풍은 1954년에 열린 36일간의 TV 청문회로 끝이 났다. 매카시가 드와이트 아이젠하워 행정부에 칼을 겨누자, 상원에서는 육군 청문회 전 과정이 생중계로 진행되었다. 이때 매카시가 그간 얼마나 빈약한 근거와 허술한 논리로 색출 작업을 감행했는지 만천하에 드러났다. 국민들은 그간 논리정연하게 정리된 신문 기사를 통해서 매카시의 주장을 접했다. 뒤늦게 매카시의 실체를 두 눈으로 직접 보게 된 것이다. 그는 같은 해 12월 상원에서 불신임을 당했다. 3년 뒤 지병으로 세상을 떠나며 초라한 말년을 보냈다.

반면 콘은 부활에 성공했다. TV 청문회 당시 콘은 27세에 불과했고, 여전히 젊었다. 그는 고향 뉴욕으로 돌아가 변호사로 개업하며, 워싱턴 인맥을 적극 활용했다. 1950, 1960년대를 거치며 뉴욕 정재계의 마당발로 자리 잡았다. 협박과 날조에 거리낌 없는 거친 변호사로 악명을 드높였다. 부정직한 변호 행위로 수차례 징계를 받고 세 차례 기소됐다. 그런데도 유죄 판결은 한 번도 받은 적이 없어 '진정 실력 좋은 변호사'라는 평판도 얻었다.[2] 배럿은《빌리지보이스》기사에서 콘에 대해 "마녀사냥꾼에서 마피아 브로커로 변신한 뉴욕의 가장 눈부신 법률 스타이자 정치 전략가, 고향 브롱크스의 그림자 보스"라고 묘사했다.[3]

트럼프는 1973년 맨해튼의 회원제 사교클럽에서 콘과 처음 만났다. 그는 당시 27세였고, 브루클린 최대의 아파트 건축업자였던 아버지의 사무실로 출근하는 새내기 사업가였다. 콘보다는 열아홉 살 어렸다.

트럼프는 당시 곤란한 처지에 놓여 있었다. 그해 미 법무부는 트럼프와 그의 아버지 프레드를 기소했다. 혐의는 인종차별이었다. 법무부는 아파트 임대 사업을 하던 부자가 흑인에게 일부러 세를 주지 않았다고 봤다. 그때 콘이 눈앞에 나타난 것이었다.[4]

트럼프의 저서《거래의 기술》에 따르면 그는 콘을 먼저 알아보고 다가갔다. 그리고는 법무부의 기소에 어떻게 대응하면 좋을지 조언을 구했다. 콘은 "지옥으로 가라고 해라. 법정에서 맞서 싸우라"고 했다.[5]

트럼프 부자는 콘에게 사건을 맡겼다. 그해 12월 콘은 트럼프 부자를 대리해 연방정부를 상대로 1억 달러의 맞소송을 제기했다. 소송은 언론의 주목을 받으며 떠들썩하게 진행됐다. 콘은 법무부와 연방수사국(FBI)를 상대로 여론전을 폈다. 언론과 소통하며 자신들의 입장을 항변했고, 자극적인 논리를 폈다. 유대인인 콘은 수사당국이 거친 수사를 벌였다고 주장하며 이들이 "게슈타포식 전술을 썼다"고 몰아갔다.

트럼프 부자는 끝내 유죄 판결을 피했다. 소송은 1975년 6월 합의로 끝났다. 유죄를 인정하지 않는 대신 더 많은 흑인과 소수자에게 주택을 임대하고 언론에 '기회균등 주택을 제공한다'는 광고를 내기로 했다. 콘과 트럼프 부자는 합의를 두고 '승리'라고 선언했다.

콘의 사촌 데이비드 마커스는 PBS 인터뷰에서 "트럼프 부자가 세입자를 가려서 받았다는 건 의심의 여지가 없었다. 하지만 콘은 사실을 부인하고, 거칠게 반격하면 판세를 뒤집을 수 있다는 것을 트럼프에게 보여줬다"고 했다. 또 "콘은 법원 판결보다 중요한 것이 민심 재판이라는 점을 알고 있었다"고 말했다.

세입자 인종차별 사건 5년 뒤인 1980년 맨해튼 심장부의 낡은 코모도르 호텔이 그랜드하얏트 호텔로 재개장해 문을 열었다. 트럼프가 맨해튼의 부동산 개발업자로 데뷔한 순간이었다.

앞에서 언급했듯, 그랜드하얏트 호텔 개발 사업이 성사되는 데는 프레드의 인맥이 큰 역할을 했다. 콘 역시 1980년 그랜드하얏트 호텔과 1983년 트럼프 타워 개장 등 트럼프의 부동산 사업을 물심양면 도운 것으로 알려졌다.

콘은 트럼프의 정치 야망도 부채질했다. 1984년 《워싱턴포스트》는 "'전형적인 졸부'와 '탁월함의 표상'이라는 평가를 동시에 받는 38세의 당돌한 개발업자"라며 트럼프를 소개했다. 그러면서 진행한 인터뷰에서 트럼프는 자신이 러시아와 핵 협상에 꼭 필요한 인물이라고 주장했다.

"이 일을 정말로 내가 하길 바라는 사람이 누구인지 아는가? 로이다. 나는 당장이라도 하겠다."[6]

콘과의 만남이 오늘날의 트럼프를 만들었다는 분석이 나온다. 배럿은 1992년 트럼프에 대한 저서에서 "콘은 트럼프의 삶에서 단순 변호사 이상의 존재였다. '멘토'이자 사업과 사생활의 중대사를 상시 조언하는 인물이었다"고 적었다.[7] 그러나 둘이 함께한 12년의 세월은 트럼프가 등을 돌리며 막을 내렸다.

1984년 콘의 인생은 여러모로 위기를 겪고 있었다. 그는 사기와 허위 진술 등의 혐의로 변호사 자격을 박탈당할 위기에 놓여 있었다. 트럼프는 제명 심리에 증인으로 출석해 "콘은 충성심이 강한 사람"이라고 말했다.

같은 해 콘은 에이즈 양성 판정을 받았다. 주변에는 비밀로 했다. 건강이 눈에 띄게 나빠지자 콘은 주변에 "간암 판정을 받았다"고 둘러댔다. 몇 달 뒤에는 트럼프가 새로 산 플로리다주 팜비치의 마러라고 리조트에 연인과 함께 방문해 트럼프 부부와 식사를 함께 하기도 했다. 트럼프는 콘이 동성애자라는 사실을 아는 몇 안 되는 인물이었다.

그러나 트럼프는 콘이 에이즈에 걸린 사실을 알자 차갑게 돌아섰다. 콘의 비서 수전 벨은 "하루아침에 콘에게 맡겼던 사건을 다른 변호사에게 옮겼다"고《폴리티코》에 말했다.[8]

콘의 몰락은 순식간이었다. 그는 1986년 6월 변호사 자격을 박탈당했다. 두 달 뒤에는 세상을 떠났다. 당시 콘은 59세, 트럼프 대통령은 40세였다.《뉴욕타임스》에 따르면 트럼프 대통령은 콘의 사망 소식을 듣고 "하나의 시대가 끝났구나"라고 말했다.[9]

트럼프 대통령은 콘의 사망 이듬해 본격적으로 정치에 목소리 내기 시작했다. 유력 일간지 3개에 로널드 레이건 당시 대통령의 외교 정책을 비판하는 전면광고를 실으며 "동맹에게 보호의 대가를 받고 관세도 거두자"고 주장했다.[10] 12월에 출간한 첫 저서《거래의 기술》은 베스트셀러가 됐다. 콘 없는 '새 시대'의 문을 연 순간이었다.

‘트럼프 멘토’ 로이 콘의 일생

1927	뉴욕 브롱크스 출생
1946	컬럼비아대 로스쿨 졸업
1948	변호사 자격 획득, 법무부 검사로 임용
1950	‘매카시즘’ 광풍의 시작
1951	로젠버그 간첩 사건 기소
1953	조지프 매카시 상원의원 참모로 영입
1954	육군 청문회로 매카시즘 붕괴 뉴욕 복귀해 개인 법률사무소 개업
1960~80년대	뉴욕에서 악독한 변호사로 명성
1973	트럼프와 첫 만남, 법무부 소송 수임
1970~80년대	트럼프의 사업 도와주며 멘토 역할
1975	트럼프 vs. 법무부 소송 합의
1977	트럼프와 첫 부인 이바나의 혼전 계약서 작성
1979	트럼프에 정치 컨설턴트 로저 스톤 소개
1984	변호사 자격 박탈 위기 에이즈 판정
1986	변호사 자격 박탈 에이즈로 사망

트럼프가 콘에게 전수 받은 호전성과 거침없는 태도는 '긍정적 사고방식'과 결합되었다. 그는 주요 협상 국면에서 거짓말을 지렛대 삼아 자신의 주장을 관철하는 전략을 쓴다. 그의 발언을 오해로 보기엔 의도가 다분하다. 특히 틀렸음을 입증하는 행위 자체가 트럼프에게 강한 거부감을 자아낸다. 어떤 방어술도 통하지 않는 전략인 것이다.

트럼프의 황당한 허위 주장에는 자신이 뜻한 대로 세상이 굴러갈 것이라고 믿는 극도의 자기중심적 사고가 반영돼 있다. 그는 "볼로디미르 젤렌스키 우크라이나 대통령의 지지율이 4%에 불과하다" "한국은 방위비를 한 번도 낸 적이 없다"는 식의 거짓말을 일삼고 자신에게 유리하게 숫자를 부풀린다.[11]

트럼프 1기 백악관 참모들도 트럼프의 이 같은 습성을 폭로했다. 스테파니 그리샴 전 백악관 대변인은 2021년 9월 출간한 회고록에서 트럼프가 "우리 주장을 반복해서 말하면 문제가 되지 않는다"고 백악관 직원들에게 강조했다고 주장했다. 진위를 떠나 기세 좋게 몰아붙이면 주장이 어느 순간 진실로 통한다는 발상이었다. 즉, 말하는 대로 이뤄진다는 것이다. 그리샴은 "백악관에서 거짓말이 공기처럼 자연스럽게 여겨지는 분위기가 조성됐다"고 밝혔다.[12]

집권 1기의 최장수 백악관 비서실장이었던 존 켈리도 인터뷰에서 비슷한 말을 했다. 그는 "트럼프가 자신이 만들어 낸 수치를 대외 메시지에 거듭 언급할 것을 지시했다"고《뉴욕타임스》에 전했다. "사실이 아니지 않냐"며 반기도 들어봤다고 한다. 켈리에 따르면 트럼프는 "그렇지만 듣기 좋지 않냐"고 거리낌 없이 답했다.[13]

일본 참모의 회고도 눈길이 간다. 아베 신조 전 총리의 최측근으로 꼽히는 아마리 아키라 전 자민당 간사장(전 경제산업상)은 2018년 4월 미일정상회담에서 "트럼프 포탄이 터졌다"고 회고했다.[14] 정상회담 중 트럼프가 틀린 내용을 말했고, 일본 측에서 이를 정정하려고 하자 매우 격앙된 반응을 내놨다고 했다.

당시 회담의 주요 의제 중 하나는 환태평양경제동반자협정(TPP)이었다. 트럼프는 이 협정이 미국에 불리하게 작용한다고 보고 2017년 1월 취임 직후 탈퇴를 단행했다. 아베와는 관계가 좋았지만 이 결정을 굽히지 않았다.

이듬해 마러라고에서 열린 회담에서 아베는 트럼프에게 "그 협정을 왜 그렇게 싫어하느냐"고 넌지시 물었다. 트럼프는 "한 번 가입하면 탈퇴할 수 없는 끔찍한 틀이라 싫다"고 답했다. 그러나 이는 사실이 아니었다. 탈퇴 의사를 통보하면 6개월 후 탈퇴할 수 있다. 당시 배석했던 모테기 도시미쓰 경제재생담당상은 이 사실을 설명했다.

모테기의 말에 트럼프는 격노했다. '가짜뉴스'라고 소리치며 화를 내기 시작했다고 한다. 회담장 분위기는 얼어붙었고, 아베가 "이 문제는 새로 출범한 미일 신무역협의체(FFR)에서 논의하자"고 화제를 돌리며 일단락됐다. 일본은 아찔한 교훈을 얻어 갔다.

트럼프에게 가장 좋지 않은 대응은 논리적으로 반박하려 드는 것이다. '당신 말이 맞다. 그러나 이렇게 하면 더 좋아질 것이다'라는 식으로 접근해야 대화가 진전된다.[15]

이런 경향은 집권 2기 들어 더욱 강화되고 있다. 오직 충성파로만 구성된 백악관 인사들은 트럼프가 어떤 주장을 하든 현실을 끼워 맞추고 있다. 《뉴욕타임스》는 "허위 주장을 통해 정책에 정당성을 부여하는 전략을 구사하고 있다"고 꼬집었다.[16]

2025년 3월 3일 트럼프가 트루스소셜에 "미국의 위대한 농부 여러분, 미국 내에서 판매할 농산물을 많이 생산할 준비를 하세요"라며 4월 2일부터 농산물에 관세를 부과한다고 발표했다.[17] 핵심 지지층인 농업계를 위한 약속인 것이다.

트럼프의 발언 이후 참모들은 관련 주장을 내놓기 시작했다. 캐럴라인 레빗 백악관 대변인은 며칠 뒤 정례 브리핑에서 다른 질문에 답변하던 와중에 갑자기 종이를 꺼내 들었다. 종이에는 해외 국가별 미국산 농축산물 관세율이 적혀있었다.[18]

문제는 자료 속 수치가 틀렸다는 점이다. 레빗 대변인이 제시한 자료에 따르면 일본은 미국산 쌀에 700% 관세를 부과하고 있다. 일본은 이 발언에 크게 당황했다. 일본 내에서는 이 수치가 200~400% 정도라는 분석이 나왔지만 당시 일본 정부는 미국에 강하게 반박하지는 못했다.

그해 7월, 일본은 참의원 선거를 앞두고 있었다. 그런데 이례적인 쌀 부족 사태에 시달리며 전국에서 쌀 품귀 현상이 벌어졌다. 마트 진열대가 텅 빈 모습이 연일 보도되는 가운데, 미국이 쌀 시장 개방까지 요구한다면 집권 자민당에 매우 불리한 형국이 되기 때문에 적극 정정에 나서지 못한 것으로 풀이된다.

일본의 사정을 파악하고 있는 것인지 백악관의 '일본 쌀 관세 700%' 주장은 이어졌다. 트럼프의 관세 책사로 꼽히는 피터 나바로 백악관 무역·제조업 고문도 폭스뉴스에 출연해 "일본의 700% 관세는 미쳤다"고 말했다.[19] 미국의 전체 쌀 수출량 중 일본 비중은 미미하다. 관세가 낮아지고 수입 쿼터를 확대한다고 해서 쌀 농부들의 살림살이가 급격히 개선된다고 보기도 힘들다. 그러나 이 같은 메시지는 지지층에 트럼프 행정부가 농부들을 위해 힘쓰고 있다는 인상을 주기 때문에 효과적이다.

'미국 자동차 왕'의 가르침

자유무역은 허상이다

트럼프의 '미국 우선주의'는 1980년대 미국의 국민 영웅이었던 리 아이어코카 크라이슬러 회장이 원조다. 그는 "일본이 미국 시장을 약탈하고 있다"며 분노했고, 뭐든 잘 만드는 일본을 보며 위기감을 느낀 미국인들은 호응했다. 트럼프는 아이어코카를 보며 "우리가 일방적으로 손해를 보고 있다"는 주장이 통한다는 것을 깨달았다. 그는 40년 가까이 이 전략을 그대로 활용하고 있다. 공격 대상을 일본에서 중국으로 바꿨을 뿐이다.

트럼프는 1987년 9월 2일 수요일 미 동부의 유력 신문《뉴욕타임스》《워싱턴포스트》《보스턴글로브》에 전면광고를 냈다. 광고는 이렇게 시작했다.[1]

"국민 여러분, 수십 년째 동맹들이 미국을 이용하고 있습니다. 이들은 미국의 공짜 보호 아래서 무역 흑자를 내는 부유한 국가가 됐습니다. 이제는 미국이 '흑자 머신(profit machine)'들로부터 대가를 지불받을 때입니다. 이들에게 '세금(관세)'을 부과해 미국 경제를 성장시킵시다."

전면광고의 내용은 한 장짜리 성명이었다. 당시 41세의 스타 부동산 사업가였던 트럼프는 로널드 레이건 대통령의 외교 정책을 비판했다. '우방이 미국을 이용해 자신만 성장했고, 미국 경제는 착취됐다. 이에 도와준 대가를 받아내야 한다'는 내용이 핵심 논지였다. 트럼프는 38년 전부터 관세를 만능 해결책으로 제시하고 '미국 우선주의'를 외친 것이었다.

이날 밤 트럼프는 CNN에 출연했다. CNN의 전설적인 시사 토크쇼 〈래리 킹 라이브〉에서 그를 긴급 섭외했다. 타블로이드지를

장식하던 바람둥이 사업가가 정치에 목소리를 내자 큰 관심을 받았다. 이듬해 열리는 대선에 도전장을 내민 것 아니냐는 말까지 나왔다. 킹은 그에게 무슨 목적으로 광고를 실었냐고 질문했다.[2]

"마음대로 생각해도 되지만, 전 대선에 나설 의향은 전혀 없습니다."

트럼프가 답했다. 그러면서도 자신의 주장을 이어갔다.

"전 지쳤습니다. 다른 국가들이 미국에 바가지 씌우는 것(rip off)을 보면서 지쳤습니다. 미국은 훌륭한 나라입니다. 근데 그들은 뒤에서 우리를 비웃고 있습니다. 그건 우리 자신의, 지도자들의 어리석음 때문입니다."

트럼프가 이날 신문사 3곳에 지출한 광고비는 총 9만 4,801달러였다. 현재 가치로는 약 26만 달러, 한화로 약 4억 원에 달한다. 그에게 쏟아진 엄청난 관심을 생각하면 그 이상의 효과를 냈다고 볼 수 있다. 트럼프의 말은 이목을 끌었다. 사람들이 그의 말에 주목하기 시작했다. 말 한마디 한마디가 화제를 몰고 다녔고, 이 시절 발언은 지금과 크게 다르지 않아 놀랍다.[3]

> 일본을 보세요. 우리를 완전히 이용하고 있습니다. 우리의 무역 적자가 상당합니다. 자유무역을 하자더니 자동차랑 영상카세트녹화기(VCR)를 덤핑하고 있습니다. 우리는 일본을 보호해 줬는데 이런 대가를 치르고 있습니다.[4]

제가 대통령이 되면 미국은 정말 강하고 엄청난 군사력을 자랑하게 될 것입니다. 러시아도 동맹도 누구도 믿지 않을 것입니다. 문제는 우리가 아주 부자인 국가들을 보호해 주는 대가로 아무것도 받지 못하고 있다는 것입니다. 우리는 세계적인 웃음거리입니다.[5]

정치인 트럼프의 등장은 매우 신선한 충격이었지만, 트럼프의 주장 자체가 새롭지는 않았다. 당시 '일본 때리기(Japan bashing)' 현상은 미 전역을 휩쓸고 있었다. 고품질 제품을 낮은 가격에 수출하는 일본 때문에 미국 제조업이 고사하고 있다는 주장이었다.[6] 미국인에게 존경받는 기업인 리 아이어코카 당시 크라이슬러 회장도 목소리를 내는 사람 중 하나였다. 1984년 출간한 자서전에서 관련 주장을 비중 있게 다뤘고, 언론 기고와 인터뷰도 활발히 나섰다.

아이어코카는 미국이 "일본과 총성 없는 무역 전쟁"을 치르고 있다고 했다. 그는 미국 정부가 일본과 벌이는 전쟁을 명확히 인식하지 못해 미국이 자칫 패배할 수 있다고 우려했다. 아이어코카는 미국이 일본의 강력한 산업정책을 이해하지 못하고 있다고 봤다. 유능한 인재가 모인 일본 정부가 중요한 산업을 선별해 대출, 연구개발 지원, 자국 시장 보호 등 체계적인 정책 지원으로 뒷받침해 전후 재건에 성공했다고 분석했다. 아이어코카는 일본이 낮은 국방비 지출 때문에 세율 또한 낮고, 통화를 조작해 인위적

으로 엔화 약세를 유지하고 있다고 주장했다.[7]

일본 제조업체를 견제하면서도 이들의 능력과 성실성에 대한 찬사를 보냈다. 자신은 일본인을 존경하지만 경기장이 기울어지는 동안 "우리가 그저 가만히 앉아 있는 것에 화가 나 있다"고 자서전에 적었다.[8]

1970, 1980년대 '경영의 귀재'로 통했던 아이어코카는 미국 자동차 산업의 영웅으로 불렸다. 그의 말에는 힘이 있었고, 주변에서는 1984년과 1988년 대선에 도전하라고 격려했다. 그러나 "대통령이 돼 관습에 얽매여 살기 싫다"며 선을 그었다.[9]

이 시절 아이어코카와 자주 교류하는 사업가 중엔 트럼프도 있었다. 1980년대 트럼프는 자신보다 22살 연상인 아이어코카와 가깝게 지내며 부동산 개발 사업을 함께 진행했다.

트럼프에게 있어 아이어코카는 여러 면에서 닮고 싶은 인물이었다. 아이어코카는 원조 '스타 기업인' 중 한 명으로 꼽힌다. 제트기를 타고 다녔고, 연예인들과도 자주 어울렸다. 크라이슬러를 경영하면서는 TV 광고에도 직접 등장했다.

아이어코카와 교류하며 세상을 보는 시각도 비슷해진 것 같다.[10] 아이어코카는 대미 무역 흑자국에 관세와 비슷한 개념의 세금 부과를 주장했다. 부가가치세를 관세의 일종으로 보고, 관세 때문에 수입품이 자국에서보다 미국에서 저렴하게 팔린다는 인식도 드러냈다.[11]

아이어코카는 "자유무역은 허상"이라고 주장했다. 그는 부가

‘미국 자동차 왕’ 리 아이어코카의 일생

1924	펜실베이니아주 앨런타운 출생
1945	펜실베이니아주 리하이대 산업공학 학사
1946	포드자동차 엔지니어로 입사 곧바로 세일즈-마케팅 부문으로 이동해 두각
1956	마케팅 캠페인 성공해 스타 기획자로 부상
1964	포드 대표 모델 ‘머스탱’ 개발 주도
1970	포드자동차 사장 취임
1978	헨리 포드 2세와 불화로 해고 ‘파산 위기’ 트라이슬러 사장으로 영입
1979	크라이슬러 회장 겸 최고경영자로 승진 미국 정부에 15억 달러 구제금융 확보
1983	구제금융 대출 7년 조기 상환 미국 국가적 영웅으로 부상
1984	민주당 대선 후보 영입 시도에 거절 자서전《아이어코카》 출간
1980년대 후반	트럼프와 사업
1988	민주, 공화 양당 대선 출마 요청에 거절
1992	크라이슬러 회장 은퇴
1990~2010년대	사업·투자·자선활동 지속
2007	저서《지도가 없는 세상》 출간
2019	파킨슨병 합병증으로 사망

가치세 때문에 일본산 도요타자동차가 일본이나 프랑스보다 미국에서 더 싸게 팔린다고 불만을 표시했다. 아이어코카의 이러한 인식은 트럼프에게 영향을 준 것으로 보인다. 트럼프가 "관세의 일종인 부가가치세도 관세 협상 테이블에 오를 것"이라고 예고하자 부가가치세는 비관세 장벽에 해당하지 않는다는 지적이 제기됐다.[12]

아이어코카는 미국의 무역적자가 균형이 잡힐 때까지 '공정' 무역이라는 제3의 길을 걷자고 주장했다. 그는 '미국을 상대로 무역 흑자를 기록하는 나라를 상대로 부과하는 선별적이고 일시적인 조치'를 자신이 제안한 공정 무역의 개념으로 정의했다. 산업 정책이든 환율 조정이든 자국 시장 보호든, 상대국의 전술을 그대로 미국이 활용해야 한다고 제안했다.[13]

아이어코카는 신규 관세 도입도 제안했다. 석유수출국기구(OPEC) 견제를 위해 수입 석유에 대한 부가세를 붙이고 소비자가에 15센트의 세금을 걷자고 했다. 재원을 대안 에너지원 개발에 투자해 에너지 자립을 이루자고 했다. 또 중요 사업군에는 일본 제품의 시장점유율 한계를 설정하자고 했다.[14]

아이어코카는 방위산업과 금융업이 폭발적으로 확장하는 사이 철강과 자동차 등 제조업이 혁신을 잃고 쇠락한 현실을 매우 비판적으로 봤다. 방위비를 줄이자고 주장하고, 적은 일자리만을 창출하는 금융업이 미국의 돈을 빨아들이고 있다고 개탄했다. 그는 첨단산업과 기간산업이 함께 성장할 수 있는 대안을 제시했다. 그는 기간산업이 첨단산업 성장에 필수 요소라고 봤다. 자동차에 수많은 반도체가 들어가니, "디트로이트가 없으면 실리콘밸리도 없다"고 했다. 반대로 로봇과 첨단기술을 사용해 제조업 생산성을 획기적으로 개선할 수 있다고도 강조했다.[15]

미국 제조업 부흥을 위한 정부 차원의 노력이 절실히 필요하다는 아이어코카의 제언은 오늘날에도 유효하다. 30여 년 뒤 버락 오바마 행정부는 '제조업 르네상스' 정책을 추진했고, 트럼프도 "공장을 미국에 되돌려 놓겠다"는 주장으로 두 차례 대선에서 승리했다.

다시 1980년대로 돌아가, 아이어코카와 트럼프의 사이는 처음에 좋았다. 트럼프가 아이어코카에게 배울 점은 많았다. 아이어코카는 스타 사업가이자 미국 경제 전반에 대한 식견을 갖춘 존경받는 인물이었다. 그 또한 젊은 트럼프의 패기를 좋게 봤다. 아이어코카는 1987년《뉴욕타임스》에 "트럼프는 좋은 거래를 잘 알아보는 똑똑한 사람"이라고 칭찬했다.[16] 그러나 이 시절 트럼프는 사실상 무제한으로 월가 은행들에게 거액의 대출을 받으며 무작위로 사업을 확장하고 있었고, 결국 아이어코카는 트럼프의 사업관을 못마땅하게 여겼다. 둘의 사이는 멀어졌다.

> 나는 트럼프를 꽤 잘 알아요. 그의 자아는 완전히 폭주해 버렸어요. 나사가 풀려서 미쳐 돌아가고 있죠. 이 나라의 기업계가 해야 할 일은 이런 '금융거래 중심 사고방식'에서 벗어나는 겁니다. 예전

에는 월스트리트와 금융시장, 은행들이 물건을 만들고 일자리를 창출하는 회사를 지원하고 자금을 대기 위해 존재했죠. 그런데 이제는 그들 스스로 목적이 되어버렸어요. '이번 판에선 무엇으로 돈 좀 빨리 벌 수 있을까?' 이런 식이죠. 지금 우리나라에 정말 필요한 건 공장 현장으로 돌아가는 겁니다. 크라이슬러든 맥도날드든 뭐든 간에, 좋은 물건을 만드는 데 자부심을 가져야 이길 수 있어요.[17]

닉슨과 펜팔하는 사이

특별한 친구의 격려로 정치 열망을 키우다

트럼프가 2016년 대통령이 됐을 때 공화당 내 지지 세력이 없는 '워싱턴 아웃사이더'라는 점이 주목을 받았다. 하지만 트럼프는 아주 오래 전부터 주류의 인정을 갈망했다. 30대의 트럼프는 리처드 닉슨 전 대통령과 식사를 한 뒤 십수 년간 펜팔로 지냈다. 그는 "정치하면 대성할 것 같다"고 적힌 닉슨의 편지를 보물처럼 간직하며 권력의 정점을 향해 달려갔다.

1982년 6월 트럼프는 특별한 친구를 사귀게 되었다. 미국 36대 부통령이자 37대 대통령 리처드 닉슨이었다.

당시 36세의 트럼프는 뉴욕에서 가장 유명한 부동산 개발업자였다. 2년 전 그랜드하얏트 호텔이 개장한 데 이어 그의 이름을 건 '트럼프 타워'의 막바지 공사가 한창 진행 중이었다.

트럼프는 1982년 6월 닉슨에게 "저녁을 함께 보내 영광이었다"며 첫 편지를 보냈다.[1] 닉슨은 1974년 대선 경쟁 후보를 도청한 사실이 폭로된 워터게이트 사건으로 대통령직에서 물러난 뒤 뉴욕에서 지내고 있었다. 이 편지를 시작으로 둘은 닉슨 사망 직전까지 33살의 나이 차를 뛰어넘는 우정을 나눴다.

트럼프와 닉슨이 주고받은 서신은 닉슨의 고향인 2020년 캘리포니아주 요바린다의 닉슨 도서관에서 열린 전시회로 공개됐다. 둘은 부동산, 베트남 전쟁, 미디어 전략 등 다양한 주제로 편지를 주고받았다. 학생 미식축구 선수 출신인 닉슨은 트럼프가 인수했던 뉴저지 제너럴스 풋볼팀을 어떻게 운영할지도 조언했다.

트럼프는 1983년 트럼프 타워 개장 직후 "닉슨 부부를 트럼프 타워로 모시는 것은 내 야망 중 하나"라며 입주를 적극 권유하기도 했다. 닉슨은 "아내가 뇌졸중에서 회복하고 있어 거주지를 옮

기기 어렵다"며 고사했다.[2]

이 시절 트럼프와 이바나는 뉴욕의 '파워 커플'이었다. 트럼프가 신문에 나오지 않고 지나가는 날은 거의 없었다. 부와 권력의 상징으로 꼽히는 5번가에 58층짜리 트럼프 타워가 1983년 문을 열었고, 트럼프는 일리노이주 시카고에 다음 트럼프 타워를 짓겠다는 계획을 공개했다. 《시카고트리뷴》이 트럼프의 계획을 비판하는 비평가 기고를 실자, 트럼프는 신문과 비평가를 상대로 5억 달러의 명예훼손 소송도 제기했다.[3]

이듬해엔 신생 풋볼리그의 구단주가 됐다. 그러더니 풋볼의 '본진' 전미풋볼리그(NFL)에 1억 3,000만 달러 규모의 반독점 소송을 걸었다. 계란으로 바위 치기 격의 소송이었지만 매우 큰 화제가 되며 부동산과 가십면에 이어 스포츠면에서까지 트럼프의 이름이 거론되기 시작했다.[4]

《워싱턴포스트》는 "안티들은 트럼프가 전형적인 졸부이자 과도한 자아를 가진 유명인으로 봤고, 팬들은 그를 활력 넘치는 천재이자 뉴욕의 부흥을 이끈 촉매로 여겼다"고 당시 분위기를 전했다.[5]

사업과 노이즈 마케팅으로 대중적 인지도를 한껏 끌어올리는 한편, 트럼프는 각종 자선재단의 이사진으로 활동하며 거물급 인사와 교류했다. 백악관에서 열린 행사에도 여러 차례 참석하게 됐다. 1983년에는 낸시 레이건 여사가 주최한 장학 행사에 참석했고, 1985년 사우디아라비아 파흐드 빈 압둘아지즈 알사우드 국

왕의 국빈 방문 만찬과 1987년 문화외교 관련 자선행사에 참석해 레이건 대통령과 인사를 나눴다.[6]

트럼프는 정계 입문의 꿈을 품고 있었다. '멘토' 변호사 로이 콘은 그가 정치를 잘할 것이라고 격려했다. 1984년《워싱턴포스트》인터뷰에서 트럼프는 자신이 러시아 핵 협상의 협상자로 나설 자질이 충분하다고 말했다.[7]

> 이건 협상을 어떻게 하는지를 아는 사람이 해야 하는 일입니다. 내가 과거에 봐온 대표자(협상가)들 같은 사람들이 아니라요. 미사일에 대해 배울 수 있는 모든 걸 배우는 데 한 시간 반이면 충분할 겁니다. 사실 대부분은 이미 알고 있다고 생각해요. 그건 그냥 현재 상황에 대한 업데이트일 뿐이죠.[8]

언급했듯 트럼프는 3년 뒤 신문에 레이건 행정부의 대외정책을 비판하는 광고를 내며 정치에 목소리 내기 시작했다. 같은 해 출간한 첫 저서《거래의 기술》로는 베스트셀러 작가가 됐다.

닉슨은 트럼프에게 정치인으로서의 자질을 봤다.

"도널드에게, 내가 직접 보지는 못했지만 닉슨 여사가 말하길 당신이 〈도나휴 쇼〉(MSNBC의 유명 토크쇼)에서 대단했다고 들었습니다. 당신도 잘 알듯 내 부인은 정치 전문가입니다. 그녀는 당신이 출마 결심만 하면 분명 승리할 것이라고 했습니다!"

닉슨의 격려를 받은 트럼프의 정치 열망은 커져 갔다. 그는 1987년 12월 닉슨이 보낸 이 편지를 액자에 넣어 트럼프 타워 내 사무실에 전시했다고 한다.[9]

둘은 안부 편지를 주고받는 사이 이상으로 가까웠다. 트럼프는 닉슨이 워터게이트 사건 이후 15년 만에 공식 석상에 복귀했을 때도 함께했다.[10] 닉슨의 재무장관이자 텍사스 주지사였던 존 코널리는 1980년대 텍사스 석유 버블이 터지며 1987년 파산을 신청했다. 그런데 부인 넬리 코널리 여사가 유방암 진단까지 받으며 더욱 힘든 시기를 겪자, 측근들은 넬리 여사를 위한 파티를 열었다. 이때 닉슨은 이틀간의 파티에 참석하기 위해 트럼프의 전용기를 타고 텍사스주 휴스턴으로 함께 갔다. 트럼프는 행사의 명예 의장을 맡았다.

코널리는 닉슨과 재임 당시에도, 퇴임 이후에도 관계가 좋았던 참모다. 1971년 8월 15일 닉슨이 깜짝 TV 연설을 통해 금본위제를 폐지하고 모든 수입품에 10% 관세를 매기겠다고 발표한 '닉슨 쇼크' 당시 재무장관이었다. 휴스턴의 유명 이탈리안 식당 '토니스'의 주인 토니 밸론은 거물급 손님들이 모였던 이날을《뉴욕타임스》에 이렇게 회상했다.

그날은 유독 생생히 기억납니다. 공기 중에 엄청난 열정과 전기가 흐르고 있었어요. 트럼프는 압도적인 존재감을 가지고 있었죠. 사람들은 그가 거만하다고들 하지만, 그는 전혀 거만하지 않았어요. 아주 친근했고, 웨이터들과도 스스럼없이 이야기했어요. 전 트럼프에게 깊은 인상을 받아 며칠 뒤 그의 책 여덟 권쯤을 사서 선물로 돌렸습니다.[11]

닉슨의 말년에 트럼프는 사업과 개인사로 힘든 시기를 겪고 있었다. 1990년 자신의 외도로 첫 부인 이바나와 이혼했고,[12] 1991년 뉴저지주 애틀랜틱시티의 트럼프 타지마할 카지노가 파산했다. 여섯 차례에 이은 줄파산의 시작이었다.[13] 서신 교환은 뜸해졌고 둘의 마지막 편지는 1993년 1월 26일이었다.[14]

"손주들과 찍은 멋진 팔순 잔치 사진을 보내주셔서 정말 감사드립니다. 대통령님께서는 늘 훌륭하시고 손주들도 어쩜 그렇게 예쁘고 잘생겼는지요. 위대한 당신께 언제나 최고의 존경과 찬사를 아끼지 않겠습니다. 당신을 알게 되어 자랑스럽습니다."

이듬해 4월 닉슨은 자택에서 뇌졸중으로 쓰러진 뒤 나흘 만에 세상을 떠났다. 그의 유언에 따라 모든 장례 절차는 고향 요바린다에서 이뤄졌다. 빌 클린턴 대통령과 생존 전직 대통령 내외, 200명 이상의 해외 외교사절단 등 4,000여 명이 닉슨의 장례식에 참석했지만 트럼프는 그 자리에 없던 것으로 알려졌다.[15]

'개인폰 3대' 셀프 PR의 귀재

대중의 관심은 사업 밑천이다

관심을 독점하는 것은 트럼프의 생존 방식이다. 그는 성인기 내내 끊임없이 자신을 미디어에 노출했다. 자신을 하나의 브랜드로 만들어 가장 성공하지는 않았을지언정 가장 유명한 사업가가 됐다. 소셜미디어를 통해 대중과 직접 소통하는 요즘도 트럼프는 오는 전화를 가리지 않고 다 받는다. 한 명에게라도 더 자신의 이야기를 하기 위해서다.

트럼프는 사회초년생 시절 존 배런이라는 대변인을 뒀다. 영 내키지 않는 통화는 배런이 받았다고 한다. 그런데 배런이 다른 대변인과 달랐던 점은, 트럼프 본인이었다는 점이다. 트럼프는 가명을 써서 비밀리에 직접 대변인 역할을 했다고 한다.[1]

그는 가능한 모든 수단을 동원해 자신을 홍보했다. 기자들의 전화가 오면 자신이 직접 다 받고 응대했다. 앞에서 이야기했듯 트럼프는 대중에게 정치인 이미지를 각인하기 위해 거액을 들여 주요 신문에 광고를 내기도 했다. 보도자료 작성에도 꼼꼼히 관여했다. 2011년 오바마 저격에 나서 주목을 받았을 때는 '도널드 트럼프는 시청률 보증수표(Ratings Gold)'라는 제목의 열 쪽짜리 보도자료를 냈다고 한다. 화제성에 힘입어 〈어프렌티스〉 시청률이 오르자 이를 적극적으로 홍보한 것이다.[2]

트루스소셜 이전엔 트위터(현 X)에서 맹활약했다. 텍스트로는 부족했는지 2011년부터 2014년까지는 유튜브에 〈트럼프의 책상에서〉라는 동영상 100건 안팎을 올렸다. 뉴욕 트럼프 타워 내 집무실에서 촬영했고, 한 주제에 대해 1분 내외로 입장을 밝히는 포맷이다.[3] 한국이 주제인 회차도 있다. 52초짜리 짧은 영상에서 트럼프는 카메라를 바라보며 이렇게 말했다.

내게는 계속 의문이다. 우리는 언제까지 아무 대가 없이 한국을 북한으로부터 방어해야 하는가?
한국은 아주 아주 부유한 나라다. 그들은 우리 덕분에 부자가 됐다. 우리에게 텔레비전도 팔고, 자동차도 팔고, 모든 걸 다 판다. 그들은 돈을 쓸어 담고 있다. 우리는 한국과 막대한 무역적자를 보고 있다.
그들은 내 친구다. 나는 그들과 거래도 하고, (사업) 파트너 관계도 맺은 적 있다. 아무 문제 없다. 하지만 그들은 우리가 멍청하다고 생각한다. 그들은 못 믿겠지만, 우리는 북한으로부터 그들을 방어하고 있다. 그것도 공짜로 말이다. 우리는 그럴 입장이 아니다.
그들이 언제쯤 우리에게 방위비를 지불하기 시작할까? 생각해보면 정말 터무니없는 일 아닌가? 그들은 미국에서 돈을 엄청나게 번다. 문제가 생기면 어떻게 하나? 미국을 불러 방어해달라고 한다. 그런데 우리는 아무 대가도 받지 못한다.[4]

이렇듯 깊이나 통찰이 있는 것은 아니지만, 돌아보면 트럼프는 10여 년 전부터 숏폼 영상의 위력을 내다본 것이다.

그는 역대 미국 대통령 중 대중 미디어를 가장 잘 이해하는 대통령 같다. 언론과 대중이 어떤 발언에 반응하는지 직접 부딪히며 체득했다. 강렬하고 간단한 '한 문장'이 가지는 파급력을 피부로 느낀 것이다.

집권 2기 들어서는 언론과 '직접' 소통을 이어가는 파격을 보이고 있다. 40년 넘게 언론의 스포트라이트를 받은 그의 전화번호는 여러 차례 바뀌었지만, 여전히 소수의 기자가 알고 있다.

백악관에 돌아온 트럼프는 어느날 기자의 전화를 받아 입장을 밝혔다. 이후 이란 폭격, 우크라이나 전쟁, 가자 전쟁, '하나의 크고 아름다운 법안(One Big Beautiful Bill Act·OBBBA)' 등 국정의 주요 국면에서 대통령의 휴대전화로 전화가 쇄도하고 있다.[5]

전화는 트럼프에게 공기와도 같은 떼놓을 수 없는 존재다. 수십 년간 뉴욕에서 부동산 사업가로 살며 유선전화로 일을 처리했고, 현재도 집무실 책상에 두 대의 유선전화가 놓여 있다. 소셜미디어 등장 이전에는 전화가 세상과 직접 소통하는 창구였다.

2016년 대선 승리의 밤에도 트럼프는 휴대전화를 쥐고 있었다. 그의 아이폰은 쉴 새 없이 울렸고, 모르는 번호도 받는 통에 백악관은 초긴장 상태였다고 한다. 한 고문은 당시 상황에 대해 《디애틀랜틱》에 이렇게 말했다.[6]

"모든 전화를 다 받고 있었어요. 연락처에 저장된 번호는 아니었죠. 그냥 전화가 오면 받는 거예요. 놓치고 싶지 않으니까요."

1기 행정부의 두 번째 백악관 비서실장이었던 존 켈리 전 해병대 장군과는 휴대전화를 두고 충돌했다. 군인 출신인 켈리는 보안 문제에 매우 엄격했다. 러시아와 중국이 대통령을 도청할 수 있다고 걱정했다. 이에 트럼프의 휴대전화를 빼앗으려고까지

했다. 그러나 "내 휴대전화는 최고의 제품"이라며 트럼프가 완강히 거부하자, 트럼프가 항시 도청되고 있을 것으로 보고 대응책을 마련했다고 한다.

도청 우려는 2024년 대선 기간에도 제기됐다. 중국 해커들이 미국 통신망의 핵심 구조까지 침투한 것으로 드러났고,[7] 이란은 트럼프 캠프와 공화당 핵심 관계자들의 이메일을 해킹했다. 잇따른 보안 문제에도 트럼프는 도청 가능성에 전혀 동요하지 않았다고 한다.[8]

트럼프가 먼저 전화를 거는 일도 종종 있다. 만평 〈딜버트〉를 연재하는 만화가 스콧 애덤스는 2025년 5월 트럼프로부터 전화를 받은 일화를 X에 공개했다.[9]

처음에 그는 모르는 번호로 전화가 와 받지 않았다. 그런데 발신자가 남긴 꽤 긴 음성메시지를 들어보니 트럼프였다. "여보세요, 당신이 가장 좋아하는 대통령입니다"라고 시작하는 메시지는 "다시 전화하겠다"는 말로 끝이 났다. 애덤스는 진짜로 트럼프가 전화를 걸었다고 생각하진 않았다고 한다. 그는 "당연히 다시 전화하진 않았다. 너무 황당했다"고 했다.

몇 시간 뒤 같은 번호로 전화가 와 이번에는 혹시나 하는 마음에 받았다. 진짜 트럼프였다. 보수 성향 만평을 연재하는 스콧 애덤스는 얼마 전 소셜미디어에 말기 암 투병 사실을 공개했다. 이 소식이 트럼프의 귀에 들어가 안부 인사를 남기러 전화한 것이었다. 트럼프는 병세에 대해 여러 질문을 던진 뒤 이렇게 전화를 마쳤다고 한다.

"필요한 게 있으면 말만 해요. 내가 어떻게든 해줄게요."

현재 트럼프는 개인 휴대전화를 세 대 이상을 보유한 것으로 알려졌다.[10] 휴대전화에는 추가 보안 장치가 탑재됐다고 한다. 전화번호 또한 여러 차례 바꿨지만 그의 번호를 아는 기업인과 정치인, 언론인의 전화가 매일 쏟아진다. 그의 통화 목록은 권력의 상징이기도 하다. 해외 정상, 기업 총수, 고액 기부자 등이 그에게 직접 전화를 건다.[11] 이 사실을 연설에서 언급하기도 한다. 블라디미르 푸틴 러시아 대통령, 베냐민 네타냐후 이스라엘 총리 등과의 전화 외교 또한 활발하게 진행하고 있다.[12]

이런 자신감 때문인지 백악관 복귀 뒤에는 직접 언론과 통화에 나서고 있다. 백악관 공보팀을 통해 사전에 조율했던 집권 1기와는 대조적인 모습이다.

트럼프는 2025년 6월 21일 미군의 이란 폭격 당일에도 여러 언론과 전화 인터뷰를 가졌다. 폭스뉴스의 브렛 베이어와 션 해니티, ABC의 조너선 칼, NBC의 크리스틴 웰커, 로이터통신의 스티브 홀랜드, 액시오스의 바라크 라비드와 통화했다.[13] 대체로 "오늘 밤 매우 큰 성공을 거뒀다"고 자찬하는 내용이었지만, 이스라엘 출신인 라비드에게는 "당신의 이스라엘은 이제 훨씬 안전하다"고 말하며[14] 각 언론사 대표 기자의 인적 사항을 파악하고 있는 듯한 모습을 보였다.

트럼프는 왜 그간 각을 세우던 언론과 전화 인터뷰에 응하는 것일까. 트럼프와 여러 차례 통화한《디애틀랜틱》의 마이클 셰러 기자는 AP통신에 이렇게 말했다.[15]

"대통령은 말하는 걸 좋아한다. 자신의 이야기를 공유하길 원한다. 그는 자신의 이야기를 많이 할수록 더 유리하다고 생각하는 것 같다. 과거 취재한 어떤 대통령과도 완전히 다르게 언론을 대한다."

노이즈 마케팅과 음모론

쉽고 자극적인 구호를 외치면 된다

트럼프에게 진실은 중요하지 않다. 화제성이 핵심이다. 그는 버락 오바마가 미국 태생이 아니라는 음모론을 밀어붙이며 스타로 떠올랐다. 욕을 먹더라도 지지층을 결집시켜야 앞으로 나아갈 추진력이 생긴다는 정치의 기술을 직접 체험한 계기였다. 결국 그는 사회의 분열 지점을 정확히 파고들어 백악관 입성에 성공했다.

트럼프의 정치 열망이 참 오래됐다는 사실은 매우 흥미롭게 다가왔다. 그런데 왜 잘 알려지지 않았던 것일까? 결론부터 말하자면 "세상 대부분의 사람이 그를 진지하게 여기지 않았다"가 중론이다.

트럼프는 1987년 《거래의 기술》을 출간한 후 〈오프라 윈프리 쇼〉 등에 출연했다. 일각에서는 책을 팔기 위한 마케팅 수단이었다는 말도 나오지만, 지지자 연설에 나서며 이듬해 열릴 대선 출마를 저울질하기도 했다. 1999년, 그는 처음으로 실질적인 대선 행보에 나섰다. 53세였던 트럼프는 공화당을 탈당하고 혁신당에 가입했다. 그는 "사비로 대선에 나서겠다"며 1억 달러를 선거 자금으로 약정했다. 연간 650만 명에 이르는 트럼프 호텔과 카지노 손님을 겨냥한 선거 전략을 짰다. 이들에게 자신을 뽑아달라고 홍보할 계획이었지만, 결국 후보 경선 도중 하차하며 초라하게 막을 내렸다.[1]

이 시기에 사업도 어려움을 겪고, 정치적 실패까지 겹쳐 실추된 명예는 2004년 NBC에서 TV쇼 〈어프렌티스〉를 선보이며 완전히 씻어 냈다. 이는 뉴욕 명사에서 전국구 스타로 발돋움하는 계기가 됐다. 정치에 대한 미련을 버리지 못해 2004년 대선 때도 출마를 고려했다는 말이 있지만, 트럼프는 방송인의 삶을 즐기는 동시에 정치의 끈도 놓지 않았다.

그는 엄청난 재력과 의지를 바탕으로 공화당 큰손이 됐다. 거액을 정치자금으로 내놓으며 무시할 수 없는 인물로 자리매김했다. 당시 공화당에서는 언행이 거칠지만 대중적 인기를 끄는 재력가 트럼프와 적당한 거리를 유지하자는 분위기였다고 한다. 《뉴욕타임스》는 "몇 년간 공화당 인사들은 트럼프를 적당히 달래며 그의 돈을 받아갔다"고 전했다.[2] 트럼프는 공화당계 행사에 연설자로 나서고, 당 중진과 행사에서 어깨를 나란히 하는 존재로 인정받았다. 공화당 인사들은 《뉴욕타임스》에 "그의 거대한 자아를 충족시키고 고액 기부자에 대한 관례도 따를 겸 초대한 것이었다"고 회고했으나, 이 모든 대외 활동이 트럼프의 몸값을 올려주고 있었다.[3]

2010년 10월 트럼프는 폭스뉴스에 출연해 "내 인생에서 처음으로 대선 출마를 진지하게 고민하고 있다"고 말했다. 이듬해 2월 보수정치행동회의(CPAC) 연설에서 "6월까지 공화당 경선 참가 여부를 결정하겠다"며 또다시 운을 띄웠다. 이때까지만 해도 트럼프의 허풍으로 여겨졌다.[4]

하지만 불과 2개월 뒤 그는 유력 대선 주자로 꼽혔다. 매일 헤드라인을 장식하며 CNN, MSNBC, 폭스뉴스, ABC 등 주요 방송사의 시사 토크쇼에 문지방이 닳도록 출연했다.《뉴욕타임스》는 "공화당 대선 후보군이 뚜렷하지 않은 상황에서 트럼프가 언론 보도를 사실상 독차지하고 있다"고 분위기를 전했다.[5]

2011년 봄, 미국에서는 '아랍의 봄' 민주화 시위와 동일본 대지진 등 해외 소식이 화제가 되고 있었다. 이듬해 대선은 큰 주목을 받지 못했다. 버락 오바마 대통령의 재선이 기정사실처럼 여겨졌다. 공화당은 힘을 쓰지 못했다.[6] 경제 상황이 호전되면서 현직 대통령에게 유리한 대선이었고, 공화당 내부에서는 오바마의 경기 부양책과 복지 정책에 반발하는 신흥 재정보수주의 운동 '티파티'와 전통 보수파 사이에 극심한 계파 갈등이 벌어지고 있었다.[7]

트럼프는 그해 3월 방영을 시작한 〈셀러브리티 어프렌티스〉 시즌4로 분주한 일상을 보내고 있었다. 〈어프렌티스〉는 트럼프 그룹의 신입 사원을 선발하는 오디션 프로그램으로, 이후 외전격 시리즈로 제작된 〈셀러브리티 어프렌티스〉는 연예인들이 도전자로 나섰다. 원조 〈어프렌티스〉는 낮은 시청률 탓에 2010년 시즌10을 마지막으로 종료했고, 〈셀러브리티 어프렌티스〉 또한 시청률이 제자리걸음이었다. 반전의 계기가 필요한 시점이었다.

그런데 트럼프의 말 한마디로 시청률이 쭉쭉 오르기 시작했다.[8]

"오바마가 하와이에서 자랐지만 아무도 그를 모른다니, 좀 의문입니다."

트럼프는 2008년 대선 때부터 제기되던 '오바마 출생지 음모론(birther)'을 다시 수면 위로 끌어올렸다. 그는 자신의 전용기에서 ABC 방송과 진행한 인터뷰를 통해 출생지 의혹을 일축하기에는 의심스러운 정황들이 있다고 주장했다. 며칠 뒤에는 ABC 낮 방송 〈더 뷰〉와의 인터뷰에서 "오바마가 출생증명서를 공개해야 한다"고 했다.[9]

이미 오바마는 2008년 6월 출생증명서를 공개한 적이 있다.[10] 그러나 트럼프가 원한 것은 재발급된 출생증명서가 아닌 1961년 출생 당시 수기로 작성된 출생증명서 원본이었다. 그는 "(원본에) 오바마가 공개하고 싶지 않은 내용이 담겨있을 것"이라는 허무맹랑한 의혹을 제기하며 압박했다.

2011년 4월이 되면서 미국에는 '트럼프 열풍'이 불었다. 그의 '아니면 말고' 식의 주장도 더욱 거칠어졌다. 10일 CNN 인터뷰에서는 "내가 태어난 병원은 나의 (출생) 기록을 모두 갖고 있지만 어느 누구도 그(오바마)의 기록은 갖고 있지 않다"고 말했다. 이어 "오바마가 케냐에서 태어났다는 사실을 비밀에 부치기 위해 200만 달러를 썼다"는 자극적인 주장을 펴며 집요하게 공격했다.[11]

출생 음모론의 효과가 증명되자 이에 동조하는 후보도 나타났다. 지지율 3위 세라 페일린 알래스카 주지사였다. 그는 폭스뉴스에 출연해 "트럼프가 미국 국민이 관심을 갖고 있는 문제를 파헤치려고 노력해줘서 고맙다"며 "오바마가 자신의 출생 기록에서 밝히고 싶지 않은 부분이 있는 것 같다"고 주장했다.[12]

트럼프의 '오바마 공격법'은 직관적이었다. 모든 정책에 반기를 드는 전략이었다. 그러다 스텝이 꼬일 때도 있었다. 2011년 2

월에는 "리비아 사태에 즉각 개입해 카다피를 사살하라"고 주장하더니, 3월 미국과 프랑스, 영국 등 국제사회가 군사작전을 개시하자 4월에는 "리비아 개입은 돈낭비"라며 딴죽을 걸었다.[13]

4월 12일 CNN 여론조사에서 트럼프는 19%의 지지율로 마이크 허커비 아칸소 주지사와 공동 1위에 올랐다. 3월 중순 조사에서만 해도 지지율 10%로 전체 후보군 중 5위에 그쳤지만 '오바마 저격수'로 나선 뒤 지지율이 수직 상승한 것이다.[14] 공화당계 인사들은 트럼프 열풍에 불편한 심기를 드러냈고, 진보 성향 언론에서는 '기현상'에 대한 분석을 쏟아냈다.

4월 27일, 백악관은 오바마의 출생증명서 원본을 공개했다.[15] 출생증명서에는 1961년 8월 4일 오후 7시 24분 하와이 호놀룰루의 카피올라니 산부인과에서 태어났다고 적혀있었다.

오바마는 출생서류 공개 직후 백악관 기자실에 나타나 "어리석은 논란에 허비할 시간이 없다. 서커스장의 호객꾼들에 의해 흔들린다면 (경제 회복이라는) 우리의 문제를 풀 수 없다"고 말했다.[16]

트럼프는 "내가 누구도 해내지 못한 일을 해냈다"고 했다.[17] 하지만 적잖은 타격을 입은 탓인지 다음 날 라스베이거스 지지자 모임에서 그야말로 폭주했다. 욕설로 가득한 연설을 하며 해외 국가에 공세를 퍼부었다.[18] 중국을 "환율 조작 전문가"라고 칭하고, 중동 산유국이 지나치게 높은 원윳값을 받아 간다고 비판했다. 한국과 리비아를 상대로는 "대통령이 된다면 보호에 대한 대가를 2분 안에 받아내겠다"고 했다.[19]

그리고 4월 30일, 지금까지도 회자되는 사건이 벌어졌다. 발단은 워싱턴에서 열린 백악관 출입 기자 연례 만찬 행사였다. 오바마는 트럼프를 상대로 독설 가득한 농담을 쏟아냈다. "트럼프 씨는 분명히 백악관을 바꿀 것이다"라며 백악관을 리조트로 개조한 사진을 화면에 띄웠다. 비키니를 입은 수영장의 여성들, 골프 코스와 카지노가 합성돼 있었다. 오바마는 "출생신고서를 공개했으니 트럼프가 '달 착륙 조작설' 같은 보다 심각한 문제에 관심을 돌릴 것"이라고도 했다. 트럼프는 웃음거리가 됐다.[20]

입장 당시만 해도 "출생증명서가 공개됐으니 내가 이겼다"며 밝은 얼굴로 등장한 트럼프는 오바마의 연설과 코미디언 세스 마이어스의 무대를 연달아 본 뒤 굳은 얼굴을 한 채 귀가했다고 한다.[21] 물론 트럼프식 정신 승리는 이어졌다. 다음 날 ABC, CNN, 폭스뉴스 등 아침 방송과 릴레이 인터뷰를 가지며 "어제 모든 관심의 중심은 나였다. 매우 기분이 좋았다"고 반박했다.[22]

트럼프는 시간이 흘러 2016년 《뉴욕타임스》 인터뷰에서 당시 행사에 대해 묻자 "(세간의 연이은 공격에) 내가 대선에 나가야 진지하게 받아들여지겠다는 깨달음을 얻었다"고 말했다.[23]

백악관 출입 기자 연례 만찬 다음 날 역사적 사건이 벌어졌다. 2011년 5월 1일 '9·11테러' 주모자 오사마 빈 라덴이 사살됐다. 오바마와 참모들이 상황실에 모여 사살 작전을 지켜보는 사진은 매

우 큰 화제가 됐다.[24]

당시 트럼프는 오바마의 대학 편입 과정이 수상하다며 성적표를 공개하라며 '2차전'에 나섰지만 대중은 그에게 관심을 주지 않았다.[25] 트럼프의 지지율은 고꾸라졌다. 5월 10일 퍼블릭폴리시폴링(PPP) 조사에서 그는 8%의 지지율로 공동 5위에 그쳤다. 5월 10일 로이터통신 조사에서는 5%의 지지율로 공동 5위에 그쳤다. 1개월 전 같은 조사에서는 26%로 공동 1위에 올랐지만 지지세가 완전히 꺾인 것이다.[26]

〈어프랜티스〉를 방영하는 NBC가 제시한 시한도 다가오고 있었다. NBC는 차기 시즌 출연료로 3,000~5,000만 달러를 제시하며 5월 16일까지 거취를 정하라고 요구한 것으로 알려졌다.[27] 공화당 경선에 도전한다면 차기 시즌에서 하차해야 할 가능성이 높기 때문이다. 연방선거관리위원회(FEC)는 특정 방송이 후보자의 선거운동을 부당하게 지원해서는 안 된다고 규정한다.

결국 5월 16일, 트럼프는 불출마를 선언했다.[28] 성명을 통해 "비즈니스야말로 나의 가장 강렬한 열정이다. 아직 민간 부문을 떠날 준비가 돼 있지 않다"고 했다. 그는 "불출마 결정이 쉽게 이뤄진 것은 아니다. 후회가 없는 것도 아니다"고 했다. 그러면서 "난 아직도 대선에 나서면 승리할 수 있다고 생각한다"고 했다.

불출마 선언을 했다고 잠행에 들어간 것은 물론 아니다. 그는 밋 롬니 전 매사추세츠 주지사, 릭 페리 텍사스 주지사 등 유력 주자들과 회동했고, 공화당 행사에도 연사로 등장했다.[29] 트럼프가 워낙 인기를 끌었던 영향인지 트럼프의 주장이 반영된 공약도 등장했다. 롬니는 중국을 환율조작국으로 지정하겠다고 했다.[30]

12월에는 저서 《강해져야 할 때》를 출간했다. 사실상 대선 공약집이었다. 이 책에는 불법 이민자 단속 강화, 중국산 수입품에 25% 관세 부과, 석유수출국기구(OPEC)의 석유 수출 주도권 와해 등의 주장이 담겼다. 직후 무소속으로 출마하겠다고 발표했으나 결국 출마하지는 않았다.[31]

그는 2016년을 목표로 대선 준비를 시작했다. 조용히 캠프 직원을 모았고, 이때 플로리다주의 베테랑 정치 컨설턴트였던 수지 와일스와 연을 맺었다. 2기 초대 백악관 비서실장을 맡은 인물이다. 《뉴욕타임스》에 따르면, 와일스는 2015년 뉴욕에서 트럼프와 처음 만난 뒤 "겉에서 보이는 것과 달리 정치적 재능이 있고, 인간적인 매력이 있다"며 대통령이 될 자질이 보인다고 주변에 말했다고 한다.[32]

공화당과의 관계도 이어갔다. 자금 사정이 어려울 때마다 거액을 기부하며 뉴트 깅리치 전 하원의장, 크리스 크리스티 당시 뉴저지 주지사 등 공화당 고위급들과도 안면을 텄다. 또 앤드루 브레이바트 등 극우 언론인과 관계를 돈독히 다졌다.[33] 그리고 2015년 6월, 트럼프는 뉴욕 자택인 트럼프 타워에서 황금 에스컬레이터를 타고 내려오며 대선 출마를 공식 선언했다.[34]

2장

트럼프 행정부 작동 원리 분석하기

'관종' 내각과 브레인 참모

유권자를 현혹해라

트럼프의 장관들은 그를 위해 싸우고 홍보하는 전사들이다. 정책을 만들고 예산을 따오는 전통적 임무에 더해 이들에게 주어진 중요한 과업은 TV에 나가 대통령을 방어하고, 화려한 행사로 주목을 끄는 일이다. 실무는 누가 하는가. 백악관은 이들에게 충성심이 검증된 참모들을 붙여줬다. 이것이 트럼프 2기 행정부의 인사 원칙이다.

트럼프 2기 행정부는 대통령을 선두로 백악관의 참모도, 부처 장관도 미디어 노출이 정말 많다. 각종 논란으로 말썽을 피우고 무리한 홍보로 논란을 빚기도 하는데, 이 역시 트럼프가 의도한 바이다. 트럼프는 참모를 기용할 때 외모와 이미지를 중시하며 '센트럴 캐스팅(해당 역할에 딱 맞는 캐스팅)'을 강조한다.[1] 즉, 그는 거대한 리얼리티쇼의 연출자, 부처 장관은 출연자에 해당하는 것이다. 최대한 대중의 관심을 끄는 것이 참모들의 역할이다.

2025년 9월 30일, 트럼프와 피트 헤그세스 국방장관은 1성 준장 이상의 군 지휘부 830여 명을 본부로 불러들였다.[2] 헤그세스가 전 세계 지휘부를 긴급 소집했다는 소식이 《워싱턴포스트》 단독 보도를 통해 알려지자 큰 화제가 됐다.[3] 대체 어떤 중대 발표를 할 지를 두고 관심이 쏠렸다. '국방부 슬림화를 예고했던 트럼프 행정부가 이 자리에서 해고자 명단을 발표할 수 있다' '충성 맹세를 요구할 수 있다' 등 각종 추측이 난무했다.

전 세계의 관심 속에서 열린 '전군 장성급 지휘관 회의'는 전 과정이 온라인 생중계돼 누구나 볼 수 있었다.[4] 이 자리에서 헤그세스는 "수염 있고 뚱뚱한 군인은 좌시하지 않겠다"고 했다. 정치적 올바름(Political Correctness), DEI(다양성·형평성·포용성) 정책과

'워크(woke·깨어 있다는 뜻·보수 진영이 진보 진영을 비꼬는 말)'를 없애겠다는 주장을 되풀이했다.

소령 출신인 헤그세스가 수십 년간 전투 현장을 지켜온 고위 장성들에게 훈계하는 것이 타당하냐는 논란도 끊이지 않았다.[5] 지휘관 기강 잡기에 나선 그는 정작 예멘 후티 공습 관련 기밀 정보를 개인 메신저로 가족들에게 유출한 혐의로 조사를 받고 있었다.[6]

미국 국방장관이 백전노장을 소집해 일렬로 앉힌 뒤 살 빼라고 훈계했을 때의 놀라움. 이는 매우 강렬한 감정을 자아내 큰 화젯거리가 됐다. 대중 주목도는 헤그세스의 내각 참모로서 핵심성과지표(KPI)인 셈이다.

트럼프 2기의 장관들은 대부분 폭스뉴스 출신이다. 헤그세스도 2016년 폭스뉴스 아침 방송 패널로 출연하며 방송 경력을 쌓았다. 이들은 대통령만큼이나 자신을 적극적으로 알리는 데 능하다. CNN에 따르면 그의 동료 진행자들은 "헤그세스는 생방송을 할 때 광고 때마다 트럼프의 소셜미디어를 보며 그가 자신의 방송을 보는지 확인했다"고 전했다. 사실상 트럼프를 위한 '맞춤형 방송'을 했다는 것이다. 그는 결국 2017년 백악관 만찬에 초대되며 트럼프의 눈에 들었다.[7]

헤그세스는 프린스턴대 출신으로 2001년 9·11 테러를 보면서

군 입대를 결심했다고 한다.[8] 졸업 직후 투자은행에서 근무하며 뉴저지 주 방위군에 입대했다. 이라크와 아프가니스탄 파병 경험도 있다.[9] 이후 상원의원 선거에도 도전했으나 낙선해 방송인의 길을 걸었다.[10]

폭스뉴스 시절 헤그세스는 조 바이든 행정부가 미군에 '좌파문화'를 강요하고 있다며 거세게 비판했다. 2024년에는《전사들에 대한 전쟁: 우리 군을 위협하는 문화 혼돈을 폭로하다》라는 책도 냈다.[11] 문화 전쟁은 미국의 보수와 진보 진영이 각종 사회 문제에서 이념적으로 대립하는 현상을 뜻하는데, 헤그세스는 '문화전사'로 보수 진영에서 이름을 알렸다.

로버트 케네디 주니어 보건장관도 유명 인사 출신이다. 1963년 총격으로 암살된 존 F. 케네디 대통령의 조카이고, 1968년 같은 이유로 숨진 로버트 케네디 법무장관의 아들이다. 정치 명문가 출신인 그가 인기를 끈 이유는 따로 있다. 그는 2024년 대선에서 보수 여성층 결집을 이끈 '마하(MAHA·미국을 다시 건강하게)' 운동의 구심점이다.[12]

케네디 주니어는 미국 내 각종 건강 관련 음모론의 핵심에 서 있다. "신종 코로나바이러스 감염증(코로나19)이 유럽계 유대인과 중국인을 피해 가도록 인위적으로 설계됐다" "수돗물 속 화학물질이 아이의 성 정체성에 영향을 미친다" "백신이 자폐증을 유발한다"는 주장을 했다.[13] '백신 접종은 국가의 간섭'이라는 프레임을 설계해 보수층 반발심을 건드리고, 워싱턴 기득권과 거대 제약회사 간 유착 의혹을 제기해 반엘리트 감정을 자극했다.

케네디 주니어는 엄마들의 불안을 파고들어 인기를 끌었다. 미국에서는 코로나19 팬데믹을 거치며 '마하 맘'이 유행하기 시작했다. 자녀들에게 백신을 맞히지 않고, 케네디 주니어의 각종 음모론에 호응한 엄마들을 뜻한다. 이들은 맘 카페와 비슷한 역할을 하는 지역별 페이스북 소그룹들에 필수 백신의 접종 시기를 부모의 뜻에 따라 조정해 주는 소아과 의사의 정보를 공유했다. 백신을 동시 접종받으면 자폐증을 유발할 수 있다는 소문 때문이었다. 또 가공식품을 불신해 농장에서 갓 짜낸 '생우유'를 아이들에게 먹였다.[14]

보건장관이 된 뒤에는 마하 유권자들의 요구를 실제 정책에 반영했다. 가공식품에 특정 색소의 사용을 금지하기로 했고,[15] 2025년 9월에는 트럼프와 백악관 기자회견을 열어 "타이레놀(아세트아미노펜)이 자폐증과 연관있다"며 임산부와 아동의 사용 중단을 압박했다. 백신 접종도 간격을 늘려 "나눠 맞으라"고 촉구했다.[16]

보수 진영의 스타인 헤그세스와 케네디 주니어, 이 둘이 함께 소셜미디어 챌린지를 진행하기도 했다. 2025년 8월 19일 미 국방부는 10분 안에 팔굽혀펴기 100회, 턱걸이 50회를 마치는 '피트와 바비 챌린지' 영상을 공개했다. 영상에서 1980년생 헤그세스와 1954년생 케네디 주니어는 체력 단련실에서 장병들과 함께 체력 훈련을 했다. 헤그세스는 5분 25초, 케네디 주니어는 5분 48초에 턱걸이 50회를 달성했다.[17]

트럼프는 이처럼 기존에 브랜드를 갖춘 이들을 모아 내각을 꾸렸다. 헤그세스와 케네디 주니어뿐만이 아니다. 이민 단속하면 떠오르는 크리스티 놈 국토안보부장관은 한때 트럼프 2기 부통령 후보로 거론됐지만, 2024년 4월 회고록에서 자신이 농장에서 키우던 강아지를 총으로 쏴 죽였다고 적어 동물 학대 논란이 불거졌다.[18] 당시엔 여론이 나빠져 부통령 후보군에서 탈락했지만, 트럼프는 놈의 거친 모습을 높게 산 것 같다.

트럼프 2기가 출범한 후 놈은 초강경 이민 단속을 하고 있다는 점을 열심히 알리고 있다. 2025년 3월 놈은 미국에서 추방된 불법 이민자를 가둔 중남미 엘살바도르의 수용시설을 찾았다. 죄수복을 입고 철창에 갇힌 수감자 앞에서 사진을 찍었다. 머리를 완벽하게 세팅한 모습으로 명품 시계를 찬 놈의 모습은 큰 화제를 모았다.[19] 며칠 뒤에는 경합지로 꼽히는 남서부 애리조나주에서 라이플을 들고 카메라를 똑바로 바라보며 "불법 이민자를 체포하러 가겠다"고 선언하는 영상을 소셜미디어에 올렸다.[20]

트럼프 2기만큼 개별 장관의 인지도가 높았던 적이 있을까. 미 언론들은 트럼프 2기 행정부를 두고 "TV에 최적화된 내각"이라고 묘사했다.[21]

트럼프는 TV 흥행 공식을 간파한 인물이다. 2004년 NBC방송 서바이벌쇼 〈어프렌티스〉의 진행자로 나서며 사업 실패를 딛고 부활했다.[22] 이런 관점에서 트럼프는 행정부 수장이자 총괄 프로듀서인 셈이다. 마가 진영의 핵심 의제인 국방과 이민 담당 장관이 유독 쇼맨십이 두드러지는 것은 우연이 아니다. 이른바 '그림이 되는' 주목도 높은 행사를 꾸준히 생산하는 것이 이들에게 주어진 임무다.

그렇다면 국정 전략을 짜고, 정책 집행을 관장하는 인물은 누구일까. 대통령의 의중을 가장 잘 아는 수지 와일스 비서실장은 2025년 1월 9일 트럼프 2기 행정부 출범을 열흘가량 남기고《뉴욕타임스》인터뷰에서 트럼프의 인사 원칙을 설명했다. 비서실장은 대통령의 최측근 참모로, 인사, 정책, 전략 등 행정부 운영 전반을 조율하는 대통령실의 컨트롤 타워 역할을 맡는다. 와일스는 헤그세스와 케네디 주니어를 둘러싼 자질 논란이 걱정되지 않는다며 이렇게 말했다.

> 대통령 당선인은 조직의 수장을 '질서 파괴자(disrupter)'로 세우고, 그 아래에 해당 분야를 잘 아는 실무진을 배치하는 방식을 원합니다. 그게 기본 구상이에요. 그렇게 보면 모든 인선이 설명됩니다.[23]

예를 들어 헤그세스가 이끄는 국방부를 살펴보자. 트럼프 행정부는 합동참모본부 의장에 예비역 공군 중장 댄 케인을 지명했다. 합참의장은 미군 서열 1위로, 대통령과 국방장관에게 군사

전략을 자문하는 미군 최고위 장성이다. 케인은 트럼프가 신뢰하는 소수의 참모 중 한 명으로 알려졌다. 그가 2018년 12월 성탄절을 맞아 이라크 알아사드 공군기지를 방문한 트럼프에게 "테러단체 이슬람국가(IS)를 신속히 격파할 수 있다"고 확언한 모습이 강렬한 첫인상을 남겼다. 트럼프가 각종 연설에서 이 일화를 자주 언급했을 정도다.[24]

미국이 이란의 핵시설을 타격한 다음 날인 2025년 6월 22일 국방부는 기자회견을 열었다. 헤그세스는 케인과 나란히 등장했다. 헤그세스는 트럼프의 지도력에 대한 찬사를 건넸고, 케인은 신중하고 차분한 모습으로 작전 경과를 설명했다. 국방장관과 합장의장의 트럼프식 역할 분담이 고스란히 드러난 장면이었다.[25] 《워싱턴포스트》는 이란 핵시설 타격을 준비하며 트럼프가 헤그세스를 건너뛰고 케인 등 4성 장군들과 직접 논의했다고 보도하기도 했다.[26]

국방 정책 쪽으로는 트럼프 1기 국방부 전략·전력 개발 담당 부차관보를 지낸 엘브리지 콜비를 붙였다. 하버드대 정치학사, 예일대 로스쿨을 졸업한 민간인 출신이다. 보수 싱크탱크에서 근무한 뒤 국방부에 들어왔다. 대중 강경파로 중국 견제를 위해 주한미군 역할 재조정이 필요하다고 외치는 인물이다.[27]

콜비는 국방부 내 서열 3, 4위 정도지만 국방부 실세로 꼽힌다. 2025년 7월 미국이 우크라이나에 대한 무기 공급을 갑자기 중단한 사건으로 그의 권한을 엿볼 수 있다. 《폴리티코》는 백악관 보고도 거치지 않고 우크라이나 지원의 일시 중단을 지시한 인물이 콜비라고 보도했다.[28] 차관이 이례적으로 막강한 영향력을 쥐게 된 건 '질서 파괴자' 장관 체제의 예상하지 못한 부작용으로 보인다.

백악관의 국정 설계자들

트럼프의 거친 상상을 현실로 만들어라

트럼프 백악관은 비서실, 정책 보좌관, 예산관리국 세 축으로 돌아간다. 수지 와일스 백악관 비서실장은 대통령이 누구를 만나고 무슨 보고서를 읽을지, 누가 어느 직책에 배치될지 통제한다. 스티브 밀러 부비서실장은 국정 전반의 밑그림을 그리며, 대통령에게 이민 정책을 조언하는 국토안보보좌관을 겸한다. 개별 부처의 예산안과 규제를 걷어서 심사해 행정부 '최종 보스' 역할을 맡는 예산관리국은 '브레인' 러셀 보트가 이끈다.

행정부가 집행 조직이라면 백악관은 트럼프 2기의 국정 전반을 아우르는 방향성을 제시하는 컨트롤타워다. 백악관은 철저히 트럼프의 이너서클 중심이다. 이 중에서도 스티븐 밀러 부비서실장과 러셀 보트 백악관 예산관리국(OMB) 국장이 핵심 인사로 꼽힌다. 밀러와 보트는 마가 진영이 중요하게 여기는 이민과 연방정부 축소의 과제를 각각 안고 있다.

두 인물의 세계관을 이해하면 트럼프가 놓는 장기 말의 수가 보이기 시작한다. 이들은 2020년 트럼프 대선 패배 후 이른바 '마러라고 유배기' 때 칼을 갈았다.[1] 재집권을 염두에 두고 치밀하게 짜낸 각본을 활용해 국정 2기 '전선을 범람하자(flood the zone)'와 '천둥의 날(days of thunder)'로 상징되는 혼란을 차분하고 민첩하게 주도하고 있다.

주 방위군 투입이 대표적인 예시다. 트럼프는 수도 워싱턴과 진보 성향 도시들에 치안 유지를 이유로 주 방위군 투입을 명령했다. 시작점은 캘리포니아주 로스앤젤레스였다. 2025년 6월 6일 로스앤젤레스 도심 상점가에서 이민세관단속국(ICE)의 단속이 벌어졌다. 이민당국이 한낮에 일터를 기습하자 '이민자들의 도시' 로스앤젤레스 시민들이 거리로 나왔다.[2] 시위가 빠르게 확

산하자 바로 다음 날 트럼프는 주 방위군과 해병대를 시위 진압에 투입하라는 명령을 내렸다.[3]

미국 대통령이 자국 도시에 주 방위군 투입을 명령한 초유의 사건이었다. 미국 사회가 충격에 빠진 가운데 익명의 백악관 관계자들이 언론에 한 말은 뜻밖이었다.

"이 싸움을 하게 되어 기쁘다. 정치적 승리를 거뒀다."[4]

"이보다 훌륭한 각본을 짤 수가 없다. 이민 문제는 트럼프에게 표를 가져다준다."[5]

트럼프에 대한 아부로 읽힐 수도 있지만, 기회를 붙잡았다는 들뜸도 느껴졌다. 각본이라니, 주 방위군 투입은 로스앤젤레스 시위에 대한 일회성 대응이 아니란 뜻일까.

시위는 약 열흘 만에 소강상태에 접어들었다. 돌아보면 시위를 이유로 주 방위군을 동원한 것은 여론과 법원의 반응을 확인하기 위한 테스트였다. 백악관이 짠 '각본'은 이제 막 도입부를 지났을 뿐이었다.

트럼프는 로스앤젤레스 시위 두 달 만인 2025년 8월 워싱턴에 주 방위군 투입령을 내렸다.[6] 워싱턴에서 시위가 벌어진 것은 아니었다. 사유는 노숙자 퇴거와 치안 유지, 도시 미화 등이었고 이때부터 수시로 여러 도시에 주 방위군을 보내겠다고 엄포를 놓았다. 모두 진보 성향이 강한 지역들이었다. 실제 투입 명령으로 이어진 사례도 많다. 9월에는 테네시주 멤피스와 오리건주 포틀랜드에, 10월에는 일리노이주 시카고가 대상이 됐다.[7]

원래도 트럼프는 1기 때부터 진보 도시에 군을 보내고 싶어 했다. 그러나 참모들이 말렸다.[8] 단념하지 않은 그는 2024년 대선 기간에 폭스뉴스 인터뷰 등을 통해 "우리 내부의 적은 좌파 미치광이들"이라며 시위 진압에 군을 동원하겠다고 말했다.[9] 이에 참모들이 집권 2기를 대비하는 차원에서 투입 시나리오를 짰을 가능성도 있다. 트럼프의 거친 상상을 현실로 가져오는 '설계자' 밀러가 있기 때문이다.

밀러는 1985년 진보 성향의 부유층 거주지인 캘리포니아주 산타모니카에서 태어났다. 모계 쪽은 러시아제국의 유대인 박해를 피해 1903년 미국으로 건너왔다. 그는 부동산 임대업을 하는 부모 밑에서 유복하게 자랐다. 부모는 지역 사회에서 존경받는 민주당원이었고 그가 다닌 고등학교는 다문화와 다양성의 상징과도 같은 곳이었다.[10]

2002년 15세 청소년이었던 밀러가 지역 웹사이트에 기고한 글에서 그의 성향이 잘 드러난다.

> 고등학교에 입학하고 보니 기초 영어도 부족한 학생들이 눈에 띄었다. 학교 전반에는 라틴계가 많은데, 정작 우등반에는 거의 없다.
>
> [⋯] 우리 학교는 성관계를 갖고 싶은 학생을 기꺼이 돕는다. 미성

년자 간의 성관계는 법적 강간이지만 학교는 콘돔을 나눠준다. 당신의 자녀가 동성애자가 되기로 해도 돕는다. 부모에게는 자녀의 새로운 라이프 스타일을 알리지 않는다.

[…] 우리 학교는 용감한 우리 병사들과 순례자들에 대해 교육하지 않는다. 우리 군인이 무고한 사람을 죽이고, 순례자를 도운 인디언은 총살되거나 보호구역에 내몰렸다고 가르친다. 우리나라가 끔찍하다고 가르친다. 미국 기념일은 챙기지 않으면서 멕시코 기념일은 챙긴다.

[…] 무슬림 지도자를 초청해 이슬람 문화의 신비를 가르치면서 미국 문화는 그렇게 대하지 않는다. (지난해) 9·11 테러 추모 분위기 속에서는 미국이 아프가니스탄을 공격한 것이 잘못이라고 했다. 학교 관계자들과 학생들은 비폭력을 주장했다. 이 학교는 (9·11 테러의 주범인) 오사마 빈 라덴도 환영할 곳이다.[11]

밀러는《디애틀랜틱》인터뷰에서 자신이 어릴 때부터 '비순응적 성향'을 가진 아이였다고 밝혔다. 고등학교 학생회에 출마했을 때는 연설에서 "쓰레기 치우라는 소리를 들을 만큼 들었다. 그 일 하라고 돈 받는 청소부들이 있는데 왜 내가 치워야 하냐"고 외치며 논란의 중심에 섰다.《디애틀랜틱》은 밀러가 진보 성향의 동급생을 화나게 만들려고 일부러 이같이 발언했다고 봤다.[12]

《디애틀랜틱》은 밀러를 '트럼프의 오른팔 역할을 하는 트롤'이라고 표현했다.[13] 도발적 논쟁 그 자체를 추구하는 인물이라는 뜻이다. 토론을 통해 상대를 설득하려는 의도가 없고, 논쟁으로 인한 혼란 자체를 정치적 승리로 간주하는 사고방식이다. 밀러는 "깨달음을 위한 건설적 논쟁을 지향한다"고 했지만 그의 도발 취지는 상대를 자극하고 상대의 위선을 드러내는 것이다.

밀러는 청소년기에 우파 라디오 진행자 래리 앨더의 방송에 70차례 이상 출연하기도 했다. 프랑스24는 밀러를 두고 "문제적 천재"라고 평했다.[14]

밀러의 정치 활동은 듀크대 시절에 본격화했다. 극우 사상가 데이비드 호로위츠와 협업해 캠퍼스 내 반이슬람 운동을 주도했다. '백인 정체성'을 강조하며 '대안우파(alt-right)'라는 용어를 퍼뜨린 백인우월주의자 리처드 스펜서와도 연을 맺었다. 듀크대 라크로스팀 성폭행 사건 때는 백인 남학생을 옹호했다. 이를 계기로 전국 보수 언론에 등장했다. 사건이 남학생의 무혐의로 결론나자 그는 '백인에 대한 박해'라고 주장했다.[15]

이후 워싱턴에서 비네소타 공화당 하원의원 미셸 백만의 공보비서로 일하다 극우 성향의 앨라배마 상원의원 제프 세션스 밑으로 옮겼다. 세션스는 트럼프 1기 행정부의 초대 법무장관으로 발탁된 인물이다.[16]

세션스 의원실 근무 당시 밀러는 마가 진영의 핵심 실세로 꼽히는 스티브 배넌 전 백악관 수석 전략가가 이끌던 매체《브레이트바트뉴스》와 연을 맺었다. 밀러는《브레이트바트뉴스》기자들과 가깝게 지냈다. 이들을 끈질기게 설득해 여론전에 활용하기도 했다. 당시 밀러는 공화와 민주 양당이 합의해 미등록 이민자들에게 신분 합법화 경로를 열어주려 했던 이민법안을 극구 반대했다. 법안은 2013년 결국 좌초되고 말았다. 이 사건을 계기로 밀러는 극단적 반이민주의자로 워싱턴 정계에 각인됐다.[17]

이 시절에 트럼프는 배넌 등과 접촉해 2016년 대선 출마를 준비하고 있었다. 2015년 그는 대선 출마를 선언하며 "멕시코인은 마약상, 범죄자, 강간범"이라고 연설했다. 밀러는 트럼프의 연설을 진지하게 지켜봤다. 때가 됐다고 여긴 것인지, 세션스 의원실에 휴직계를 내고 트럼프 캠프에 합류했다. 배넌의 추천으로 이민 문제와 연설문 작성 보직을 맡았다[18]

트럼프 당선 후 밀러는 백악관에서 해당 업무를 이어갔다. 미국을 뒤흔든 트럼프 1기 초강경 이민 정책들은 밀러가 주도한 것으로 알려졌다. 7개 이슬람 국가 출신자 입국 금지, 멕시코와 맞닿은 남부 국경을 건너다 붙잡힌 부모와 자녀의 격리 수용 등이 그 당시 충격파를 던진 주요 이민 정책들이다.

밀러는 2020년 대선 패배와 2021년 1월 6일 의사당 난입 사건 이후에도 트럼프의 곁을 지켰다. 대개 행정부 참모들은 정권이 바뀌면 워싱턴 로비스트나 기업 컨설턴트로 근무한다. 밀러는 달랐다. 그는 '아메리카 퍼스트 법률재단(AFL)'이라는 비영리단체를 설립했다. 보수 진영의 후원금을 받아 정파적인 소송을 각지

의 법원에 제기하는 단체다. 밀러 본인이 변호사 출신은 아니지만 수십 건의 소송에 앞장섰다.[19]

트럼프 1기 때 좌절된 정책을 2기에는 성공시킬 방안도 연구했다. 오래된 법률에서 돌파구를 찾기도 했다. 마가의 취지에 맞게 조문을 해석했다. 예를 들어 1812년 미영 전쟁, 제1차 세계대전, 제2차 세계대전 등 그간 전쟁 중에 발동된 전시법인 '외국인 적국자법(Alien Enemies Act)'을 이민자 추방에 활용하자고 제안했다고 한다.[20]

밀러의 노력은 2기 출범 후 결실을 맺었다. 트럼프가 취임 직후 쏟아낸 수십 건의 행정명령을 밀러가 직접 작성하거나 수정한 것으로 알려졌다.[21] 밀러는 백악관이 몰아붙이는 각종 이념 관련 정책에 관여하고 있다. 대학과 로펌, 박물관 압박 정책도 지휘하고 있다. 부처 장관을 거치지 않고 연방정부 관료들과 직접 소통하는 경우도 있다고 한다.

아메리카 퍼스트 법률재단 인맥도 요직에 대거 기용되며 밀러의 입지를 강화했다. 앞서 언급한 보트를 비롯해 리드 루빈스타인 국무부 법률고문, 맷 휘태커 북대서양조약기구(NATO·나토) 미국 대사 등이 아메리카 퍼스트 법률재단에서 일했다.[22] 국무부 부장관에도 측근인 크리스토퍼 랜다우 전 주멕시코 대사를 앉혀 비자 등과 관련한 업무 협조를 끌어내고 있다.[23]

살펴본 바와 같이 트럼프 2기는 부처 수장을 '질서 파괴자'로 세우고, 이들을 무대 뒤에서 지원할 참모들을 붙였다. 이민 분야의 밀러처럼 백악관의 설계자가 짜놓은 계획을 각 부처가 시행하는 구조도 특징이다. 이런 관점에서는 일론 머스크 테슬라 최고경영자(CEO)가 수장을 맡았던 정부효율부(DOGE) 또한 새로운 시각으로 바라볼 수 있다.

2025년 4월 30일 트럼프 2기 출범 약 100일 만에 머스크가 경영 복귀를 선언하며 정부효율부의 존재감은 미미해졌다. 2조 달러 삭감이라는 당초 계획과 달리 1,500억 달러 삭감에 그쳤고, 정리해고된 공무원 수만 명도 법원 제동에 따라 복직해 성과가 예상 이하라는 평가를 받았다.[24]

그런데 이렇게 보면 어떨까. 정부 대개편에 초석을 놓는 것까지 머스크의 역할인 것이다. 머스크 주도로 정부효율부가 수집한 연방부처의 핵심 정보들은 트럼프 행정부 4년간 이어질 연방정부 축소 작업의 밑거름이 될 수 있다.

머스크가 정부효율부에서 물러난 뒤 미국 언론은 보트에 주목했다.[25] 정부효율부는 보트가 짠 '그랜드 플랜'의 일부였을 가능성이 크다는 것이다. 보트는 트럼프 1기 행정부에서 미국 예산관리국(OMB) 부국장, 국장을 지냈다. 트럼프 2기 출범 후 다시 예산관리국 국장으로 복귀했다. 그만큼 트럼프에 대한 충성심이 강하고 신뢰 또한 두텁다는 평을 받는다.[26]

머스크와는 정반대 성격을 지녔다고 한다. 《블룸버그 비즈니스위크》는 "보트는 머스크와 달리 신중하고 집중력이 있으며, 디테일에 강한 인물"이라고 전했다. 조 바이든 행정부에서 예산관리국 고문으로 일한 바비 코건 미국진보센터 선임국장은 "트럼프 행정부에는 함량 미달인 인물이 여럿 있으나, 보트는 매우 똑똑하고 신중한 인물"이라고 평가했다.[27]

보트는 작은 정부와 보수 기독교 세계관을 신봉한다. 또 인종차별 폐해를 가르치는 비판적 역사교육에 부정적이다.[28] 2025년 2월 그의 상원 인준 당시 공화당 의원은 53명이 전원 찬성했고 민주당 의원 47명은 전원 반대표를 던졌을 만큼 그 자신이 미국의 정치 및 이념 갈등을 상징한다.[29]

트럼프의 2020년 대선 패배 이듬해 보트는 보수 싱크탱크 '미국 재건 센터'를 설립했다. '신 아래 국가로 미국을 재정립하는 것'이 설립 이념이다. 밀러의 아메리카 퍼스트 법률재단과도 일했다. 2024년 대선을 앞두고는 트럼프 2기 행정부의 청사진을 그렸다는 평가를 받는 보수 싱크탱크 헤리티지 재단의 '프로젝트 2025' 보고서를 공동 집필했다.[30]

트럼프 1기 행정부의 참모였던 스티브 배넌 전 백악관 수석전략가는 이런 보트를 두고 "연방정부를 '트럼프식'으로 재편하는 데 핵심적인 역할을 하고 있다"고 진단했다. 마이크 존슨 하원의장도 "보트는 정부를 축소하는 방법을 평생 동안 생각해 왔다"고 《월스트리트저널》에 말했다.[31]

보트는 직책상으로는 의회가 배정·승인한 예산을 관리하는 역할을 맡지만, 연방 기구를 해체하는 힘을 가진 참모로 거듭났다. 그는 해외 원조 축소, 공영방송 예산 삭감, 연방 보조금 지급 지연, 2025년 7월 의회를 통과한 대규모 감세 법안 '하나의 크고 아름다운 법안(OBBB)' 구상 등에 깊이 개입한 것으로 알려졌다.[32]

'정부 구조조정의 얼굴'이던 머스크가 떠나자 이제는 보트가 전면에 나서고 있다.

2025년 10월 1일 미국 연방정부가 운영을 멈췄다. 공화와 민주 양당이 복지 예산안 합의를 못해 연방정부 '셧다운(일시 업무정지)'이 벌어졌다. 극심한 정치 양극화 지형 속에서 트럼프 재집권 첫해에 셧다운을 피하기 어려울 수 있다는 관측은 꾸준히 나왔다. 셧다운 시점은 10월 1일로 정해져 있었다. 임시 예산이 종료되는 날었다. 이날까지 예산안이 의회를 통과하지 못하거나 대통령이 통과된 예산안을 거부할 경우 셧다운이 발생한다.

셧다운 이틀 차에 트럼프는 보트와 회동했다. 트럼프는 트루스소셜에 "보트 국장이 추천하는 수많은 '민주당 기관' 중 어떤 곳을 축소할지, 또 그 축소가 영구적이어야 할지 등을 논의할 것"이라고 밝혔다.[33] 정부 칼질에 나서겠다고 선언한 것이다. 셧다운이 시작되자마자 백악관은 "공무원 1만 명을 해고하겠다"며 연방공무원 대량 해고를 예고했다.[34]

보트의 행보에 대해 공화당 안에서도 우려의 시선이 있다. 존 슌 공화당 상원 원내대표는 민주당 때문에 셧다운 사태가 벌어졌다고 말하면서도 "보트에게 (나라 곳간의) 열쇠를 넘기는 것은 위험하다"고 했다.[35]

밀러 역시 함부로 건드릴 수 없는 존재로 각인되었다.

한 백악관 참모는 NBC방송에 "밀러는 (조지 W. 부시 대통령의 외교 정책을 주도한 것으로 알려진) 딕 체니 전 부통령 이후 가장 영향력 있는 백악관 인사"라고 했다. 밀러는 백악관 오벌오피스(대통령 집무실)와 몇 발자국 떨어지지 않은 곳에 집무실을 둔 것으로 알려졌다.[36]

트럼프의 말을 통해서도 밀러의 위상은 잘 드러난다. 국가안보보좌관 자리가 공석이 되자 NBC 인터뷰에서 '밀러도 후보군에 들었냐'고 묻자 트럼프는 이렇게 답했다.[37]

"그건 일종의 좌천 인사(downgrade)다. 스티븐은 지금 훨씬 많은 권한을 갖고 있다."

입법-행정-사법 3부 위 백악관

미국의 보수화를 위해 싸워라

트럼프가 공화당을 장악했어도 민주주의 원칙인 3권 분립은 작동한다. 의회는 법을 만들고 행정부는 집행하며 사법부는 심판한다. 입법부는 청문회와 예산 심사로 행정부를 견제하고, 사법부는 위법한 행정 조치에 제동을 건다. 헷갈리기 쉽지만 판사는 사법부, 검사는 행정부 소속이다. 이 구조적 차이는 트럼프와 법원과의 갈등을 이해하는 핵심 열쇠다. 시스템은 여전히 대통령 위에 있다.

대통령과 백악관의 권한을 최대한 확대하고, 미국의 보수화를 꾀하는 것이 트럼프 진영의 궁극적 목표다. 이민자를 붙잡고 구금해 추방하는 것과 공무원을 해고하는 것은 이를 위한 과정으로, 강경 이민책과 연방정부 축소 자체가 최종 목표라고 보기는 힘들다.

백악관은 입법부, 행정부, 사업부 3부 전체와 싸울 준비가 됐다. 앞서 다룬 러셀 보트 백악관 예산담당국장은 미국 정부와 미국 문화가 "마르크스주의를 추종하는 좌파 기득권 관료에 장악당했다"며 '딥스테이트(그림자 정부)' 해체를 주장했다. 딥스테이트는 비밀 권력 집단이 미국 정부와 정계를 장악해 막후에서 국가를 조종한다고 주장하는 음모론을 뜻한다. 2023년 비공개 연설에선 "관료 집단을 악당으로 몰아가고, 이들에게 정신적 트라우마를 줘서 아침에 출근하기 싫게 만들겠다"고 말했다.[1] 진보 성향 공무원에게 무력감을 안겨 보수 이념에 맞는 관료들로 물갈이하겠다는 뜻으로 풀이된다.

2025년 3월 불법 체류자를 태우고 엘살바도르로 향하던 항공기를 다시 미국으로 회항하라는 연방법원 명령이 나왔다. 백악관에서는 긴급회의가 소집됐다. 일부는 법원 명령을 거부하면 위법 소지가 있다고 우려했지만, 백악관 실세 스티븐 밀러 부비서실장은 항공기를 계속 운항해야 한다고 주장했다. 결국 밀러의 뜻대로 추방을 강행했다.[2] 해당 명령을 내린 판사는 "헌법을 조롱하는 행위"라고 비판했다.[3]

밀러는 트럼프의 2020년 대선 패배 후 '아메리카 퍼스트 법률재단(AFL)'이라는 비영리단체를 설립해 정파적인 소송을 각지의 법원에 제기했다.[4] 어떤 필요에 의해 이런 단체를 만들었을까. 그는 트럼프의 재집권 계획을 준비했던 것 같다. 강경 이민책이나 좌파 성향 기관 탄압, 공무원 해고를 강행하면 행정부는 법정 싸움에 휘말리게 된다. 이민권 옹호 단체, 해당 기관, 해고 공무원 등이 법원에 집행 중단을 요청할 것이기 때문이다. 따라서 밀러는 법정의 작동 원리를 사전에 파악할 필요가 있었다. 아메리카 퍼스트 법률재단은 일종의 실험실이었던 것이다.

그의 취지에 공감하는 후원자도 많았다. 재단 운영을 위한 모금은 순조로웠다. 《월스트리트저널》에 따르면 아메리카 퍼스트 법률재단은 2024년 기준 변호사 20여 명, 누적 모금액 6,000만 달러(840억 원) 규모의 조직으로 성장했다. 밀러가 2024년 단체에서 받아 간 임금도 50만 달러(7억 원)가 넘었다.[5]

보트가 행정부를 길들이고, 입법부는 공화당이 상·하원 과반을 차지해 백악관 견제 능력을 상당 부분 잃었다. 반면 법원은 트럼프 행정부의 광범위한 조치에 제동을 걸고 있다. 법치주의와

삼권분립을 통한 견제와 균형이라는 민주주의의 기본 원리에 부합하는 흐름이지만, 소송전이 시작되자 트럼프 진영이 거세게 맞서며 진흙탕 싸움으로 번졌다.

2025년 2월 8일 뉴욕 연방법원은 일론 머스크 테슬라 최고경영자(CEO)가 이끄는 정부효율부(DOGE)가 재무부 결제 시스템에 접근하지 못하도록 긴급 명령을 내렸다. 다음날 머스크는 이 판결을 한 폴 엥겔마이어 판사를 겨냥해 "부패한 판사가 부패를 보호한다. 지금 당장 탄핵당해야 한다"고 X에 적었다.[6]

머스크가 운을 띄우자 판사 개인에 대한 공격이 쏟아졌다. 톰 코튼 상원의원은 엥겔마이어 판사를 "무법자"라고 칭하며 "트럼프 행정부 관련 사건을 맡지 못하게 해야 한다"고 했다.[7] 마이크 리 상원의원은 "사법 쿠데타"라고 주장했다. 성비위 의혹으로 낙마한 뒤 극우 방송 원아메리카뉴스네트워크(OANN)에서 시사 토크쇼를 진행하고 있는 맷 게이츠 전 하원의원도 "판사를 탄핵하자"고 했다.[8]

예일대 로스쿨 출신 변호사인 JD 밴스 부통령도 거세게 맞섰다. 머스크가 게시글을 올리고 약 8시간 뒤 밴스는 X에 이렇게 딱 세 문장을 적었다.[9]

"판사가 장군에게 군사작전을 어떻게 수행할지 지시하면 그건 불법이다. 판사가 검사의 재량권을 어떻게 사용할지 법무장관에게 명령하려 든다면 역시 불법이다. 판사들은 행정부의 합법적 권력을 통제할 수 없다."

그의 입장문에 따르면 행정부의 활동과 관련한 사법부의 판결은 '적법한 판결'과 '적법하지 않은 판결'로 분류된다. 밴스의 주장에 따르면 판사가 '불법 판결'을 내릴 가능성이 존재하는 것이다. "법원이 행정부의 핵심 권한을 침해한다"는 논리로 사법부 판결의 적법성을 따지려고 드는 것이다. 사법부가 판결을 내릴 수 있는 범위를 제한해 행정부의 권력을 확대하는 전략을 펴는 것으로 보인다.

하급심에서 올라온 사건을 최종 판결하는 연방대법원을 염두에 둔 전략일 수도 있다. 《워싱턴포스트》는 연방대법원의 '정치적 문제 원칙'이 쟁점이 될 가능성에 주목했다.[10] 이 원칙에 따르면 연방대법원은 '연방대법원의 판결이 정책 결정과 직결된 사안'과 '행정부 및 입법부의 헌법적 권한을 침해하는 사안'에는 개입하지 않는다. 트럼프 또한 "조국을 구하는 사람은 어떤 법도 위반하지 않는다"고 말하면서 이 같은 분석에 힘이 실리고 있다.

3부가 권한의 범위를 두고 충돌하는 일 자체가 새롭지는 않다. 조지 W. 부시 행정부는 대통령의 군 통수권자로서의 권한을 근거로, 수감자에 대한 고문을 금지하는 현행법과 충돌하는 '강화된 심문 기법(EIT)' 정책을 2002년 도입해 물고문 등을 재개했다.[11]

당시 사법부와 입법부의 반응은 어땠을까. 연방대법원은 구금자의 법적 권리를 보장하는 판결을 연이어 내놨지만, EIT 자체를 금지하지는 않았다. 오히려 의회가 적극적으로 대응했다. 공화당 소속 존 매케인 상원의원이 주도해 미군이 구금자를 상대로 고문을 실시하지 못하게 하는 구금자 처우법이 2005년에 통과됐고, 2008년에는 '강화된 심문 기법' 정책의 시행을 막는 법안이 통과됐다.[12] 부시가 거부권을 행사해 무산되긴 했으나, 여당까지 나서 백악관을 견제했다는 의미가 있다.

트럼프 2기의 충돌 양상은 다르다. 상·하원 과반을 차지한 공화당을 트럼프가 장악한 상황이다. 이에 법원이 행정 조치를 즉각 차단하는 판결을 내놓으며 대응 수위를 끌어올린 것으로 풀이된다.

밴스 개인에 대한 사법부의 불안 또한 매우 크다는 분석이 나온다. 그가 공개적으로 법원 명령을 거부할 수 있다는 취지의 발언을 이어왔기 때문이다. 2021년 갓 정계에 입문한 정치 신인이었던 밴스는 상원의원 선거를 준비하며 친트럼프 인사로 돌아선 상태였다. 그는 '매노스피어(Manosphere·남성 중심의 온라인 커뮤니티)' 성향 팟캐스트 〈잭 머피 라이브〉에 출연해 사안에 따라 대법원 판결에 불복할 수 있다는 의사를 밝혔다.[13]

"트럼프 대통령은 집권 2기에 중간 관리자와 고위급 공무원을 모두 해고하고 우리 사람들로 교체해야 한다. 법원이 이를 막으려고 한다면 국민 앞에 나서서 (미국의 7대 대통령) 앤드루 잭슨처럼 말하면 된다. '대법원장이 판결을 내렸군. 이제 직접 집행해 보라지.'"

잭슨의 실제 발언 여부는 불확실하나, 그는 1832년 대법원이 '조지아주 법률은 체로키 영토에 효력이 없다'고 판결했을 때 이를 무시했다고 한다. 당시 조지아 주의회는 체로키 원주민의 땅을 몰수하는 법안을 통과시켰고, 잭슨은 이를 지지했다. 그런데 대법원은 해당 법안이 무효라고 판결한 것. 대법원은 "체로키족이 연방정부와 직접 조약을 체결할 수 있는 자치권을 가진다"고 명령했지만 잭슨은 법원 명령을 집행하지 않으며 불복했다.[14]

밴스의 2021년 팟캐스트 발언은 진영을 가리지 않고 화제가 됐다. 대법원 판결을 불복하겠다는 선언으로 읽혀 큰 놀라움을 자아내는 한편, 밴스를 트럼프를 위해 싸울 전사로 보는 사람도 있었다.

밴스는 2024년 대선 레이스에서도 대법원 판결 불복 가능성을 시사하며 부통령 주자로서 몸값을 올렸다. 2024년 2월 ABC 방송과의 인터뷰에서 '수정헌법에 따르면 대통령은 대법원의 적법한 판결에 따라야 하지 않냐'는 질문을 받자 "연방대법원이 '대통령이 군 장성을 해임할 수 없다'고 판결한다면 그건 부당한 판결"이라고 반박했다.[15] 2024년 3월 정치 전문 매체《폴리티코》와 인터뷰에서는 2021년 팟캐스트 방송에서 한 발언이 여전히 그의 정치적 견해를 정확히 드러내는지 묻자 "그렇다(Yup)"고 답했다. 밴스는 "선출된 대통령이 행정부 공무원에 대한 통제권을 행사하는데, 대법원이 제동을 걸면 그 자체로 헌법적 위기"라며 "이런 헌법적 위기가 현재 벌어지고 있다"고 주장했다.[16]

트럼프 당선 직후 사법부에서는 경고음이 나왔다. 존 로버츠 대법원장은 2024년 12월 31일 발표한 연말 보고서에서 이렇게 밝혔다.

> 어떤 행정부든 사법 시스템에서 패배를 겪었다. 그럼에도 지난 수십 년간 법원의 결정은 대중적 인기와 무관하게 존중받았다. 덕분에 1950~1960년대 미국 사회를 휩쓴 갈등이 더 큰 충돌로 번지지 않았다. 그러나 최근 몇 년간 정치권 전반에서 일부 선출직 공직자들이 연방법원의 판결을 공개적으로 무시할 가능성을 언급하며 불길한 그림자(specter)를 드리우고 있다. 이러한 위험한 주장은 비록 산발적일지라도 단호히 거부되어야 한다.[17]

로버츠 대법원장의 우려는 밴스를 향한 지적으로 해석되며 큰 반향을 얻었다. 사법부의 시름은 깊어만 가고 있다.

조직적 SNS '신속대응'

우리 목소리만 들리게 퍼부어라

점잖게 연하장이나 올리던 백악관은 잊어라. 트럼프 백악관은 장관의 방송 출연 영상을 '쇼츠'로 만들어 쏟아낸다. 이런 콘텐츠를 반복해서 접하다 보면 알고리즘에 의해 트럼프의 논리에 갇히는 '가두리 양식장' 효과가 발생한다. 소셜미디어를 보다 보니 트럼프 정책이 꽤 합리적인 것 같다는 생각이 들기 시작했는가. 당신만 그렇게 느끼는 것이 아니다. 치밀한 미디어 전략과 물량 공세의 위력이다.

미국에선 한동안 관심에서 멀어졌던 아침 생방송 시사 토크쇼가 트럼프의 복귀와 함께 다시 주목받고 있다. 백악관 참모들과 주요 부처 장관들이 연일 방송에 출연해 트럼프를 한목소리로 옹호하고 있기 때문이다.

아침 시사 방송은 트럼프를 비롯한 'TV 세대' 정치인의 삶의 일부였다. 1950년대 TV 보급과 맞물려 등장한 이래 주요한 메시지 확산 창구로 자리매김했다.

트럼프는 아침마다 시사 방송을 챙겨보는 것으로 알려져 있다.[1] 사업가 시절부터 수면 시간이 길지 않았고, 보통 6시 이전에 일어난다고 한다. 집권 2기에도 기상 시간은 변함이 없다. 관세 협상을 위해 워싱턴을 찾은 일본 대표단과의 회담에 직접 참석하겠다는 깜짝 발표도 회담 당일 오전 6시 18분에 했다. 하루를 일찍 시작하는 그는 시사 방송을 본 뒤 트루스소셜에 실시간 시청 후기를 남기기도 한다.

지금보다 뉴스 사이클의 속도가 느리던 과거에는 일요일 아침에만 시사 방송을 했다. 이때 강조한 이슈가 다가오는 주의 헤드라인이 됐다. 일요 시사 방송이 한 주의 이슈를 주도한 것이다. 1947년 NBC 방송의 〈밋 더 프레스〉는 일요 시사 방송의 원조로 꼽힌다. 이어 1954년 CBS 방송의 〈페이스 더 네이션〉이 출범했다. ABC 방송(1960), CNN 방송(1993), 폭스뉴스(1996) 등도 뒤따랐다. 초창기에는 생방송과 녹화방송이 혼용되기도 했지만, 백악관 및 정부의 핵심 참모와의 일대일 인터뷰, 전문가 패널 토론 같은 등의 포맷은 처음부터 쭉 이어져 왔다.[2]

2010년대 소셜미디어가 등장하며 일요 시사 방송의 입지는 좁아졌다. 《폴리티코》는 2014년 기사에서 버락 오바마 행정부가 이를 역으로 이용해 "까다로운 질문에 즉석에서 답해야 하는 일요 시사 방송 출연에 소극적으로 임하고 있다"고 지적하기도 했다.[3]

트럼프가 2017년 백악관에 입성하며 아침 시사 방송은 제2의 전성기를 맞았다. 그는 참모들을 TV에 대거 내보냈다. 그러나 지나친 아부 경쟁이 벌어졌고, 참모들의 발언과 백악관 공식 입장이 엇박자를 내는 일이 자주 발생하며 "전파 낭비"라는 비판이 제기되기도 했다.[4]

트럼프 2기는 심기일전을 한 뒤 돌아왔다. 특히 이들은 영리한 변주를 줬다. 아침 방송을 소셜미디어와 결합해 체계적인 여론전을 펼치고 있다. 방송이 끝나면 바로 각종 소셜미디어 계정을 통해 핵심 멘트 한마디가 담긴 1분 내외 숏폼 영상을 퍼트린다. 물량 공세를 통해 알고리즘을 장악하려는 시도로 풀이된다.[5]

참모 메시지도 철저하게 사전에 조율한 모습이다. '충성파' 내

백악관 '웨스트윙' 1층 평면도

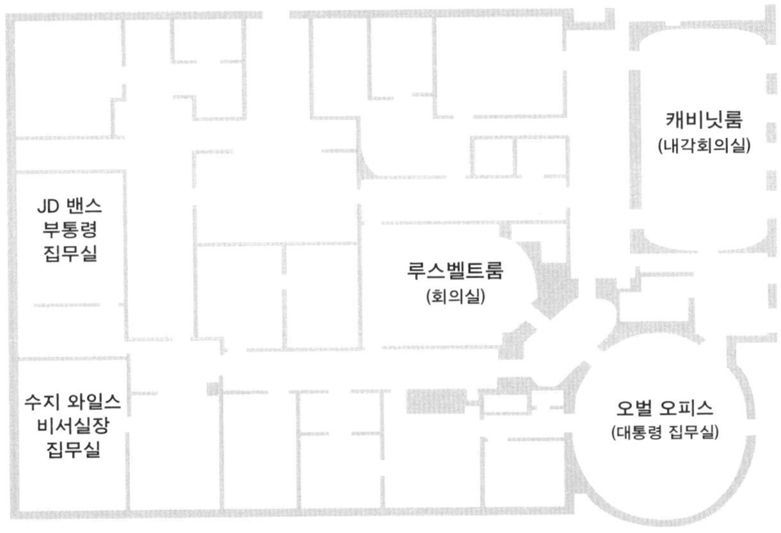

→ 백악관 서관인 '웨스트윙'에는 핵심 참모 10여 명의 집무실이 모두 모여 있어 신속한 소통이 가능하다.

→ 1층에는 오벌 오피스를 비롯해 부통령실, 비서실장실, 대변인실등이 있다.

→ 2층에는 스티브 밀러 부비서실장 겸 국토안보보좌관과 케빈 해싯 국가경제위원회(NEC) 위원장의 집무실이 있다.

→ 지하층에는 외교 실세 스티브 윗코프 중동 특사가 집무실을 두고 있다.

→ 웨스트윙 서쪽 출입구로 나오면 바로 백악관 실무진 사무동 '아이젠하워 행정동'이 자리하고 있다.

자료: White House Visitors Guide (Public Domain)

각은 한 몸처럼 움직이고 있다. 등장 횟수도 크게 늘렸다. 평일이든 일요일이든 요일을 가리지 않고 출연하고 있다. 방송 업계는 시청률 상승이라는 반사이익을 보고 있다. 폭스뉴스는 2025년 1분기 시청률이 1996년 개국 이래 최고치를 기록했다.[6]

위기 징조가 감지되면 참모들은 TV에 더 많이 나온다.[7] 상호 관세로 미 증시가 폭락하고, 전 세계가 불안에 떨던 2025년 4월에도 그랬다. 4월 8일 아침 스콧 베센트 재무장관은 CNBC에[8], 케빈 해싯 백악관 국가경제위원회(NEC) 위원장은 폭스뉴스에[9], 스티븐 미런 백악관 경제자문위원회(CEA) 위원장은 블룸버그TV에[10] 출연했다. 경제 참모들은 일제히 "상호 관세 일시 중단은 없지만, 무역 상대국들과 협상을 개시했다"는 메시지를 내놨다. 시장을 달래기 위한 발언으로 풀이된다.

이민 정책에 대한 비판이 고조됐을 때도 비슷한 풍경이 연출됐다. 2025년 4월 합법 체류자 킬마르 아브레고 가르시아가 트럼프 행정부의 실수로 엘살바도르의 교도소로 추방된 사건이 일어났다. 이에 민주당의 크리스 밴홀런 상원의원이 직접 엘살바도르를 방문해 아브레고 가르시아를 만나자[11] 다음 날 아침 방송에 백악관 '이민 라인'이 일제히 출동했다. 스티븐 밀러 백악관 정책 담당 부비서실장은 폭스뉴스에 출연했고[12], 백악관 국경 차르 톰 호먼은 CNN에[13] 이어 MSNBC까지[14] 진보 성향 방송 2곳에 나가 강경 이민 정책의 중요성을 강조했다.

방송이 끝나면 촌각을 다투며 소셜미디어 작업이 이뤄진다. 백악관은 이 용도로 '신속대응 47'라는 X 부계정을 개설해 운영하고 있다. 백악관 소셜미디어팀은 방송 직후 강조하고 싶은 메시지가 담긴 1~2분 분량의 영상을 통으로 잘라 빠르게 올린다.

이는 트럼프가 방송용 인재를 뽑았기 때문에 가능한 작업이다. 참모들은 쉽고 직관적으로 짧게 대답한다. 트럼프는 2기 내각을 꾸리며 후보들의 방송 출연 영상을 직접 검토한 것으로 알려졌는데, 이런 활용을 염두에 두고 언변을 중요하게 본 것으로 풀이된다.[15]

또 앵커와 출연진 얼굴이 나란히 배치되고 화면 하단에는 헤드라인 자막이 깔리는 방송 화면은 누구에게나 익숙하다. 이 안정감이 오히려 시청자의 눈길을 붙잡고 신뢰감을 준다는 판단에 이 같은 전략을 쓰는 것으로 보인다.

영상이 '신속대응 47'에 올라오면 그때부터 다음 단계가 시작된다. 참모들과 마가 진영 인사들은 영상을 자신의 소셜미디어로 퍼 나른다. 트럼프 백악관은 지지층을 독자로 상정한 다양한 소식지와 뉴스레터도 제작하는데 이때 '신속대응 47' 영상을 첨부하곤 한다.

아침 방송은 아부로 가득한 트럼프 세계에서 뜻밖의 '직언 통로'로도 작동하고 있다. 트럼프는 폭스뉴스 앵커들과 사적으로도 친한 사이이다. 폭스뉴스의 간판 숀 해니티, 2013년 CNBC에서

폭스뉴스로 이직한 유명 경제 앵커 마리아 바티로모 등이 대표적이다.

2025년 4월 9일 아침 트럼프는 일주일 전 발표한 상호 관세를 90일 유예할지 말지 고심하고 있었다. 그때 바티로모의 방송을 봤다.[16] 바티로모는 폭스비즈니스에서 평일 오전 6시에서 9시 사이에 〈모닝스 위드 마리아〉를 진행한다. 9일 방송에는 미국 최대 은행인 JP모건 체이스 은행의 제이미 다이먼 최고경영자(CEO)가 출연해 "관세 정책으로 침체가 올 가능성이 크다"고 말했다.[17]

이날 오후 1시 트럼프 대통령은 상호 관세 유예를 발표했다. 바티로모는《월스트리트저널》에 "이날 발표 이후 트럼프 대통령이 전화를 걸어 '제이미의 인터뷰를 봤다. 그가 요점을 잘 짚었다'고 말했다"고 밝혔다.[18]

바티로모는 대표적인 친트럼프 언론인으로 꼽힌다. 트럼프와 여러 차례 단독 인터뷰를 했고, 트럼프가 "좌파 문화를 척결하겠다"며 개혁을 예고한 수도 워싱턴의 문화·예술 공연장인 케네디센터의 이사로도 지명됐다.[19]

다만 다른 폭스뉴스 진행자들에 비해 관세 정책에 대해 비판적인 입장을 보여왔다. 9일 방송에서 제이미 다이먼 앞 순서는 스콧 베센트 재무장관이었다. 바티로모는 날카로운 질문을 던졌다. "트럼프 대통령의 의제에 대해 모두가 굉장히 들떠 있었다. 규제 완화, 에너지 자원 개발, 감세 정책까지. 그런데 이제, 갑자기 '쾅!' 관세 조치로 모든 게 바뀌었다. 왜 이런 일을 하는 것이냐."[20]

다이먼의 인터뷰는 트럼프가 상호 관세 '강행'에서 '협상'으로 선회하는 데 영향을 미쳤다는 평가를 받는다. 다이먼은 트럼프가 재무장관으로 영입하려 했던 월가 거물이다. 트럼프는 다이먼이 똑똑하다고 본다. 그런 그가 신뢰받는 앵커의 방송에서 경고를 하자 이를 주의 깊게 들은 것으로 보인다. 의외의 효과지만 예스맨 참모들이 만든 필터버블에 둘러싸인 트럼프에게 시사 방송이 얼마 남지 않은 직언의 통로가 되고 있다.

'최애' 올라운더 재무장관

시장을 설득해라, 진정시켜라

트럼프 행정부 경제 라인은 전략을 짜는 백악관의 케빈 해싯과 실행을 맡는 연방정부의 스콧 베센트 재무장관으로 나뉜다. 베센트는 관세와 환율 등 돈과 관련된 모든 권한을 쥐는 전통적인 재무장관 역할에 더해 관세 협상까지 이끌고 있다. 세계 금융시장이 주목하는 '기준금리'는 연방준비제도(Fed)가 정한다. 연방준비제도는 행정부와 독립된 기관으로 트럼프가 지시할 수 없다. 금리 인하를 원하는 트럼프 측과 물가 및 고용 안정을 중시하는 연방준비제도 사이의 긴장은 계속된다.

트럼프 참모들 모두가 TV에 자주 출연하지만 가장 두각을 드러내는 인물은 단연 스콧 베센트 재무장관이다. 그는 2025년 4월 2일 트럼프의 글로벌 상호 관세 선포 이후 시장 안정을 가져온 주역으로 꼽힌다. 관세 부과에 "유예는 없다"던 트럼프의 마음을 돌려 '90일 유예'를 이끌어내 놀란 시장을 달랬다.[1]

베센트는 월가 출신으로 지명 당시부터 트럼프의 폭주를 막을 완충장치로 기대를 받았다. 그는 트럼프와 강온 전략을 펴기에 가장 적합한 인물이다.[2] 30년이 넘는 금융권 경력을 바탕으로 월가의 언어와 심리를 간파하고 있다. 월가 역시 베센트의 말에 귀 기울인다. 그는 1990년대 영국 파운드화 공매도를 주도해 하루 만에 10억 달러를 벌어들인 스타 금융가였고, 현재는 트럼프의 절대적 신임을 얻어 이례적으로 강력한 권한을 가진 재무장관이기 때문이다.

> 여기 정말 믿기 어려울 정도로 대단한 사람이 있어요. 우리 재무장관 스콧 베센트입니다. 그는 아주 존경받고 있어요. 그가 TV에서 말하면, 모두가 그냥 '아, 알겠어'라고 수긍합니다. 그가 말하면, 시장은 정말로 귀를 기울입니다.[3]

재무장관 스콧 베센트에게도 감사드립니다. 아주 훌륭한 일을 하고 있습니다. TV에 나가서 시장을 안정시킵니다. 저는 TV에 나가서 시장을 들썩이게 하죠. 그래서 나는 "하워드(러트닉 상무장관), 그를 내보내야겠군, 그렇지?"라고 말합니다. 그가 들어가면 시장이 아주 차분하고 좋아집니다. 당신은 훌륭한 일을 하고 있어요, 스콧. 고마워요.[4]

TV 출연은 베센트의 여러 임무 중 하나이다. 그는 시장 안정, 환율 정책, 국채 관리, 국가 부채 문제, 통상 정책, 감세와 규제 완화 등 경제 정책 전반의 설계와 집행을 모두 도맡는 '올라운더' 장관이다. 트럼프의 대규모 세제·지출 법안인 '하나의 아름답고 거대한 법안(one big beautiful bill)' 협상도 이끌었고, 관세 협상도 지휘하고 있다. 트럼프 1기 때와 달리 재무부가 미국무역대표부(USTR)로부터 주도권을 가져와 전면에 나선 모습이다.[5]

특히 정치적 행동도 꺼리지 않는다. 마가 의제를 실행에 옮기며 트럼프를 지원하고 있다. 납세 데이터를 제공해 국토안보부의 이민 단속에 협조하고, '남미 트럼프'로 불리는 하비에르 밀레이 아르헨티나 대통령을 돕기 위한 통화 스와프를 조율했다. 국세청(IRS)을 통해 정치 폭력을 조장한다고 의심받는 좌파 단체를 조사하겠다고도 밝혔다. 트럼프의 연방준비제도 개혁 시도도 공개 지지했다.[6]

이에 재무부의 정치화를 우려하는 목소리도 크다. 그는 자신의 역할이 트럼프 1기 당시 재무장관이었던 스티븐 므누신 등과 다르다고 보느냐는 질문에 이렇게 답했다.

> 대부분의 전임자와는 달리 저는 엘리트 기관과 여론에 매우 건전한 회의심을 가지고 있습니다. 하지만 시장에 대해서는 건강한 존중심을 가지고 있습니다.[7]

인터뷰에서 베센트는 "시장이 분노하지 않게 하면서 가능한 한 '미국 우선주의' 정책을 최대한 추진하고 싶다"고 했다. 백악관 대변인실은 《파이낸셜타임스》에 베센트를 "막대한 민간 경력과 금융권 인맥, 미국 우선주의 정책 추진력으로 인해 '대체 불가능한 자산'"이라고 평가했다.[8]

베센트는 트럼프 2기에 합류하기 전 공직 경험이 전무한 억만장자 헤지펀드 매니저였다. 그는 민주당의 든든한 후원자 헤지펀드 거부 조지 소로스 밑에서 일을 배웠지만, 2017년 스티브 배넌 전 백악관 수석 전략가와 인연을 맺게 되며 배넌의 추천으로 트럼프 진영에 합류했다.[9]

베센트는 미국 남부 사우스캐롤라이나의 작은 마을 출신이다. 1960~1970년대 콘웨이 인구는 1만 명을 넘지 않았다. 그는 여러 차례 파산한 부동산 개발업자의 아들로 미 동부 예일대에 진학해 정치학을 전공했다. 입학 당시엔 언론인을 꿈꾸며 학보사에서 활동했다.

《뉴욕타임스》에 따르면 그는 남부 출신으로서 느끼는 소외감을 글로 털어놓기도 했다. 1981년 학교 신문에 "기숙사에서 조지 월리스(전 앨라배마 주지사)가 대통령 선거에 출마하지 않겠다고 했을 때 마음 아파한 사람은 나뿐이었다"고 썼다.[10] 월리스는 인종 분리를 주장했던 전형적인 남부 보수 성향 정치인이다.

졸업을 앞두고 그는 취업센터에서 만난 투자자 짐 로저스의 인턴으로 일하며 금융업에 발을 들였다. 이후 소로스 펀드 매니지먼트의 파트너로 일했다. 베센트는 독립해 자신의 펀드를 설립했다가 2011년에 최고투자책임자(CIO)로 복귀하며 소로스와 연을 이어갔다.

> 투자업을 하면서 '이게 정말 내가 좋아하는 일이구나'라고 생각했어요. 숫자를 다루는 일이라 제 계량적 사고 능력을 써야 했거든요. 하지만 이 일은 동시에 하나의 이야기를 만들어가는 일이기도 하고, 인간의 감정과도 닮아 있어요. 전 세계를 돌며 리더들을 만나고, 다음 정책이 어떤 방향으로 갈지를 파악하려 애썼죠.[11]

트럼프 1기가 출범하자 베센트는 트럼프의 경제관을 이해하고자 노력했다. 그래서 2017년 백악관 수석 전략가 자리에서 막 물러난 배넌을 찾아갔다. CNN에 따르면 둘은 홍콩에서 열린 프랑

스게 은행 크레디 리요네의 투자자 회의에서 처음 만난 뒤 가까워졌다.[12]

배넌 역시 베센트의 식견을 높게 샀고 베센트는 배넌의 팟캐스트 〈워룸〉에 여러 차례 출연하며 교류를 이어갔다. 2024년 대선을 앞두고는 다른 월가 인사들에 비해 일찍 트럼프 지지를 결정했다. 트럼프는 그를 경제 참모로 곁에 뒀다.

트럼프의 대선 승리 후 하워드 러트닉 상무장관과 베센트가 재무장관직을 두고 치열하게 경쟁한 것은 공공연한 비밀이다. 베센트는 영리하게 여론전을 벌였다. 월가에 파급력을 갖는 영국《파이낸셜타임스》와 인터뷰하고, 트럼프가 열독하는 폭스뉴스에 기고를 해 트럼프식 경제 정책을 적극 옹호했다.[13] 한 트럼프 측 인사는 CBS방송에 "트럼프가 둘의 경쟁을 부추겼다"며 "그는 억만장자들이 자신을 두고 다투는 것을 좋아했다"고 전했다.[14]

2기 행정부 출범 후엔 참모간 주도권 다툼에서 우위를 점하며 점차 많은 권한을 쥐게 됐다. 피터 나바로 백악관 무역·제조업 고문과 러트닉을 제치고 관세 정책의 얼굴이 됐다. 일론 머스크 테슬라 최고경영자(CEO) 겸 전 정부효율부 수장과는 국세청(IRS) 간부 인선을 두고 격하게 말다툼을 벌였다. 리사 쿡 연방준비제도 이사의 주택담보대출 사기 의혹을 제기해 두각을 드러낸, 빌 펄티 주택금융청장과는 "트럼프에게 자신을 험담했다"며 주먹다짐 직전까지 갔다는 보도도 나왔다.[15]

베센트는 트럼프의 경제 정책을 관장하는 키맨으로 부상했다.

미국 재무장관의 권한은 헌법에 명시돼 있지 않다. 시대적 상황과 대통령의 의중에 따라 그 역할은 달라졌다. 베센트는 2025년 10월《파이낸셜타임스》인터뷰에서 자신의 임무를 "대통령에게 여러 선택지와 그에 따른 결과를 제시하는 것"이라며 "얼마나 밀어붙일지는 대통령의 몫"이라고 말했다.[16]

트럼프는 베센트에게 전례 없이 많은 권한을 몰아주기로 선택했다. 재무부는 연방준비제도의 통화정책, 국세청의 세무, 상무부와 무역대표부(USTR)의 통상 업무를 일부 흡수하며 영향력을 키웠다. 트럼프 2기 경제 정책이 끊임없는 충격과 혼란을 불러오는 사이, 경제 부처 간 견제 기능은 약해졌다. 그만큼 베센트와 트럼프의 영향력은 더욱 강해지는 구조다. 이례적인 트럼프-베센트 체제가 어떤 성과와 위험을 초래할지는 여전히 불투명하다.

베센트가 미국의 외교안보 '나침반' 역할을 하는 국가안보전략(NSS)에 영향을 줬다는 보도도 있다. 2025년 12월 3일《폴리티코》는 베센트가 중국과 무역 협상의 민감성을 고려해 '톤다운'을 요구했고, 그가 물러서지 않으며 발표가 수주간 지연되고 있다고도 보도했다.[17] 실제로 12월 5일 공개된 국가안보전략에는 1988년 이후 처음으로 중국의 권위주의를 지적하는 표현이 빠지고 "중국과 상호 이익이 되는 경제적 관계를 맺길 희망한다"는 내용이 담겨 주목받았다.[18]

트럼프의 외교 터프가이

협상은 '사람 좋은' 특사에게 맡겨라

트럼프는 40년 지기 부동산 사업가 스티브 윗코프를 중동 특사로 임명했다. 외교 경험은 전무하지만 트럼프는 그를 '나의 헨리 키신저'라 부르며 무한한 신뢰를 보낸다. 윗코프는 하마스와 직접 접촉해 인질을 석방시키고, 푸틴과 장시간 독대하는 막후 실세로 떠올랐다. 윗코프는 자신이 "상황을 있는 그대로" 트럼프에게 보고한다고 했다. 트럼프의 외교 특사는 어디까지 해낼 수 있을까.

트럼프는 공무원 해고와 예산 삭감을 통해 연방정부를 뒤흔들며 자신의 최측근을 여러 기관의 수장 자리에 동시에 앉혔다. 트럼프 행정부의 '멀티 플레이어'를 살펴보면 트럼프가 능력을 인정하고 신뢰하는 각료가 누군지 알 수 있다.

앞서 다룬 스콧 베센트는 재무장관이자 국세청 청장 대행으로 막강한 영향력을 행사하고 있다. 2025년 9월 베센트는 보수 청년 정치활동가 찰리 커크 터닝포인트USA 설립자 겸 대표의 피격 이후 "정치 폭력을 조장한 좌파 단체를 조사하겠다"고 했다. 정치색이 짙은 세무조사를 공개 천명한 것이다.[1]

외교를 담당하는 마르코 루비오 국무장관은 리처드 닉슨 행정부 시절 헨리 키신저 이후 처음으로 국무장관과 국가안보보좌관을 겸임한 인물이 됐다. 루비오는 국립문서기록원장 대행이기도 하다. 트럼프는 취임 직후 국제개발청(USAID) 청장직을 루비오에게 맡기며 조직 해체를 지시하기도 했다. 이제 국제개발청장 자리는 2025년 8월 러셀 보트 백악관 예산관리국 국장에게 넘어갔다. 보트는 트럼프가 역시 해체를 지시한 소비자금융보호국(CFPB) 국장 대행도 맡고 있다.[2]

특히 눈에 띄는 인물은 가자 전쟁과 우크라이나 전쟁을 모두 맡고 있는 트럼프의 40년 지기 스티브 윗코프 백악관 중동 특사다. 트럼프는 윗코프가 자신의 '키신저'라며 감사를 표했다. 냉전이 한창이던 1970년대 핑퐁 외교를 통해 중국과 관계 개선의 물꼬를 트고, 소련과는 '데탕트(détente · 긴장 완화)'를 조성한 키신저에 비교한 것이다.[3]

트럼프는 2025년 10월 13일 이스라엘과 이집트를 찾아 가자 전쟁 1단계 휴전 서명식에 참석했다. 이때 이스라엘 의회(크네세트)에서 진행한 1시간 20분 가까운 연설에서 윗코프가 어떤 존재인지 설명했다.

> 스티브는 내가 직접 선택한 사람입니다. 그는 이런 일을 해본 적이 없었지만, 나는 그를 몇 가지 점에서 잘 알고 있습니다. 그는 훌륭한 사업가입니다. 하지만 그런 사람은 많이 봤습니다. 스티브의 협상 능력은 뛰어나지만 협상을 잘하는 사람은 많습니다. 협상은 일종의 예술이라고 보는데 스티브의 가장 큰 장점은 그는 정말 좋은 사람이라는 것입니다.
>
> 모두가 그를 좋아합니다. 정말 모두가. 전 훌륭한 협상가들을 여럿 알고 있지만, 그런 사람들과 함께라면 중동 평화는 불가능했을 것입니다. 아마 지금쯤 3차 세계대전 중이었을지도 모릅니다. 하지만 모두가 스티브를 사랑하고 그를 존중하며, 그와 공감할 수 있습니다. 나는 그를 오랫동안 알아왔고, 그런 모습을 여러 번 봤습니다.

스티브는 혼자서 이 일을 시작했습니다. 나는 그를 '정보가 새지 않는 헨리 키신저'라고 부릅니다. 키신저는 말을 흘렸지만, 스티브는 그렇지 않습니다. 그는 단지 일을 완수하길 원하고, 옳은 일을 하길 원합니다.

핵심만 말하자면 그는 지금 러시아-우크라이나 전쟁과 관련해 일하고 있습니다. 전 스티브가 블라디미르 푸틴 러시아 대통령을 만나도록 자리를 마련했습니다. 처음엔 15~20분 정도의 짧은 회의가 될 줄 알았습니다. 스티브는 러시아나 푸틴에 대해 거의 몰랐고 정치에도 큰 관심이 없습니다. 그는 제가 찾던 어떤 특별한 자질을 가지고 있을 뿐입니다.

회의가 시작된 지 30분쯤 지나서 전 전화를 걸었습니다. "끝났나?"

"아닙니다, 아직 안 나왔습니다. 아직 안에서 회의 중입니다."

1시간쯤 지나 다시 전화를 걸었습니다. "스티브랑 통화 좀."

"아직 푸틴 대통령과 함께 있습니다."

꽤나 긴 회의를 한다고 생각했습니다. 그 후 3시간, 4시간이 지나도 여전히 회의 중이었고 결국 5시간 만에 그가 나왔습니다.

"5시간 동안 대체 무슨 얘기를 한 거야?"

그가 말했습니다. "그냥 여러 흥미로운 얘기를 했어요."

물론 그가 들어간 본래 목적에 대한 대화도 있었겠지만, 그걸 5시간 동안 할 수는 없습니다. 그런데 그게 바로 재능입니다. 대부분의 사람을 보냈다면 첫째, 아예 받아주지도 않았을 것이고 둘째, 받아줬다 해도 회의는 5분 만에 끝났을 것입니다.

하지만 스티브는 다릅니다. 모두가 그를 좋아합니다. 이쪽에서도, 저쪽에서도. 그는 훌륭한 협상가입니다. 왜냐하면 그는 훌륭한 사람이기 때문입니다. 그래서 스티브에게 진심으로 감사의 뜻을 전합니다.[4]

윗코프와 트럼프의 인연은 약 40년 전으로 거슬러 간다. 트럼프가 뉴욕 맨해튼에 58층짜리 '트럼프 타워'를 세워 유명 부동산 사업가가 된 1983년, 윗코프는 부동산 전문 법률회사(로펌)에서 막 일을 시작한 새내기 변호사였다. 당시 트럼프는 37세, 윗코프는 26세였다.[5]

윗코프는 트럼프와 변호사 대 의뢰인 관계로 인연을 맺었다. 특히 늦은 밤 델리카트슨(주로 유대계 이민자들이 운영하는 식당)에서 우연한 만남 이후 가까워졌다. 트럼프가 "지갑을 두고 왔다"고 도움을 청하자 샌드위치를 대신 계산해줬다고 한다.[6]

윗코프보다 11살 위인 '스타 사업가' 트럼프는 선망의 대상이었다. 윗코프도 트럼프처럼 되고 싶었다. 그를 롤모델 삼아 몇 년 뒤 브롱크스와 할렘 등에 있는 뉴욕의 저렴한 아파트를 매입하며 부동산 사업에 도전했다. 발목에 리볼버를 차고 직접 임대료를 거두러 다녔다고 한다.[7]

1990년대 초반 미국 부동산 시장은 1987년 블랙 먼데이(미 증시 폭락) 여파로 얼어붙은 상태였다. 공실률이 치솟고, 개발 프로젝트가 중단된 틈을 타 윗코프가 승승장구했다. 1995년경부터 투자은행과 손잡고 맨해튼 중심가의 낡은 사무실을 헐값에 사들이며 기침없이 사업을 확장했다. 불과 몇 년 만에 뉴욕의 여러 랜드마크까지 매입한 자수성가 사업가가 됐다. 당시 그가 승부사 기질을 발휘했다는 평가와 "무리한 대출을 끼고 사업을 확장하고 있다"는 우려가 동시에 나왔다.[8]

윗코프는 '터프가이'를 좋아했다. 이 시절 경찰 출신 유명인 보 디틀과 할렘에서 어울렸다고 한다. 주간《뉴욕옵저버》는 당시 윗코프의 책상에 책《터프한 유대인》이 올려져 있었다고 전했다. 1930년대 뉴욕 브루클린에서 활동한 유대계 갱단을 다룬 책으로 "유대인은 유약하다"는 미국 사회의 인식을 뒤엎는 책이었다.[9]

윗코프는 1957년 뉴욕 브롱크스에서 태어난 동유럽계 유대인이다. 이스라엘군(IDF)에서 사용하는 특공무술 '크라브마가'를 능숙하게 한다.[10] 그의 인간적 매력과 사업 수완 때문에 트럼프도 그를 곁에 둔 것으로 보인다. 윗코프의 깜짝 발탁 직후《월스트리트저널》은 그를 두고 "탁월한 협상가이자 누구와도 잘 어울리는 친화력을 갖춘 호감형 인물"이라고 전했다.[11]

둘이 골프를 치며 쌓은 우정은 2021년 1·6 의사당 난입을 계기로 새로운 단계에 진입했다. 그는 등을 돌리지 않은 몇 안 되는 뉴욕 친구였다. 이에 신임을 사게 됐다고 한다. 수지 와일스 백악관 비서실장은 "윗코프는 트럼프 대통령이 가족 다음으로 진정한 '내 편'이라고 여기는 사람"이라고《디애틀랜틱》에 말했다.[12]

윗코프는 2024년 봄, 중동 특사가 되고 싶다는 뜻을 밝혔다. 《디애틀랜틱》에 따르면 린지 그레이엄 상원의원과 함께 셋이 골프를 치던 도중 나온 이야기였다. 그레이엄이 윗코프에게 "상원의원에 도전할 의향이 있냐"고 묻자, 윗코프가 "전혀 관심이 없고, 중동 문제에 보탬이 되고 싶다"고 말했다고 한다. 이에 당시 공화당 대선 후보였던 트럼프는 "스티브, 당신이 하고 싶은 건 뭐든지 해"라고 화답했다.[13]

중동 특사를 자처한 이유는 요절한 장남을 기리기 위해서라고 한다. 윗코프는 《디애틀랜틱》 인터뷰에서 "나의 잃어버린 아들 앤드루가 나를 이 길로 인도했다"며 "이 일은 정말 가치 있고 절대 질리지 않는다"고 말했다.[14] 망자를 잃은 슬픔을 선행으로 승화하는 유대인의 미츠바(mitzvah) 전통이 발현된 것으로 풀이된다.

그는 아이를 잃은 슬픔 때문에 인질 가족들과 정서적 유대가 깊다. 백악관에서 면담을 기다리던 인질 가족들을 데리고 유명 식당에서 식사를 대접한 일화도 유명하다.[15] 인질 가족들과 만나 "이스라엘이 전쟁을 무의미하게 장기화하고 있다"고 비판할 정도로 인질 문제에 각별히 신경 쓰고 있다.[16]

2년 넘게 휴전에 응하지 않는 베냐민 네타냐후 이스라엘 총리에 대한 불만도 숨기지 않았다. 《디애틀랜틱》 인터뷰에서 "이스라엘 여론을 보면 (전쟁 지속보다) 휴전과 인질 석방을 지지하는 쪽이 오히려 더 많다"고 말했다.

답답한 마음에 놀라운 수를 두기도 했다. 2025년 3월, 이스라엘을 배제하고 팔레스타인 무장단체 하마스와 직접 접촉한 것. 트럼프의 승낙하에 윗코프가 전례 없는 시도에 나서자, 네타냐후가 큰 충격을 받은 것으로 알려졌다.[17] 애런 데이비드 밀러 카네기국제평화재단 선임연구원은 "이토록 이스라엘과 분리된 정권을 본 적이 없다"고 했다.[18]

윗코프의 시도는 성공했다. 하마스는 2025년 5월 12일, 마지막 남은 생존 미국인 인질 에단 알렉산더를 석방했다. 바로 다음날 윗코프는 직접 텔아비브의 병원을 찾아 알렉산더를 만났다. 그리곤 지난 14년간 늘 목에 걸고 다니던 다윗의 별 목걸이를 알렉산더에게 선물했다. 목걸이는 먼저 떠나보낸 장남 앤드루의 유품이었다. 앤드루는 2011년 22세의 나이에 약물 과다복용으로 숨졌다. 《타임스오브이스라엘》에 따르면 그는 알렉산더에게 앤드루의 목걸이를 주며 "(목걸이를) 하고 다녀준다면 내 아들에게 큰 영광일 것"이라고 말했다고 한다.[19]

하마스와 1단계 휴전 합의를 이끌어 내는 과정에서도 윗코프의 인간미가 촉매 역할을 했다. 이 협상에 관여한 제러드 쿠슈너 전 백악관 선임고문은 윗코프가 이스라엘의 카타르 공습으로 아들을 잃은 하마스 수석 협상가 칼릴 알하야에게 그 슬픔을 이해한다며 애도를 표했다고 전했다. 쿠슈너는 "윗코프가 아들들에 관해 얘기하자 테러 단체와의 협상은 두 인간이 서로에게 약한 모습을 드러내 보이는 상황으로 바뀌었다"고 했다.[20]

40여 년의 시간이 지나 윗코프는 '외교 협상 대리인'으로서 다시 트럼프의 대리인 역할을 맡고 있다. 연설에서 표현했듯 트럼프는 윗코프의 협상가로서의 자질을 높게 평가해 중책을 맡겼다. 협상 상대의 의중을 파악하는 데 윗코프만 한 인물이 없다고 판단한 것.

그가 홀로 블라디미르 푸틴 러시아 대통령과 만난 것도 그에 대한 트럼프의 신뢰를 보여주는 사례로 평가된다. 윗코프는《디 애틀랜틱》인터뷰에서 자신이 "트럼프 대통령을 위해 정보를 수집하는 요원과도 같은 존재"라며 "트럼프 대통령은 내가 그 어떤 왜곡 없이 정확한 상황을 파악해 보고하리라는 믿음을 갖고 있다"고 했다.[21]

미 대통령이 미국 외교의 분기점이 되는 사건에서 최측근을 활용하는 사례는 전에도 있었다. 존 F. 케네디 대통령은 1962년 쿠바 미사일 위기 당시 법무장관이던 동생 로버트를 통해 주미 소련 대사와 비공식 외교 채널을 가동해 위기를 넘겼다.[22] 닉슨 시절에도 당시 국가안보보좌관이던 키신저가 1971년 중국 베이징에서 저우언라이와 극비리에 접촉해 이듬해 닉슨의 중국 방문에 초석을 놨다.[23]

윗코프는 중동에 러시아까지 상대하며 트럼프 2기 행정부의 '진짜' 국무장관이라는 평가까지 받고 있다. 그 어떤 외교적 훈련도 받지 않은 그는 여러 방식으로 전문성을 보완하고 있다. 특유의 친화력으로 국무부와 중앙정보국(CIA) 등 내부 전문가를 적극 활용하고, 토니 블레어 전 영국 총리, 프랑스의 행동주의 철학자 베르나르 앙리 레비 등 다양한 스펙트럼의 인사들과 접촉해 조언을 들었다고 한다. 넷플릭스 다큐멘터리와 서적도 참고하고 있다고 한다.[24]

윗코프는 아무것도 모르는 순진한 사람이라는 강한 비판을 신경 쓰지 않는다고 한다. 쿠슈너는 윗코프가 "욕먹는 것을 두려워하지 않는 사람"이라고 했다. 윗코프는 자신의 중동 특사 임무에 대해 이렇게 말했다.[25]

사업에서 얻은 교훈은 어디에나 적용할 수 있다. 거래란 결국 양측 모두 어느 정도 공정하다고 느끼는 지점을 찾아내는 일이다. 나는 평생 그 일을 하며 살아왔다.[26]

비즈니스는 파티장에서

원하는 게 있으면 마러라고로 달려가라

파티장에 찾아와 얼굴을 비추는 자는 트럼프와 말이 통한다. 그 또한 그렇게 사업을 했기 때문이다. 이해충돌 논란에도 트럼프는 사저 플로리다 마러라고 리조트를 '세상의 중심'이라 부르며 국정 운영에 적극 활용한다. 식탁의 배치와 음악 선곡까지, 모든 것이 철저히 기획된 권력의 전시장이다. 원하는 게 있는 사람들은 이곳에서 대통령과 파티를 즐기며 민원을 해결한다.

트럼프가 2025년 4월 2일 수요일 글로벌 상호 관세를 발표한 뒤 미 뉴욕 증시는 3, 4일 이틀간 6조 6,000억 달러(9,240조 원)가 증발했다. 그리고 주말이 시작됐다. 트럼프는 토요일인 5일 트루스 소셜에 "끈기 있게 버텨라"고 적더니 6일에는 골프 라운딩 영상을 올렸다. 일각에서는 국민 고통에 둔감하다는 비판도 나왔다. 트럼프는 백악관으로 복귀하거나 미안한 기색을 드러내지 않았다. 그는 플로리다주 팜비치 사저 '마러라고 리조트'에서 평소와 크게 다를 바 없는 일과를 보냈다.[1]

트럼프는 취임 후 주말을 백악관에서 보낸 적이 거의 없다. 대부분 트럼프 가문 소유 골프클럽이나 마러라고 리조트로 향했다.[2] 주말에 백악관을 떠나 휴식을 취하는 건 미국 대통령들의 전통이다. 대부분의 미국 대통령은 대통령 별장 '캠프 데이비드'나 사저에서 주말을 보냈다. 조 바이든 대통령 역시 주말이면 사저로 갔다. 델라웨어주 윌밍턴에 있는 자택이나 레호보스 별장에서 가족들과 시간을 보냈다. 다만 조용히 주말을 보냈다. 성당에 미사를 보러 가거나 상점가에 외출할 때를 빼고는 거의 포착되지 않았다.[3]

바이든은 2021년 CNN 타운홀 행사에서 "백악관에서는 편하게 있기 정말 어렵다"고 토로했다. 그의 절친이자 상원의원 시절 비서실장을 지낸 테드 카우프먼은 미 공영라디오(NPR)에 그가 주말마다 사저로 향하는 이유를 설명했다. "일어난 모습 그대로 잠옷을 입고 대강 아침을 만들어 먹고 싶다고 합니다."[4]

조지 W. 부시 대통령은 텍사스주 크로포드에 있는 자신의 목장에서 8년의 임기 동안 490일을 보냈다. 워싱턴에서 비행기로 4~5시간 거리지만 거의 매 주말 방문했다.[5] 청바지를 입고 카우보이 모자를 쓴 채로 낚시를 하며 시간을 보냈다. 가지치기 등 목장일을 하는 사진을 언론에 종종 공개하기도 했다.[6] 로널드 레이건 대통령과 지미 카터 대통령도 각자의 목장에서 주말을 보냈다. 이들은 목장에 가지 못하는 주말에는 캠프 데이비드로 향하곤 했다.[7]

버락 오바마 대통령이 예외적인 사례였다. 그는 2008년 대선 승리 후 "그래도 두 달에 한 번 정도는 집에 가고 싶다"고 했으나 CBS뉴스에 따르면 취임 첫해에 딱 한 번 2박 3일간 자택에서 주말을 보냈다.[8] 대신 주말을 대부분 백악관에서 보냈다. 다른 대통령들과 달리 사저가 일리노이주 시카고 도시 한복판에 있는 탓에 경호 문제 등으로 가기 어려웠던 것으로 보인다. 골프 애호가였던 오바마는 골프장에 종종 갔는데, '오바마 저격수'였던 트럼프는 오바마가 골프를 치기만 하면 트위터에 게시글을 올렸다. 대통령이 골프를 칠 시간이 있냐는 비판이 주를 이뤘다.[9]

트럼프 역시 주말을 주말답게 보낸다는 점에서는 전임 대통령들과 크게 다를 바가 없지만, 그의 주말이 전부 트럼프 가문의 영리 활동과 연관되어 있어 이해 충돌이라는 지적이 나온다. 2024년 4월 첫 번째 주말 트럼프가 나흘간 방문한 골프장은 모두 트럼프 가문 소유 골프장이다. 《뉴욕타임스》에 따르면 3일 LIV 골프 대회가 열린 '트럼프 내셔널 도럴 골프클럽'의 객실 643개는 주말 내내 매진이었다. 1박 숙박료는 최대 1만 3,000달러(1,820만 원)에 달한다. 4일에는 마러라고 리조트 인근 '트럼프 인터내셔널 골프클럽'에서 라운딩에 나섰다.[10]

당시 마러라고에서는 주말 사이 다양한 정치자금 모금행사가 열렸다. 크리스티 놈 국토안보장관과 하비에르 밀레이 아르헨티나 대통령이 연사로 나선 한 행사에는 수백 명이 참석했다. 이와 별개로 트럼프는 트럼프 지지 슈퍼팩(정치자금모금단체) '마가'가 주최한 만찬에 참석했다. 인당 참가비가 100만 달러(약 14억 원)인 이 행사에 약 20명이 왔다. 화장품 대기업 에스티로더의 상속자 로널드 로더 등이 참석한 것으로 알려졌다.[11]

《블룸버그통신》은 토요일이었던 5일 트럼프의 저녁 식사에 참석한 사람들의 전언을 보도했다. 그는 여느 평범한 저녁처럼 수영장이 딸린 야외 테라스 식당에서 어렵사리 회원권을 구해 그를 만나러 온 사람들에 둘러싸여 식사했다. 평소 루틴대로 최애곡 빌리지피플의 〈YMCA〉를 크게 틀어놓고 춤도 췄다고 한다. 참석

자들은 "재밌고 행복한 시간이었다"고 전했다.[12]

'100만 달러 만찬'은 트럼프 재집권 후 종종 열리며 후원금을 쓸어 담고 있다. 트럼프가 일대일 식사도 응하고 있고, 돈을 더 많이 내면 이 일정을 잡을 수 있다는 보도도 나왔다. 미국 기술 전문지《와이어드》는 "기업인들이 500만 달러를 내고 트럼프와 독대하려고 줄을 섰다"고 소식통들을 인용해 전했다.[13]

마러라고는 트럼프 본인이 말하길 "세상의 중심"이다. 그는 2024년 11월 대선 승리 후 이 아름다운 지중해풍 리조트에서 집권 2기를 준비했다. 특별한 행사가 없는 날이면 정장을 입고 마러라고 중심부에 있는 식당으로 향했다고 한다. 온화한 플로리다 기후에 맞게 식당은 야외 테라스에 차려져 있다. 흰색과 노란색 줄무늬로 장식된 파라솔이 테이블마다 설치된 모습이다.[14]

소셜미디어에 올라온 영상들을 보면 그가 식당에 들어서는 순간 내부를 가득 채운 사람들이 일제히 일어나 박수를 보냈다. 그는 들뜬 얼굴들 사이로 걸어가며 박수갈채와 환호를 음미하고 팬서비스를 충실하게 해준다고 한다. 꽤 많은 사람과 악수하며 간단한 대화를 나누는 것이다.[15]

트럼프가 '전용 식탁'에 착석하면 마러라고의 밤에 막이 오른다. 제법 촘촘하게 배치된 식탁들 사이에 붉은색 벨벳으로 만든 접근 금지선이 설치된 식탁이 있다. 바로 이 식탁이 트럼프의 전용 식탁이다. 옆 식탁과 거리가 3m도 안 될 정도로 가까워 인상 깊다. 《워싱턴포스트》에 따르면 금지선 안으로 진입하면 제지 당하지만, 트럼프가 자유롭게 식당을 돌아다니면서 사람들과 대화하기 때문에 일단 식당 안에만 있으면 저녁 내내 그의 얼굴을 원 없이 볼 수 있다.[16]

트럼프는 자리에서 주문한다. 주로 버거나 스테이크를 먹는다고 한다. 나머지 참석자는 뷔페에서 음식을 가져와야 한다. 빈 접시를 들고 기다리다 핵심 인사들과 이야기할 기회도 생긴다. 보수 성향 사업가 제임스 피시백은 "파스타를 가지러 갔다가 로버트 케네디 주니어랑 대화를 나눴다"고 AP통신에 말했다.[17]

이런 점 때문에 식당 입장을 위한 경쟁이 치열하다. 마러라고의 오랜 회원이자 트럼프의 고문인 부동산 투자자 조지 롬바르디는 "요즘 마러라고는 북새통이다. 트럼프랑 한번 사진 찍고 싶어 하는 '뉴페이스'가 너무 많은 탓에 식당에 도통 들어갈 수가 없다"고 《워싱턴포스트》에 불평했다.[18] 소셜미디어에는 사업가, 유명인 등이 야외 테라스 식당에서 촬영한 '인증샷'을 얼마든지 찾아볼 수 있다.

트럼프가 식사를 마치면 '2부'가 시작된다. 이른바 '디제이 T'의 시간이 된 것. 수영장과 식당 곳곳에 설치된 스피커를 통해 그가 직접 고른 음악이 흘러나온다. 선곡과 볼륨은 전적으로 트럼프의 권한이다. 식탁 위에 늘 올려진 커다란 아이패드를 사용해 음악을 조절한다고 한다.

미 정치 전문 매체《액시오스》는 마러라고 단골들에게 물어 그의 플레이리스트를 재구성했다. 트럼프 당선인의 최애곡은 아일랜드 가수 시네이드 오코너의 〈Nothing Compares 2 U〉. 이 외에 프랭크 시나트라의 〈My Way〉, 조니 캐시의 〈Ring of Fire〉, 롤링 스톤즈의 〈You Can't Always Get What You Want〉 등 당대의 히트곡을 즐겨 튼다.[19] 트럼프가 주먹을 흔들고 고개를 끄덕이며 음악에 몰입하는 모습이 담긴 동영상이 소셜미디어에서 화제가 되기도 했다.

트럼프는 2025년 10월 아시아태평양경제협력체(APEC) 정상회의를 계기로 한국과 일본에 방문한 직후에도 마러라고로 향했다.《액시오스》는 트럼프가 후원자들과의 저녁 식사 한 끼로 단박에 1,000만 달러(140억 원)를 모았다고 보도했다. 트럼프의 측근은 "1,000만 달러가 예전에는 큰돈 같았는데 이제는 일도 아니다"라고 전했다. 대선 승리 후 트럼프가 모금한 정치자금은 2025년 연내 20억 달러(2조 8,000억 원)를 넘길 것으로 추산됐다.[20]

마러라고는 리조트라는 특성 때문에 그간의 대통령 자택과는 매우 다르다. 정말 많은 사람이 드나든다. 특히 사업 설명회부터 자선행사, 상영회, 결혼식 등 온갖 종류의 행사가 열린다. 행사 대부분은 트럼프의 눈에 들기 위해 비싼 비용을 감수하고 마러라고에서 열린다.[21]

트럼프 플로리다주 사저 '마라라고 리조트'

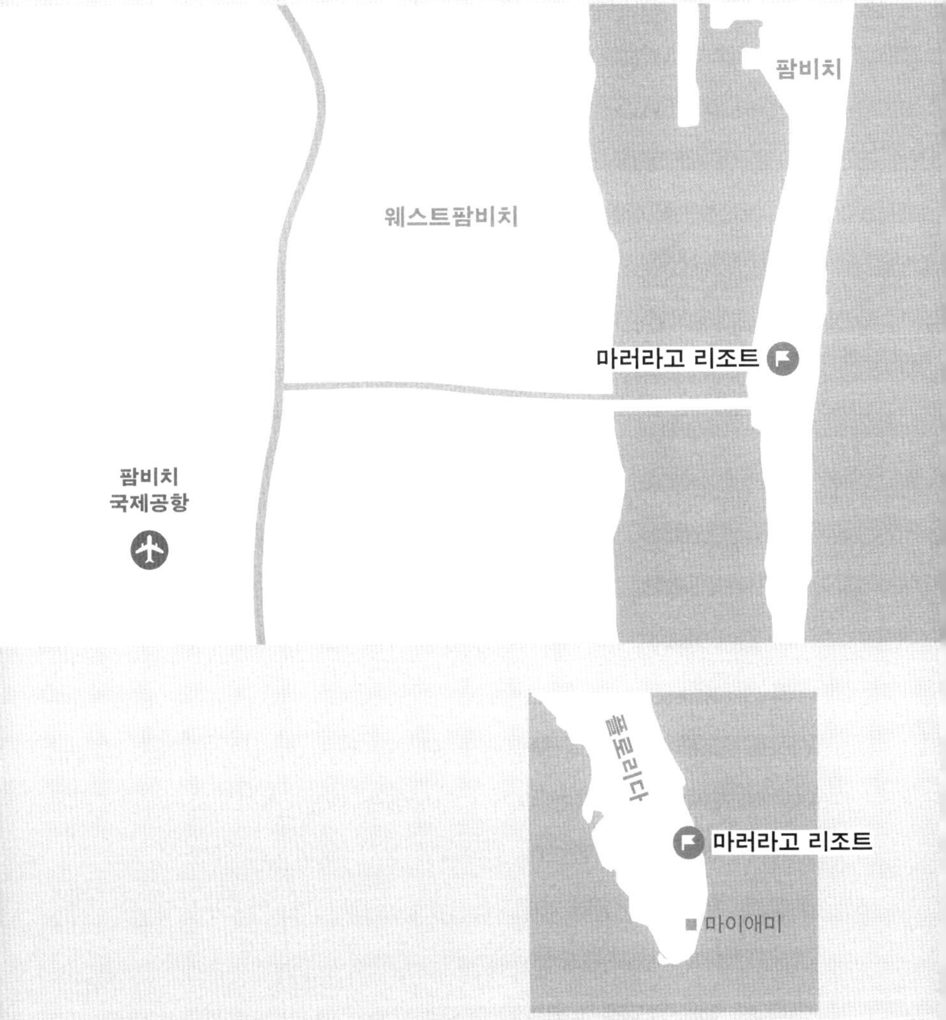

팜비치

웨스트팜비치

마라라고 리조트

팜비치
국제공항

마라라고에 들어가는 이들은 누굴까. 네 가지 부류가 있다.[22]

우선은 회원이 되는 것이다. 회원권을 사면 되는데 2024년 7월 기준으로는 단 네 자리만이 남아있다고 한다. 트럼프는 당시 《블룸버그비즈니스위크》와 인터뷰에서 빈자리가 거의 없다며 이같이 밝혔다.[23] 현재는 동났을 것으로 추정된다.

회원 규모에 제한이 있는 것은 팜비치 당국과 협의에 따라서다. 양측은 최대 500명까지 받기로 했다. 회원권이 귀해지면서 트럼프도 사업가 본능을 발휘했다. 회원권 가격을 올린 것. 《워싱턴포스트》에 따르면 회원권 가격은 2015년 10만 달러에서 2024년 5월 70만 달러로 뛰었고, 다시 2024년 10월에는 100만 달러(약 14억 원)를 찍었다.[24]

회원권이 없어도 입장할 방법은 있다. 회원의 손님 자격으로 입장하는 것, 즉 '지인 찬스'를 쓰는 것이다. 부자들마저 회원권을 구할 길이 없으니 친구에게 "제발 좀 데려가달라"고 애원하는 사례가 적지 않다고 한다.[25]

마라라고에서 열리는 행사에 공식 참석할 수도 있다. 행사의 성격에 따라 초대장을 받거나 입장권을 사면 QR코드가 발송된다. 이를 사용해 검문을 통과하면 된다. 트럼프의 당선 직후 2024년 연말에는 친(親)트럼프 성향 싱크탱크인 미국우선정책연구소(AFPI), 보수 행정부를 위한 청사진을 담은 '프로젝트 2025'를 만든 싱크탱크 헤리티지재단, 마이클 플린 전 국가안보보좌관 등이 마라라고에서 송년 갈라를 개최했다.[26]

일간 《USA투데이》는 시민단체 책임과 윤리를 위한 시민들(CREW)의 조던 리보위츠 부회장을 인용해 "트럼프와 가족들의 레이더 안에 들고 싶으면 마라라고에서 대형 행사를 열어라. 트럼프는 당신이 행사에 얼마나 썼는지 다 알고 있을 것"이라고 전했다. 트럼프가 숙박, 행사 개최 등 마라라고 리조트를 통해 올리는 수익이 공개되지 않아 투명성이 떨어진다는 지적도 나온다.[27]

마지막으로 트럼프가 직접 초대하는 경우다. 트럼프는 당선인 시절이던 2025년 1월 공화당 초강경 우파 의원들이 자신이 밀어주는 마이크 존슨 하원의장의 재선에 훼방을 놓자 이들을 마라라고로 호출해 화려한 만찬을 열었다. '프리덤 코커스(공화당 내 강경 우익 성향 하원의원 모임)'는 트럼프에게 충성하나 원내 세력 확장을 위해 존슨에 대한 견제에 나선 것으로 보인다. 트럼프는 이들을 앉혀두고 '화합'을 강조했다고 한다. 이후 존슨은 하원의장 재선에 성공했다.[28] 트럼프에게 파티도 업무의 연장선인 셈이다.

트럼프에게 사업과 정치는 떼어 놓을 수 없는 존재다. 앞서 짚었듯이 트럼프의 부동산 사업은 정치인들과 친분을 활용해 날개를 달았다. 트럼프는 2014년 《버즈피드》와 인터뷰에서도 이를 설명했다.

"토지 용도 변경을 받아내기 위해서는 정치적으로 접근해야 합니다. 알잖아요. 전 민주당이든 공화당이든 (사업에) 도움이 될 쪽을 지원했어요."[29]

뉴욕에는 5개의 행정구역이 있다. 트럼프는 퀸스에서 자랐고, 아버지 프레드는 1960년대에 인근 브루클린에 아파트 단지 '트럼프 빌리지'를 지었다. 프레드는 브루클린의 민주당 정치인 에이브 빔과 수 십 년 동안 도움을 주고받았다. 빔은 1974년 뉴욕 시장이 되자 트럼프의 맨해튼 진출도 도왔다. 트럼프는 부지 낙찰, 용도 변경, 세금 혜택 등 다방면에서 빔의 지원을 받아 1980년 그랜드하얏트 호텔을 개장했다.[30]

트럼프 본인도 사교 활동에 열중했다. 사업적 어려움을 돌파하고, 원하는 것을 손에 넣기 위해 그는 파티장과 회원제 클럽으로 향했다. 트럼프가 20, 30대를 함께한 '멘토' 변호사 로이 콘을 27세에 처음 만난 곳도 맨해튼의 한 사교 클럽이었다.[31] 1982년 연줄이 없는 마리오 쿠오모가 뉴욕 주지사로 당선됐을 때도 쿠오모 이너서클을 파고드는 데 성공했다. 실세인 쿠오모의 아들 앤드루의 연인이 파트너로 있는 로펌과 계약을 맺고, 앤드루의 27번째 생일 파티에서 안면을 텄다. 당시 트럼프는 스타디움 개발 사업을 추진하고 있었다.[32]

트럼프는 백악관을 마러라고로 변신시키고 있다. 집무실을 금빛으로 장식하는 것은 시작에 불과했다. 2025년 10월 20일 백악관 내 대통령 영부인의 업무실이었던 이스트윙 철거 작업이 시작

됐다. 이 자리엔 트럼프의 숙원 사업인 대형 연회장이 들어선다. 2억 5,000만 달러(3,500억 원)에 달하는 공사비는 사재와 기업 등의 후원으로 충당한다. 공사는 2기 임기 내 마무리할 계획이다.[33]

철거 시작 다음 날 트럼프는 재단장을 마친 백악관 잔디밭 '로즈 가든'에서 공화당 지도부 오찬을 열였다.

> 저쪽 울타리 너머의 소리가 들리십니까? 지금 세계 최고 수준의 무도회장을 짓고 있습니다. 이스트룸이라고 불리는 공간은 칵테일 파티용입니다. 88명 정도밖에 들어가지 못합니다. 정부 돈은 한 푼도 쓰지 않고 우리 자비로 짓고 있습니다.
>
> 뒤에서 공사 소리 들리죠? 제 귀에는 그 소리가 음악처럼 들립니다. 다른 사람은 싫어하겠지만 저는 좋아요. (공사장 소음은) 보통은 돈을 떠올리게 하는 소리인데, 이번에는 제가 내는 돈이라 '돈이 빠져나가는 소리'네요. 그래도 세계에서 가장 아름다운 무도회장이 될 겁니다.[34]

재단장한 로즈 가든은 어떻게 바뀌었을까. 이곳은 트럼프가 4월 2일 글로벌 관세를 발표한 잔디밭이었다. 이제는 하얀 대리석을 깔아 잔디를 덮었고, 그 위에는 20개의 테이블이 깔렸다. 테이블마다 설치된 파라솔은 흰색과 노란색 줄무늬 천으로 제작했다.[35] 마러라고의 야외 테라스 식당과 똑 닮은 모습이었다.

그래도 계속되는 경쟁

이념이 어떻든 트럼프 앞에서는 충성하라

트럼프의 의회 연설에서 쏟아진 140번의 박수는 공화당의 충성 경쟁을 상징한다. 겉으로는 트럼프 일극 체제가 완성된 듯 보이지만 내부는 복잡하다. 강성 마가(MAGA) 진영부터 전통 보수, 테크 우파 등 서로 다른 이해관계를 가진 계파들이 조용하게 주도권 다툼을 벌이고 있다. 트럼프의 영향력이 약해지면 갈등이 수면 위로 떠오를 수 있는 구조다. 차기 권력을 향한 소리 없는 전쟁은 지금도 벌어지고 있다.

집권 1기 출범 직후 연방 의회 상황은 2기 때와 비슷했다. 공화당이 상원과 하원 다수당을 차지하고 있었다. 그러나 '보수 거목' 존 매케인 상원의원을 필두로 트럼프 견제 세력이 건재했다는 점에서 다르다.

트럼프 1기 행정부는 1호 법안인 '트럼프케어(미국건강보험법)' 때문에 급속히 정책 추진력을 잃었다. 하원 첫 표결을 앞두고 무산되는가 하면, 매케인 등이 반대표를 던지며 상원 문턱을 넘지 못했다.[1] 트럼프는 행정명령을 통한 우회 실행에 나섰지만 국정 운영 전반이 삐걱거렸다. 결국 이듬해 중간선거에서 하원을 민주당에 빼앗기는 패배를 맛보았다.[2]

4년 뒤 백악관에 복귀한 트럼프의 입지는 달라졌다. '마가(MAGA·미국을 다시 위대하게)'와 '아메리카 퍼스트(미국 우선주의)' 기조에 공감하는 유권자가 급격히 늘며 공화당은 사실상 트럼프 1인 체제가 됐다. 의원들도 자리를 지키기 위해 트럼프와 관계를 각별히 신경 쓰고 있다. 트럼프의 '지지 선언(endorsement)'이 사실상 공천처럼 됐기 때문이다.[3]

미국에는 공천이 없다. 미국은 철저히 경선제를 선택하고 있다. 각 정당의 후보를 유권자 투표로 결정한다. 방식은 주마다 다르지만 유권자가 선택한 인물이 후보로 나서게 된다. 당내 경선이 미국 선거에서 중요한 관문으로 꼽히는 이유다.

그래서 당 지도부의 힘은 상대적으로 약하다. 당 지도부가 밀어주지 않는 인물이 경선에서 이기는 사례도 적지 않다. 2024년 뉴저지주에서 앤디 김 당시 하원의원은 지역 지도부와 각을 세우며 "당내 기득권 개혁"을 내세웠다. 그 결과 경선(프라이머리)에서 득표율 81%를 얻었고, 본선에서도 승리해 상원에 입성했다.[4]

그런데 트럼프의 영향력이 매우 커지며 정치 문화에 변화가 생긴 것이다. 트럼프가 밀어주는 후보자가 경선에서 탈락한 사례는 매우 드물다.[5] 또 트럼프에 맞섰다가 의사당을 떠난 정치인이 많다. 2021년 1·6 의사당 난입 사건 직후 발의된 트럼프 탄핵안에 찬성한 공화당 하원의원 총 10명 중 2명만이 의원직을 유지하고 있다. 트럼프는 이들을 상대로 공개 비난을 이어가고, 후보 선출을 위한 예비선거에 친트럼프 정치인을 내보내 낙선 운동을 주도했다.[6]

트럼프는 집권 1기 당시의 실패를 본보기 삼아 2024년 대선 승리 직후부터 내부 단속에 집중했다. 트럼프의 핵심 공약을 망라한 '메가 법안'을 둘러싼 소동이 대표적이다. 트럼프는 국정 동력을 잃지 않기 위해 대규모 감세안부터 의료 보험 예산 감축, 재생 에너지 보조금 삭감, 이민 단속 예산 및 국방비 증액 등 각종

국정과제를 한데 엮은 법안을 만들길 원했다. 바로 2025년 7월 연방 의회를 통과한 '하나의 크고 아름다운 법안(One Big Beautiful Bill Act·OBBBA)'이다.

2024년 말로 돌아가 상황을 살펴보자. 당시 하원의 초강경 우파 의원 모임 '프리덤 코커스'는 "불법 이민자 단속과 추방을 위한 대규모 예산 편성이 시급하다"고 주장했다. 그러면서 이민 관련 예산만 따로 떼서 먼저 통과시키는 투트랙 전략을 주장했다. 메가 법안 통과를 수개월씩 기다리고 있을 수 없다는 것이었다.[7]

이들은 항의 표시로 2025년 1월 마이크 존슨 하원의장 재선출 당시 찬성표를 던지지 않고 버텼다. 존슨 의장은 "큰 거래에서는 누구나 불만 하나쯤을 갖게 마련이지만, 좋아할 만한 게 더 많아 결국은 받아들일 수 밖에 없다"며 일괄 통과를 강하게 주장해 트럼프가 지지한 인물이었다.

그러나 결국 트럼프의 압박에 물러섰다. 플로리다주 사저 마러라고에서 머물던 트럼프가 프리덤 코커스 소속 의원들에게 직접 전화를 걸어 "일을 더 오래 끌지 말자"고 한 뒤에야 찬성으로 입장을 바꿨다고 한다.[8]

트럼프를 중심으로 뭉친 공화당의 모습은 2025년 4월 9일 재집권 후 첫 의회 연설에서도 여실히 드러났다. 이날 트럼프는 특유의 쇼맨십을 가감 없이 발휘했다. 역대 최장 시간인 99분간 연

설하며 취임 후 43일간 쏟아낸 거의 모든 정책 성과를 짚고 넘어갔다. 공화당은 최소 99번의 기립박수로 화답했다.[9]

99분짜리 국정연설로 '역대 최장' 기록을 세운 트럼프는 '역대 최다 박수' 기록도 세웠다. 백악관에서 공개하는 연설문에는 '박수(applause)'도 기록된다. 미국 국정연설에서 어느샌가 박수가 중요한 지표가 됐기 때문이다.

종전 역대 최다 박수 기록은 빌 클린턴 대통령이 보유하고 있었다. 2000년 클린턴의 89분짜리 연설에서 나온 박수는 128번. 트럼프 대통령은 이 연설에서 박수를 140번 받았다. 이중 기립박수는 최소 99번이었다.

트럼프는 연설 내내 공화당 쪽으로 몸을 틀고 말했다. 민주당과는 눈도 마주치지 않았다. "급진 좌파 미치광이들"이라고 삿대질하거나 조 바이든 대통령을 "역사상 최악의 대통령"이라고 비난할 때만 민주당 좌석을 봤다. 연설을 두고 역대 가장 분열적이었다는 평가도 나왔다.

'미국식 국정연설'은 원래 이런 것일까. 집권 첫해에는 상·하원 의회 합동 연설, 둘째 해부터는 국정연설(연두교서)로 불리는 이 연설은 대통령이 그간의 성과를 강조하고 향후 계획을 설명하는 미국의 정치 이벤트다. 한국의 예산안 시정연설, 대통령 신년사, 국회 개원 연설 모두 국정연설과 딱 대응되는 개념은 아니다.

미국에서 국정연설은 헌법에 근거한 정치 전통이다. 1913년 이후 거의 매년 실시되고 있다. 미 헌법 2조 3항에는 "대통령은 연방의 상황(the State of the Union)에 관하여 수시로 연방의회에 보고하고, 필요하고 권고할 만하다고 인정하는 법안의 심의를 연방의회에 권고하여야 한다"고 적혀있다.[10]

이 조항을 초대 대통령 조지 워싱턴은 '대통령이 의회에서 연례 연설을 하는 것'으로 해석했다. 이에 1790년 1월 '연례 메시지(Annual Message)'라는 제목의 연설을 뉴욕 임시 의사당에서 했다. 1,100단어짜리 짧은 연설이었다. 연설을 싫어하던 3대 대통령 토머스 제퍼슨은 1801년 취임 직후부터 이를 서면으로 대체했다.[11]

연설 형태로 부활시킨 인물은 28대 대통령 우드로 윌슨이다. 당시만 해도 삼권분립이 엄격해 대통령은 정책을 집행하는 행정부 수장에 그쳤다. 의제 설정은 철저히 입법부의 몫이었다. 현대 미국 행정학의 창시자로 꼽히는 그는 이에 불만을 품었다. 존 밀턴 쿠퍼 주니어 위스콘신대 사학과 명예교수는 "진보주의자였던 윌슨은 여론을 국정 운영에 더 잘 반영하기 위해 행정부가 나서야 한다고 믿었다"고 《워싱턴포스트》에 말했다.[12]

이에 112년 만에 대통령의 '연례 메시지'를 재개했다. 1913년 윌슨은 상·하원 의원들 앞에 서 "정부 업무의 본질을 추구하기 위해 제가 관례에서 벗어나는 결정을 하더라도 여러분께 양해를 구하겠다"고 말하며 국정 계획을 밝혔다. 당대에는 워싱턴 질서를 뒤집는 파격적인 결정이었다. 의회 권력을 침범하는 오만한 행동이라는 평가까지 나올 정도였다. 《워싱턴포스트》는 연설 다음 날 조간신문에 "워싱턴이 놀랐다"는 헤드라인을 내보냈다.[13]

청중이 전국민으로 확대되기까지도 얼마 걸리지 않았다. 1923년 캘빈 쿨리지 대통령이 라디오 중계를 시작했고, 1947년 해리 트루먼 대통령이 TV 중계를 시작했다. 린든 존슨 대통령은 1966년 연설을 시청률이 가장 잘 나오는 '프라임타임' 시간대로 옮겼다. 이때부터 미 동부 시간 오후 9시, 미 서부 시간 오후 6시 전후에 진행되고 있다. 1997년 클린턴은 온라인 중계를 시작했다.

박수는 1950, 1960년대만 해도 30~40번에 그쳤다. 당내 계파가 다양했기 때문이다. 공화당과 민주당 내 진보와 보수 계파가 각각 있었다. 미 상원 역사국의 도널드 리치 명예 역사학자는 "정당 내 이념 스펙트럼이 다양했기 때문에 국정연설에서 당적에 따라 쩍 갈라지는 풍경은 매우 드물었다"고《뉴욕매거진》에 말했다.[14]

그러나 1960~1980년대 미국 사회가 극심한 양극화를 겪으며 박수도 당파성을 띠기 시작했다. 1960년대 민권운동과 1970년대 공화당의 남부 민주당 유권자 흡수 전략 등을 거치며 이념 차이가 극명해졌다.

그리고 로널드 레이건 대통령이 등장했다. 그는 국정연설 문화를 영원히 바꿨다. 1982년 공화당 의원들을 상대로 '박수 지점'을 지정한 연설문을 배포한 것. 이때부터 국정연설은 운동 경기 응원전이 연상되는 모습을 하게 됐다.[15]

그래도 공화당이 100% '마가당'은 아니다. 현재까지는 영향력이 굳건한 트럼프에 가려져 각 계파의 갈등은 본격적으로 부각되지 않지만, 트럼프 행정부 정책이 뒤집히거나 수정되고 쉽사리 진전되지 않을 때 배경을 살펴보면, 계파 간 갈등이 있을 때가 많다. 공화당은 여전히 이념적으로 다양하고 사안에 따라 서로 충돌하는 여러 계파로 이뤄져 있다.[16]

주류는 '마가'다. 마가는 관세 정책을 통해 쇠락한 미국의 제조업을 부흥시키겠다는 트럼프의 구상을 적극 지지한다. 반이민, 해외 군사 개입 반대 등을 외치며 노동계층의 표심에 민감하다. 마가 진영의 대표 주자는 쇠락한 북동부 공업지대 '러스트벨트' 출신의 JD 밴스 부통령, '여자 트럼프'로 꼽히는 마저리 테일러 그린 공화당 하원의원 등이다. 트럼프 1기 행정부의 책사였던 스티브 배넌 전 백악관 수석 전략가 등도 마가 진영에 속한다.

반면 공화당의 정통 보수 진영은 친(親)기업 성향이 강하다. '미국의 힘'을 과시하기 위한 해외 군사 개입에 찬성한다. 미국의 우크라이나 지원에도 긍정적이다. 감세도 필요하다는 입장이다. 그 대신 관세와 강경한 반이민 정책에는 부정적이다. 관세에 따른 물가 상승, 반이민 정책에 따른 저임금 노동자의 부족이 기업에 악영향을 미친다고 보기 때문이다. 트럼프는 2025년 6월 "노동력 부족을 감안해 농장과 호텔 등에서 근무하는 불법 이민자는 추방하지 않겠다"고 했다가 마가 진영의 반발로 해당 정책을 철회했다. 이들보다 마가가 트럼프와 더 가깝다는 평가가 나오는 이유다. 이 진영의 대표 주자로는 우크라이나를 선제 침공한 러시아를 상대로 한 제재에 적극적인 린지 그레이엄 공화당 상원의원, 존 슌 공화당 상원 원내대표, 글렌 영킨 버지니아 주지사, 브라이언 캠프 조지아 주지사 등이 꼽힌다.

'재정 매파'는 자유주의 성향이 강하며 미국의 막대한 재정적자를 줄이자고 외친다. 대표 주자인 랜드 폴 공화당 상원의원은 트럼프 대통령의 위협에도 "감세 법안을 반대한다"고 거듭 밝혔다.

'테크 우파'에는 한때 트럼프의 최측근이었지만 감세, 반이민 정책 등을 두고 충돌한 일론 머스크 테슬라 최고경영자(CEO), 밴스의 멘토로 꼽히는 AI 기반 방위산업 기업 팔란티어의 창업자 피터 틸, 데이비드 색스 백악관 AI·가상화폐 차르 등이 포진하고 있다. 테크 산업 전반에 대한 규제 완화를 적극 지지한다. 이들도 친기업 성향이라 트럼프의 관세와 반이민 정책에는 부정적인 편이다.

'기독교 우파'에는 독실한 기독교 신자가 많다. 대표적인 인물로는 침례교도인 마이크 존슨 하원의장과 제임스 랭크퍼드 상원의원이 꼽힌다. 가톨릭 신자도 적지 않다. 이들은 2024년 미 대선 때 그간 주로 민주당을 지지했던 라틴계 유권자를 공화당 지지자로 바꾸는 데 상당한 역할을 했다는 평가를 받는다. 낙태 반대, 학교 내 종교 교육 강화 등을 중시한다.

지역구 이해관계 때문에 대통령의 정책에 반대하는 일도 종종 있다. 트럼프도 이는 어느 정도 묵인하는 분위기다. 농산물 수출에 의존하는 켄터키주의 공화당 상원의원들은 트럼프의 관세 정책에 거세게 반대했다. 그러자 트럼프 행정부는 농부들을 위한 거액의 보조금을 약속하며 이들을 달랬다.

3장

‘절반의 미국’ 파고들기

관세-규제 완화-감세의 톱니바퀴

채찍과 당근으로 '기울어진 운동장'을 교정한다

관세는 수입업자가 물건을 들여올 때 정부에 납부하는 세금을 말한다. 관세가 인상되면 그 비용은 ① 소비자 가격 인상으로 전가되거나, ② 수입업자가 마진을 줄여 감당하거나, ③ 해외 수출업자가 공급가를 낮추는 방식으로 분산된다. 전통적으로 관세는 자국 산업 보호와 정부의 세금 수입 확보가 목적이었으나, 트럼프는 이를 협상 수단으로 활용한다. 그는 '미국 내에서 생산하면 관세를 안 낸다'는 논리로 해외 기업들을 압박하고 있다.

트럼프는 관세가 미국 경제의 문제를 해결할 만능열쇠라고 주장한다. 특히 해외 공장이 미국으로 돌아와 미국 제조업이 부활할 것이라고 말하나, 예를 들어 아이폰처럼 노동 집약적인 제품은 인건비 때문에 미국에서 생산할수록 손해다. 언뜻 생각했을 때 앞뒤가 맞지 않는 '트럼프의 꿈' 관세를 실현하기 위해 경제 참모들이 고안한 논리는 무엇일까.

2025년 4월 2일, 상호 관세 발표 후 "대체 계획이 있기는 한 거냐"는 시장의 아우성에 응답을 내놓은 건 스콧 베센트 재무장관이었다. 베센트는 거물급 CEO들이 참석하는 '밀컨연구소 글로벌 컨퍼런스'를 찾아갔다. 관세에 놀란 기업인들 앞에서 그는 "관세, 감세, 규제 완화는 우리 경제 정책의 3대 축"이라고 설명했다.[1]

> 트럼프 경제 의제의 주요 구성 요소인 무역, 감세 그리고 규제 완화는 각각 독립된 정책이 아닙니다. 미국 경제에 대한 장기 투자를 이끌기 위해 설계된 하나의 엔진을 구성하는 부품들입니다.
> 공정한 환경에서 미국 산업은 모든 도전자들을 이길 수 있습니다. 관세는 여러분 같은 기업이 미국에 직접 투자하도록 설계되었습니다. 여기에서 직원들을 고용하십시오. 여기에서 공장을 세우십

시오. 여기에서 제품을 만드십시오.

여러분은 기뻐할 것입니다. 우리가 세계에서 가장 생산적인 노동력을 갖고 있기 때문만이 아니라, 곧 가장 유리한 세제 및 규제 환경을 갖게 될 것이기 때문입니다. 거대한 증세를 막고, 첨단 연구 및 혁신을 위한 세액공제 및 감면을 제공할 것입니다. 그리고 장비와 신규 공장 건설에 대한 인센티브를 확대할 것입니다.[2]

이날 베센트는 연설 서두에서 "우리 행정부의 목표는 여러분 같은 투자자에게 미국을 더욱 매력적인 곳으로 만드는 것입니다. 오늘 아침 저는 그 목표를 어떻게 이룰지 설명하겠습니다"라고 말했다. 정부가 활용할 수 있는 모든 카드를 사용해 우호적인 투자 환경을 조성하겠다는 친기업 메시지를 강조한 것이다.

목표는 미국 산업에 대한 투자를 가속하는 것입니다.

그 투자를 최대한 원활하고 보람 있게 만들기 위해, 트럼프 대통령은 야심찬 규제 완화 계획을 채택했습니다. 여기에는 광범위한 인허가 개혁이 포함됩니다. 대통령은 단순히 "드릴, 베이비, 드릴!"을 원하는 것이 아니라 "빌드, 베이비, 빌드!"를 원합니다.

이를 위해 대통령은 에너지 및 건설 프로젝트에 대한 연방 승인 절차를 수년에서 단 몇 달로 줄이는 행정명령에 서명했습니다. 이 간단한 개혁은 미국 건설자들의 창의적 잠재력을 폭발시킬 것입니다. 그리고 여러분 같은 기업 리더들이 자본을 가능한 한 빠르고 효율적으로 투입할 수 있게 할 것입니다.

이 건설 르네상스는 대통령의 에너지 우위 전략으로 뒷받침됩니다. 에너지는 모든 경제 활동의 근간입니다. 그래서 행정부는 기업 비용을 낮추기 위해 포괄적 에너지 개발을 지지합니다.[3]

밀컨연구소 행사 참석 전날에는 《월스트리트저널》에 기고를 실었다.[4] 기고에서는 규제 완화에 대해 보다 구체적으로 설명했는데, 주택과 공장, 발전소, 데이터센터 등의 신속한 건설을 위해 "정부가 길을 비켜주겠다"고 했다. 또 중소은행의 대출 규제를 완화해 자동차와 주택 대출 접근성을 높이겠다고도 했다. 베센트는 뉴욕 금융가 '월스트리트'를 향해 트럼프 행정부의 구상에 동참해달라고 설득했다.

대통령은 월스트리트가 '아메리칸드림'을 금융적으로 뒷받침하는 데 있어 핵심적인 역할을 한다는 점을 잘 알고 있다. 그러나 이제는 메인스트리트가 그 번영을 함께 누릴 차례다. 이것이 그의 대담한 경제 의제를 이끄는 근본 정신이다.[5]

기고에서 베센트는 미국이 중국에 공장을 빼앗겼고, 이에 민주당 정권이 미흡하게 대응해 나라가 분열됐다고 주장했다. 그는 "노동자 가정이 다음 경제 성장 시대에서 소외되지 않도록 보장하고자 한다"며 관세-감세-규제 완화 순서로 이어지는 트럼프의 '단계별 계획'은 "산업현장과 금융시장을 동시에 강화하는 새로운 경제 항로"라고 의미를 부여했다.

트럼프 행정부의 구상을 쉽게 요약하자면 관세는 채찍, 감세와 규제 완화가 당근으로 작용한다. 트럼프 행정부의 주장에 따르면 관세 자체가 기업에 도움이 되기도 한다. 무역 상대국에게 유리하게 작동하는, 이른바 '기울어진 운동장'을 교정한다는 것이다.

> 관세는 국제 무역 균형을 맞추는 효과적인 수단이다. 관세는 다른 나라의 무역장벽을 낮춰 미국 생산자에게 더 많은 시장을 열어주고, 동시에 수천 개의 제조업 일자리를 되돌린다.
>
> 경제 안보는 국가 안보다. 코로나19 팬데믹은 공급망의 취약성과 핵심 제조업을 타국에 의존하는 위험을 드러냈다. 관세는 공급망을 본국으로 되돌려 산업 역량을 강화하고 국가 안보를 높일 수 있다. 또한 막대한 세수를 확보하는 효과도 있다. […]
>
> 트럼프 경제 의제를 비판하는 이들은 개별 정책만 떼어 공격한다. 하지만 이런 선택적 비판은 이 정책들이 서로 연결되어 있다는 사실을 무시한다. 무역, 감세, 규제 완화는 각각 독립된 조치가 아니라, 경제 성장과 국내 제조업을 추진하기 위해 맞물려 작동하는 엔진의 부품들이다.[6]

베센트가 설명한 트럼프 2기의 경제 정책은 이론적으로는 관세로 인한 부작용을 상쇄할 수 있게 설계되어 있다. 기업으로서는 미국에 투자할 때 비용을 절감할 수 있다. 한편 유권자는 양질의 일자리가 생기고, 휘발유와 전기 가격 인하를 기대할 수 있다.

문제는 현실에서는 세 개의 톱니바퀴가 동시에 움직이지 않는다는 점이다. 관세 징수가 시작되면 수개월 뒤 소비자가가 올라 물가에 영향을 주기 시작한다. 하지만 세제 혜택과 규제 인하로 인한 기업의 투자 결정과 집행이 실현되기 위해서는 수년을 기다려야 한다. 해외 국가와 기업이 트럼프 행정부의 경제 정책에 어떻게 반응할지도 내다보기 어렵다. 베센트는 이 경제 정책을 '삼발의자(three-legged stool)'에 비유했다.[7] 하나라도 짧아지면 전체가 무너진다는 의미에서 삼발의자에 비유한 것인지 배경을 설명하지는 않았지만, 베센트 본인도 극도로 미묘한 균형 잡기가 이뤄져야 한다는 사실을 아는 것이다.

결국 당장 경제에 영향을 주는 것은 관세다. 관세에 이목이 쏠릴 수밖에 없는 이유다. 2025년 8월 7일 상호 관세 징수가 시작되자 트럼프는 "수십억 달러가 미국으로 밀려 들어오고 있다"며 트루스소셜에서 환호했다. 미국이 거두는 관세 수익은 엄청났다. 2025년 1월 73억 달러(10조 2,200억 원)에서 4월 156억 달러(21조 8,400억 원)로 뛰었다. 5월부터는 매달 200억 달러가 넘는 관세 수익을 올리고 있다.[8] 다만 하워드 러트닉 상무장관과 피터 나바로 백악관 무역·제조업 고문 등 참모들이 예측했던 '월 500억 달

러' 선에 비해 턱없이 낮은 수준이다.[9]

예상보다 거둔 관세가 적자 물가도 천천히 올랐다. 전년 동기 대비 소비자물가지수(CPI) 상승률은 '트럼프 관세' 부과가 시작된 4월 2.3%에서 매달 조금씩 올라 9월 3%를 기록했다. 일부 경제학자들이 예상한 물가 급등은 없었던 것이다.[10]

트럼프 행정부의 엄포 때문에 기업들은 관세에 앞서 연초 '사재기'에 나섰다. 관세가 오르기 전에 제품과 부품 등을 서둘러 들여온 것이다. 재고가 소진되는 동안 업계는 가격 인상을 자제했다. 소비자와의 신뢰 문제도 있고, 트럼프가 4월 아마존 등 유통업계를 향해 "당신들이 관세를 먹으라"며 노골적으로 관세 충격 흡수를 요구한 점도 영향을 줬을 것으로 보인다.[11]

또 기업들은 미국으로 들여오는 제품 위주로 중국보다 관세율이 낮은 베트남, 캄보디아, 멕시코 등으로 생산을 옮겨 관세 부담을 줄였다. 팬데믹 이후 강세를 보였던 미국 기업들이 관세로 인한 비용의 일부만 소비자에게 넘기고 있는 현상도 관측됐다. 뱅크오브아메리카는 기업이 관세 비용의 30~50%를 감당하는 것으로 추정했다.[12]

이 같은 기업들의 노력이 관세 충격을 완화했지만, 트럼프 행정부의 정책 추진 의지도 살펴볼 필요가 있다. 대선 유세 기간, 당선 후 인수위원회 기간, 출범 직후까지 트럼프와 참모들은 '관세 쇼크'가 다가온다고 엄포를 놨다. 그러나 정작 4월 2일 글로벌 상호 관세를 발표한 뒤 행동을 살펴보면 트럼프 행정부는 여러 관

트럼프 행정부의 2025년 관세 수익

1월	73억
2월	72억
3월	81억
4월	156억
5월	228억
6월	266억
7월	276억
8월	295억
9월	296억

(단위: 달러)

자료: 미국 재무부

세 우회로를 용인했다. 유권자를 상대로 "관세는 해외 국가가 내게 되어 있고, 관세가 미국을 다시 부유하게 만들 것"이라는 메시지를 내면서도 관세 정책을 깐깐하게 적용하지 않아 기업들에 숨통을 트여준 것이다.

미국·멕시코·캐나다협정(USMCA)에 따른 무관세 혜택이 대표적이다. 트럼프는 취임 직후 캐나다와 멕시코에 대한 '펜타닐 관세' 10% 부과를 예고했지만[13] 미국·멕시코·캐나다 협정 기준을 충족하는 품목에 대한 관세 예외 혜택은 유지했다. 미·중 패권 갈등이 심화되면서 중국산 부품을 줄이고, 중국에서 이뤄지는 공정의 비중을 줄이기 위해 멕시코를 생산기지로 활용하는 기업이 많았기 때문이다.[14]

이 외에도 각종 면제 조치를 통해 기업이 내는 관세를 줄여준 결과 영국 투자은행 바클레이스는 2025년 6월 미국으로 들어온 수입품의 52%가 무관세 혜택을 입었다고 분석했다.[15] 미국의 2대 무역 상대국인 멕시코만 해도 대미 수출의 약 84%를 무관세로 보낸다.[16]

그렇다면 앞으로는 '월 500억 달러' 관세 수익을 위해 보다 엄격하게 관세 정책을 운영할까. 그럴 것 같지는 않다. 트럼프 행정부는 오히려 면제 혜택을 확대하려는 움직임을 보이고 있다. 기업이 결국 더 큰 몫의 관세 비용을 소비자에게 넘겨야 하는 시기를 앞두고, 식료품과 의류를 위주로 물가가 상승하며 유권자 불만이 커지자 이에 대응하기 위한 조치로 풀이된다.

'핀셋' 품목 관세로 진화

상호 관세에서 품목 관세로 무게추를 옮겨 실익을 취한다

‘트럼프 관세’의 근거가 되는 법 조항은 크게 세 가지다. 2025년 4월 2일 세상을 놀래킨 ‘상호 관세’는 국제비상경제법(IEEPA)을 적용했다. 미국이 다른 나라에 물건을 판 돈보다, 사는 데 쓴 돈이 많은 ‘무역수지 적자’ 상태를 국가 비상사태로 규정해 관세를 부과했다. 상대방이 반칙을 했다고 보고 보복 관세를 부과할 때는 무역법 301조를 사용한다. 철강과 자동차처럼 다른 나라의 경쟁력이 너무 우세해 미국이 불리해져 매기는 관세는 무역확장법 232조를 근거로 삼고 있다.

2025년 4월 2일 트럼프가 발표한 상호 관세의 운명은 어떻게 될까. 그가 183개국에 상호 관세를 강행하겠다고 선포하자 전 세계는 큰 충격에 빠지고, 미 국채와 증시는 폭락했다. 스콧 베센트 재무장관은 다 계획된 일이었다고 그해 10월 25일《파이낸셜타임스》인터뷰에서 말했다.

> 그 혼란은 트럼프의 큰 그림 안에 있던 계획이었습니다. 높은 관세를 발표해 지렛대를 만들고 나서 낮추려는 거였죠. 트럼프의 위험 감수 성향은 저보다 훨씬 높습니다.[1]

미국이 협상 카드로 관세를 꺼내든 사례는 과거에도 있었다. 리처드 닉슨 대통령은 1971년 8월 15일 TV 담화를 통해 중대 발표를 했다. 일요일 밤의 깜짝 발표였다. 그는 금 태환 중지, 임금과 가격 90일 동결, 수입품에 대한 할증(surcharge) 10%의 임시 부과를 즉각 시행하겠다고 밝혔다.[2] 수입품에 대한 할증은 사실상 관세였다.

닉슨은 "무역 상대국의 불공정 대우를 시정하겠다"고 취지를 설명했다. 미국산 제품의 경쟁력 열세를 완화하고, 협상에서 상대국의 통화 절상과 시장 개방을 받아내려는 조치였다.

국내 여론은 닉슨의 발표를 환영했다. 발표 다음 날《뉴욕타임스》사설은 "대통령의 대담함을 주저 없이 환영한다"고 썼다.[3] 싱크탱크 카토연구소는 여론도 호의적이었다고 전했다. 증시는 '닉슨 랠리'로 화답했다.[4] 다우존스 지수는 하루 사이 3.85%(32.93포인트) 뛰었고, 월가에서는 "닉슨 행정부가 건설적인 정책을 내놨다"는 평가가 나왔다.

백악관이 경제 해결책을 내놨다는 측면에서 기대가 컸다. 1971년 미국 경제는 초기 스태그플레이션 국면에 접어들었다. 그해 여름, 물가는 4% 중후반[5], 실업률은 6% 안팎을 기록했다.[6] 제2차 세계대전 후 호황이 끝나고 베트남 전쟁 비용의 부담이 커지고 있었다. 고정환율 속에서 해외에 풀린 달러가 미국의 금 보유량을 넘어섰고, 경상수지 적자도 누적되던 상황이었다. 파격적인 임시 조치를 통해 환율과 무역을 시정하고, 물가 문제를 개선하겠다는 닉슨의 구상이 호응을 얻은 배경이다.

반면 해외엔 큰 충격을 안겼다.

미국은 앞서 1930년 전 세계를 상대로 고율 관세를 부과했다. 캐나다, 영국, 프랑스, 독일 등 무역 상대국의 보복 관세 부과로 이어지며 글로벌 경제에 큰 상처를 안겼다. 유럽의 정치 불안과 독일 나치당의 부상으로 이어지기도 했다.

1928년 공화당 대선 후보였던 허버트 후버 당시 상무장관은 "농업을 보호하기 위해 관세를 부과하겠다"는 공약으로 선거에서 압승했다. 이듬해 3월 후버 대통령이 취임하자 리드 스무트 상원의원과 윌리스 홀리 하원의원은 고율 관세 법안을 만들기 시작했다.[7]

후버 취임 직후만 해도 친(親)시장 대통령이 취임했다는 기대감에 주식 시장은 활기를 띠었다. 과도한 상승세에 "버블이 터질 수 있다"는 우려가 나올 정도였다. 그러나 1929년 5월 의회에서 스무트-홀리 법안의 공청회가 시작하면서 증시 변동성이 극심해졌다. 후버의 대선 공약 이상으로 방대한 관세 부과 움직임이 나오며 글로벌 통상 전쟁에 대한 우려가 커졌지만, 미 증시는 최고가를 경신했다. 연방준비제도(Fed·연준)는 8월 투기 심리에 따른 지나친 대출을 경고했고, 기준 금리를 올려 대응에 나섰다. 하지만 10월 주식 시장은 결국 폭락했다.[8]

8개월 뒤인 1930년 6월 스무트-홀리법이 발효됐다. 대공황 와중에 2만 개 이상의 품목에 추가 관세가 부과됐다. 그 결과 수입품에 부과되는 평균 관세율은 1929년 40%에서 1932년 59%로 뛰었다.[9]

캐나다, 영국, 프랑스, 독일 등 주요 무역 상대국이 즉각 보복 관세를 부과하며 사태는 더욱 나빠졌다. 미국에 대한 반감으로 세계 곳곳에서 '미제 보이콧' 운동도 일어났다. 세계 무역 시장은 얼어붙었다.[10] 세계무역기구(WTO)는 1932년 세계 총무역액이

스무트-홀리법 이전인 1929년과 비교해 약 60% 줄었다고 보고 있다. 경제 매체《배런스》는 "스무트-홀리법으로 촉발된 관세 통상전쟁이 전 세계를 대공황의 늪으로 몰아넣었다"고 전했다.[11]

특히 제1차 세계대전 패전국인 독일은 더욱 큰 타격을 입었다. 당시 막대한 전쟁배상금과 쇠락한 제조업으로 허덕이던 독일 경제는 미국의 차관에 의존했다. 그런데 대공황으로 미국 투자자들이 독일에서 황급히 자금을 회수하자 기업들이 줄도산했다. 이듬해 당시 독일 2위 규모의 다낫은행이 파산하며 독일 전체 금융 시스템이 마비됐다. 1932년 독일의 실업률은 30%대였고 1929년과 비교해 공업 생산량은 40% 가까이 줄며 경제가 붕괴했다.[12]

동시에 나치가 부상했다. 1932년 대선에서 나치당은 "히틀러, 우리의 마지막 희망" "일자리와 빵" 등의 구호를 외쳤다. 여기에 반공까지 강조하며 나치당은 실업자는 물론 중산층과 보수 진영을 한데 모았다. 나치당은 1928년 지지율 2.6%에 불과한 군소 정당이었다. 하지만 혼란 속에서 세력을 키웠다. 1930년 연방 의회 총선에서 18.3%를 득표하며 유력 정치세력으로 부상했다. 다낫은행 파산 후 치른 1932년 7월 총선에서는 원내 1당(득표율 37.3%)으로 도약했다.[13]

히틀러는 1933년 1월 총리로 임명됐는데, 이듬해 8월 파울 폰 힌덴부르크 대통령이 노환으로 87세에 사망했다. 히틀러는 국민투표를 통해 대통령과 총리의 권한을 합친 '국가원수'라는 직책을 만드는 데 성공했고, 결국 1934년 독재 체제를 완성했다.

스무트-홀리법이 촉발한 통상 전쟁은 미국을 대공황의 그림자에서 벗어나기 어렵게 만들었다. 이는 후버에 대한 반감으로 이어져 1932년 정권 교체가 일어났다. 트럼프가 관세 롤 모델로 추종하는 윌리엄 매킨리 대통령이 1897년부터 문을 연 36년간의 공화당 집권기는 아이러니하게도 관세 때문에 막을 내렸다.

1933년 취임한 민주당 소속 프랭클린 루스벨트 대통령은 이듬해 상호무역법에 서명했다. 상호무역법은 관세와 무역장벽을 낮추는 이정표가 됐다는 평가를 받는다. 미국이 일방적으로 관세율을 정하는 대신 무역 상대국과 협상을 통해 관세율을 맞추는 '상호주의 원칙'이 도입됐다.[14]

1945년 4월 루스벨트가 사망하자 부통령이던 해리 트루먼이 승계했다. 제2차 세계대전 이후에 1947년 미국은 23개국과 관세 및 무역에 관한 일반 협정(GATT)을 맺으며 자유무역 체제를 주도했다. 트루먼은 GATT 출범 이듬해인 1948년, 국정연설에서 "우리는 건강한 세계 경제가 세계 평화에 필수적이라는 사실을 배웠다. 경제적 고통은 질병이며, 그 해악은 국경을 넘나들며 빠르게 퍼져 나간다"고 말했다.[15] 대공황의 글로벌 전이, 히틀러의 부상, 제2차 세계대전 발발로 이어지는 일련의 과정을 통해 교훈을 얻었다는 것이다.

닉슨은 정책 패키지가 협상 결과에 따라 종료될 임시 조치라는 점을 강조해 스무트-홀리법과 다르다는 인식을 주려고 했지만, 유럽의 트라우마를 자극했다. '닉슨 쇼크' 이틀 뒤 지스카르 데스탱 프랑스 재무장관은 폴 볼커 미 재무차관과 면담에서 "고정환율 원칙을 유지하지 못하면 1930년대의 혼돈과 보호무역으로 돌아갈 위험이 있다"고 강조했다.[16]

당시 이미 국제 통화 질서 변화를 더 이상 피하기 어렵다는 경고음이 나오던 상황이었다. 미국이 10%의 수입 할증이라는 강한 압박을 가한 결과, 미국, 영국, 프랑스, 서독, 이탈리아, 일본, 캐나다, 네덜란드, 벨기에, 스웨덴 주요 10개국(G10) 국가는 신속하게 의견을 모았다. 이들은 깜짝 발표 4개월 만인 1971년 12월 18일 스미스소니언 협정을 내놓았다. 금 가격을 올려 달러를 절하하고, 각국 통화를 달러 대비 절상하기로 했다. 닉슨은 합의 후 이틀 뒤 10%의 할증을 공식적으로 종료했다.

미국 여론은 합의를 환영했고, 이듬해 경제는 호전되었다. 1972년 국내총생산(GDP)는 전년 대비 5.3% 증가하며 강하게 성장했고, 실업률은 1972년 1월 5.8%에서 11월 5.3%로 떨어졌다.[17] 1972년 소비자물가지수(CPI) 연간 상승률은 3.3%로 인상 폭이 완화했다.[18] 그해 11월 닉슨은 재선에 성공했다.

트럼프 행정부는 국제비상경제권법(IEEPA)을 근거로 한 상호 관세로 협상 지렛대(레버리지)를 극대화했다. 물론 상호 관세에 100% 의존하는 건 아니다. 상대국이 불공정 행위를 저질렀다고 볼 때는 무역법 301조를 사용해 보복 관세로 응수한다. 미국은 중국 정부가 반도체, 배터리, 전기차 등의 과잉 생산을 정책적으로 지원했다고 보고 높은 관세를 매기고 있다. 반면 무역확장법 232조는 경쟁력이 월등한 외국산 제품이 미국 산업 기반을 침해하고 결과적으로 국가 안보를 해친다고 판단할 때 관세 장벽을 높이는 근거가 된다. 트럼프 행정부는 이를 사용해 철강과 자동차에 품목 관세를 부과했다.

주목할 점은 상호 관세에서 품목 관세로 무게추를 옮기고 있다는 것이다. 2025년 10월 《월스트리트저널》은 트럼프 행정부가 상호 관세에서 수십 개 품목을 면제하고, 개별 무역협정 체결국에도 일부 품목의 관세 적용 면제를 허용했다고 짚었다.[19] 미국에서 생산되지 않는 원자재에 대한 관세 면제도 추진할 계획이다. 관세 여파를 버티던 기업들이 가격 인상을 더 이상 미루기 힘들다는 관측이 나오는 가운데 물가 방어를 위한 조치로 풀이된다.

반면 품목 관세는 확대하는 모양새다. 트럼프 행정부는 9월 들어 트럭, 의약품, 가구에 관세를 부과하겠다고 발표했다. 8월에는 금, LED 조명, 일부 광물과 화학제품, 금속제품 등 수백 개 품목을 '부록2'로 정리해 상호 관세를 면제하는 대신 232조에 따른 관세를 적용할 계획이라고 발표했다.

상호 관세를 활용해 속도전을 벌이던 트럼프 행정부가 법적 안정성이 확인된 232조 확대 적용을 위한 작업에 나섰다는 분석이 나온다. 소식통들은 연방대법원에서 상호 관세 위헌 판결이 날 가능성에 대응하기 위한 수단 중 하나로 품목 관세가 거론되고 있다고《월스트리트저널》에 전했다.[20]

232조는 상무부가 국가 안보 위협 여부를 조사해 대통령에게 보고해야 하는 절차를 밟아야 하기에 상호 관세에 비해 속도가 느리다. 하지만 소송으로 무효화 될 가능성이 작다는 평가를 받는다. 이미 집권 1기 때 이 조항에 근거한 철강 관세가 법원에서 문제가 없는 것으로 정리됐다.

232조에 따른 관세 적용 품목과 세율을 촘촘히 설계해 동맹과 맞춤형 협상에 나설 수도 있다. 이 경우 생활 물가에 가는 타격도 제한된다. 제시 크라이어 조지타운대 법학 교수는 2025년 9월 워싱턴에서 열린 한미의회교류센터(KIPEC) 행사에서 "무역확장법 232조에 따른 품목 관세를 충분히 광범위한 분야에 적용하면 국제비상경제권법에 따른 상호 관세와 동일한 결과를 달성할 수 있다"고 분석했다.[21]

“연 100만 명 추방하겠다”

천문학적 예산 확보로 트럼프식 선동에 날개를 달다

이민 정책은 백악관이 기조를, 의회가 예산을, 국토안보부가 실행 총괄을 맡는 구조다. 국토안보부 산하의 이민세관단속청(ICE)은 국내 단속을, 관세국경보호청(CBP)은 국경 수비를 담당하며, 연방수사국(FBI)과 각 주(州·state) 경찰 등이 협력한다. 미국의 불법 이민자는 크게 국경을 몰래 넘어온 밀입국자와, 합법 비자로 입국해 체류 기간을 넘긴 불법 체류자로 나뉜다. 불법 이민자는 미국 사회 곳곳의 저임금 노동에 투입되고 있다. 이런 가운데 이들 전반에 대한 고강도 단속과 추방이 확산하고 있다.

트럼프 행정부의 이민 단속이 날로 강력해지고 있다. 특히 2025년 7월 '하나의 크고 아름다운 법안' 통과로 천문학적인 예산을 확보했다. 트럼프 지지층이 매우 중시하는 강경 이민책에 2026년 11월 중간선거를 앞두고 더욱 힘을 줄 수 있게 됐다. 2024년 대선에서 트럼프는 이민을 침공으로 규정해 공권력 투입을 약속했다. 남부 국경을 통한 이민자의 신규 유입을 막고, 미국 각지의 이민자를 찾아내 추방하는 것이 핵심 공약이었다.[1]

트럼프를 찍은 중도층은 대선 쟁점인 고물가와 마약 등 강력 범죄 증가를 불법 이민과 연관지어 생각했다. 트럼프가 이민자를 범죄자로 몰아간다는 비판이 컸지만 지지층은 호응했다. "미국의 모든 문제는 불법 이민자 때문"이라는 트럼프식 선동이 효과를 발휘한 것이다.[2]

트럼프는 취임 첫날 남부 국경에 국가 비상사태를 선언하는 행정명령에 서명했다.[3] 국경 장벽 건설과 순찰에 군 장병을 투입하도록 조치했다.[4] 이후 몰래 국경을 넘는 이민자의 수는 바로 급감했다. 2025년 6월 남부 국경에서 이민 당국에 체포된 불법 이민자 수는 6,072명으로, 1960년대 이후 가장 낮은 수준이었다.[5]

여기엔 불법 이민자들을 본국이 아닌 제3국으로 추방하고,[6] 관타나모 감옥을 불법 이민자 구금 시설로 사용하는 식의 충격 요법도 영향을 줬다.[7] 미 법무부와 내무부 등이 트럼프의 뜻에 따라 알카트라즈 감옥을 불법 이민자 구금 시설로 재개관하는 방안도 검토했다.[8] 공포감을 줘 불법 이민 시도를 차단하는 효과를 의도한 것이다.

신규 유입 차단은 기대한 성과를 냈지만 난관은 미국 내 이민자 체포 및 추방이었다. 단속 주체인 이민세관단속국(ICE)은 만성적인 인력난에 시달렸다. 트럼프의 주문대로 '범죄 이력을 보유한' 불법 이민자를 대거 체포할 역량이 되지 않았다.[9]

하지만 백악관은 실적을 압박했다. 이민 정책을 주도하는 스티브 밀러 백악관 부비서실장은 2025년 5월 말 "매일 전역에서 3,000명씩 체포하라"고 명령했다.[10] 기존 목표치의 세배다. 건축 자재점 '홈디포'와 편의점 '세븐일레븐'처럼 단기 일용직 노동자들이 일상에서 자주 찾는 장소를 겨냥하라고 지시했다.

과격한 단속은 캘리포니아주 로스앤젤레스에서 발생한 불법 이민자 단속 반대 시위의 도화선이 됐다. 건축 자재점 '홈디포' 등 로스앤젤레스 시내 상점가에서 이민세관단속국 단속이 벌어지자 이에 반발해 2025년 6월 6일 시민들이 거리로 나섰다.[11] 시위는 트럼프가 주 방위군과 해병대를 투입하고, 시 정부가 야간 통금 등을 내린 뒤에야 소강상태에 접어들었다.[12]

이러한 분위기 속에서 단속은 이민 법원에서도 많이 이뤄지고 있다. 체포가 손쉽기 때문이다. 미 전역의 이민 법원에는 두건으로 얼굴을 가린 채 눈만 드러낸, 소속을 알 수 없는 요원들이 대기하고 있는 풍경이 일상이 됐다고 미 언론들이 전했다. 법원 심사 결과 임시 체류 자격이 박탈되거나 소동을 피운 사람을 즉각 체포하는 것이다. 이민자 권익 활동가가 연행되는 사례도 발생한다.[13]

범죄 이력이 없는 이민자도 대거 붙잡고 있다. 《액시오스》가 이민세관단속국 데이터를 분석한 결과, 2025년 5월 초 체포된 이민자 중 21%는 범죄 이력이 없었다. 이 수치는 한 달 뒤 47%로 두 배 넘게 뛰었다.[14]

특히 '하나의 크고 아름다운 법안' 통과로 4년간 총 1,700억 달러(238조 원)의 이민 예산이 증액됐다. 밀입국을 막기 위해 국경 장벽 건설과 관세국경보호청(CBP)에 추가로 지원하는 한편, 이민세관단속국에만 750억 달러(약 105조 원)라는 거액의 예산이 투입된다. 이민세관단속국 요원 1만 명 충원, 12만 명 규모의 수용 시설 확충 등이 이뤄질 예정이다.[15] 《이코노미스트》는 법안을 통해 "이민세관단속국이 가장 강력한 사법 기관으로 탈바꿈될 전망"이라고 평했다.[16] 톰 호먼 백악관 국경 차르는 "해당 법안에 따른 예산은 게임 체인저가 될 것"이라며 "연간 100만 명 추방도 가능해 보인다"고 말했다.[17]

미국 이민세관단속국의 2025년 체포추이

월	체포 인원
1월	1만 2,777
2월	1만 7,322
3월	1만 8,749
4월	1만 7,861
5월	2만 2,648
6월	3만 402
7월	2만 3,627

(단위: 명)

자료: 미국이민세관단속국, 추방데이터프로젝트

미국 역사에서 강력한 반이민 정책은 반복되어 왔다. 1882년 제정된 중국인 배제법은 특정 인종의 이민을 금지한 미국 최초의 법으로, 중국인 노동자의 유입을 막기 위해 이들의 미국 국적(시민권) 취득과 신규 입국을 차단했다. 이 법은 1943년 공식 폐기되며 60년 넘게 존재했다.[18]

1924년에는 존슨리드법을 통해 국가별 이민 쿼터제가 도입됐다. 아시아와 중동 출신의 이민을 금지하고, 동·남유럽 국가 출신과 유대계에는 극소수의 이민만을 허용했다. 반면 서유럽 국가에 쿼터를 몰아주며 앵글로색슨백인(WASP)을 노골적으로 우대한다는 비판을 받았다.[19]

존슨리드법은 이민 등 트럼프 2기의 주요 정책을 직접 설계하고 지휘하는 '핵심 실세' 밀러에게도 큰 영향을 준 것으로 알려졌다. 밀러는 2015~2016년 극우 매체 《브레이트바트뉴스》 기자들과 주고받은 이메일에서 1924년 이민법에 서명한 캘빈 쿨리지 대통령을 여러 차례 거론했다. 그는 "쿨리지가 했던 것처럼 이민을 완전 금지하는 법안을 지지한다"고 밝히고, 쿨리지 시대의 유산을 미국 사회가 기억해야 한다고 언급했다.[20]

트럼프 2기 이민 정책의 규모와 강도는 어느 수준까지 갈까. 《액시오스》는 농장 노동자에 대한 이민 단속을 두고 회의하던 도중 트럼프가 이러한 농담을 던졌다고 전했다.[21]

스티븐은 20년 동안 미국에 살면서 전과도 없고, 모두가 좋아하는 사람이어도 (불법 이민자라면) 추방시킬 것이다. 그는 정말 하드코어하다.

다양성,
형평성,
보편성의 해체

진보 정권이
만든
사회 정책을
파괴한다

트럼프 행정부는 주로 진보 정권에서 도입된 '다양성·형평성·포용성(DEI)' 정책의 전면 폐지에 나섰다. 행정명령을 통해 연방정부와 군대 내 관련 교육을 금지했고, 대학에는 지원금 삭감을 무기로 DEI 폐기를 압박하고 있다. 기업들 역시 소송 위험을 피하고 정부 기조에 맞추기 위해 담당 부서를 축소하는 추세다. 정부가 민간 영역을 침범해 표현의 자유를 위협하고, 공포를 조장한다는 우려까지 나온다.

트럼프는 민주당을 향해 '급진 좌파 광인들(Radical Left Lunatics)'이라고 자주 부른다. 트럼프는 이들이 망치려 애쓴 미국을 다시 위대하게 회복할 적임자가 자신이라고 말한다. 보수 가치관을 '상식'이라고 칭하며 조 바이든 행정부를 비(非)상식적 집단으로 몰아가곤 한다.[1] 바이든 행정부는 비(非)백인 및 성소수자 우대, 성평등 등을 강조하기 위해 'DEI(다양성, 형평성, 포용성)' 정책을 도입했고, 트럼프 행정부는 이를 해체하고 있다.

> 보수냐, 진보냐는 잊어버리십시오. 우리는 뭐, 보수라고 할 수 있겠지만, 상식에 기반한 정당입니다. 99.9% 상식의 범주 안에 드는 입장을 가졌습니다. 국경과 공정한 선거가 필요하다고 보고, (여성으로 성전환한) 남성이 여성 스포츠에서 뛰는 것을 원치 않습니다. (학교에서) 부모 동의 없이 (아이들에게) 트랜스젠더 수술이 이뤄지는 것 역시 원치 않습니다.[2]

트럼프가 지적한 이민과 교육, 성소수자 분야는 대표적인 미국의 문화 전쟁 소재다.[3] 미국에서는 이념과 가치관이 충돌해 벌어지는 다양한 사회 갈등을 전반을 문화 전쟁이라고 통칭한다. 시

초는 1960년대 민권운동, 반전 운동, 페미니스트 운동 등으로 거슬러 간다. 1973년 낙태권을 보장한 미 연방대법원의 '로 대 웨이드' 판결도 중요한 분기점으로 꼽힌다.[4]

과거 공화당은 문화 전쟁에서 민주당에 밀렸다. 그러나 고물가와 불법 이민에 지친 유권자들의 심리를 파고들어 반격에 성공했다. 민주당이 이념 전시에 몰두해 민생을 돌보지 않았다는 프레임이 통한 것이다. 또 민주당을 국가와 국민 위에 군림하는 엘리트로 규정해 기득권 대 국민이라는 대결 구도를 만들었다.[5]

트럼프 행정부는 인종, 성소수자 권리 등을 아우르는 DEI(다양성·형평성·포용성) 정책에 초점을 맞췄다. 트럼프는 취임 첫날 연방정부의 DEI 정책을 모두 폐지하는 행정명령에 서명했다. 1965년 린든 존슨 대통령이 서명한 인종에 따른 채용 차별을 금지하고 적극적 고용 평등 조치를 의무화하는 행정명령을 폐기했다. 트럼프는 "미국 사회를 실력 기반 시스템으로 되돌리겠다"고 했다.[6] 2025년 2월에는 DEI 정책 폐지의 일환으로 남성에서 여성으로 성전환한 사람의 여성 스포츠 경기 출전을 금지하는 행정명령에 서명했다.[7]

연방정부의 홈페이지와 문서에서 다양성 정책과 관련됐다고 지목된 자료는 삭제됐다. 《뉴욕타임스》는 이른바 '트럼프 금지어 리스트'를 집계해 DEI, 인종, 불평등, 불공정, 다양성, 포용적, 접근성, 특혜, 기후 위기, 오염, 문화유산 등 170개 단어의 사용이 금지됐다고 전했다.[8] 국방부는 홈페이지에서 소수인종 참전용사의 전기를 삭제했으며,[9] 미국 육군사관학교(웨스트포인트)에서는 한국계, 일본계, 베트남계, 라틴계, 원주민, 흑인, 여성 등 사관생도들이 참여하던 동아리들이 해산됐다.[10]

이처럼 미군은 포용정책 퇴출의 최전선에 섰다. 피트 헤그세스 국방장관은 전투 병과의 남녀 체력 기준을 통합하기로 했다.[11] 성전환 군인의 복무를 금지하고, 복무 중인 이들에 퇴역을 통보했다.[12] 2025년 10월 버지니아주 콴티코 해병대 기지에서 전 세계 지휘관 830여 명을 모아 회의[13]를 한 뒤엔 특수부대를 제외한 모든 장병을 상대로 면도 의무화를 추진하는 각서에 서명했다. 주로 흑인들이 겪는 새로 난 수염이 피부를 파고들어 염증을 일으키는 만성면도피부질환(PFB) 관련 면제는 12개월까지만 허용하고, 시크교 등 종교적 이유에 따른 면도 면제는 자신의 신앙심을 증명하는 서류를 제출해 내부 심사를 받는 절차를 도입하기로 했다.[14]

민간 기업을 상대로도 같은 압박이 이어졌다. 트럼프 2기의 실세로 꼽히는 스티븐 밀러 백악관 부비서실장이 바이든 행정부 출범 후 '아메리카 퍼스트 법률재단(AFL)'을 설립해 다양성 정책을 시행하는 기업들에 소송을 제기하면서 예견된 일이었다. 당시 그는 디즈니, 나이키, 마텔, 허쉬, 유나이티드항공, 미국프로미식축구리그(NFL) 등을 상대로 소송을 걸었다.[15]

프랑스 주재 미국대사관이 프랑스 대기업에 이 같은 정책을 금지하라는 공문을 보내 프랑스 정부가 공개 반발하는 소동도 벌어졌다.[16] 하지만 호응하는 기업도 나타났다. 트럼프 2기 출범 직후 메타는 관련 전담팀을 해체하고 관련 프로그램을 공식 폐지했다. 구글도 DEI 목표에 맞춘 채용 계획을 철회하고, 관련 단체 50여 곳에 대한 후원을 중단했다.[17] 2027년 7월 미디어그룹 파라마운트 글로벌은 CBS방송 등의 소유권을 스카이댄스에 이전하는 인수합병 계약을, 미국 연방통신위원회(FCC)로부터 승인받기 위해 다양성 정책을 폐지하기로 했다. 연방통신위원회는 "큰 승리"라고 환영했다.[18]

교실에서의 문화 전쟁도 치열하다. 보수 성향 주(州)를 중심으로 '미국의 인종차별은 개개인의 잘잘못이 아닌 차별을 조장하는 각종 사회 체계와 구조 때문'이라고 주장하는 비판적 인종이론(Critical Race Theory·CRT) 학습 금지, 기독교 교육 강화, 주내 미성년자의 성전환 치료 제한 등이 추진됐다.[19] 또 주 정부가 사립학교 학생에 장학금을 지원하는 정책도 종교 교육을 강화하는 효과를 내고 있다. 사립학교가 대부분 개신교나 가톨릭계이기 때문이다. 2025년 5월 텍사스주를 마지막으로 모든 보수 성향 주에서 해당 정책의 도입이 완료됐다.[20]

트럼프 행정부는 3월 8일 가자 전쟁 반전 시위의 진앙으로 꼽히는 컬럼비아대에 대한 연방정부 지원금을 삭감하겠다고 발표하며 대학과의 전면전을 선포했다. 트럼프 행정부는 대학이 학내 반유대주의에 적절히 대처하지 않았다며 입학생 및 교직원 선발, 수업 및 학사 일정 등에 개입할 권한을 요구했다.[21]

첫 번째 표적이 된 컬럼비아대가 순순히 백기를 들 것 같은 분위기에 트럼프 행정부는 동부 명문 아이비리그 대학 전반에 비슷한 이유로 칼을 겨눴다. 그러나 하버드대가 "독립성과 헌법상 권리를 포기하지 않겠다"고 반기를 들자 대학들의 반격 움직임이 시작됐다. 대학들은 정부를 상대로 보조금 지급 재개 등을 요구하는 소송을 제기해 법정 다툼을 벌이고 있다.[22]

대학들의 반격에 트럼프 행정부는 "유학생이 너무 많다"며 걸고넘어졌다. 법원 제동으로 효력이 중단된 상태지만 하버드대에 대한 유학생 등록 허가를 박탈했고, 전 세계 유학생 비자 인터뷰를 일시 중단하기도 했다. 트럼프는 "미국인이 외국인 유학생들 때문에 하버드와 다른 대학에 입학하지 못하고 있다. 하버드는 외국인 학생 비율을 31%가 아닌 15%로 제한해야 한다"고 주장했다.[23]

당시만 해도 황당한 주장이라는 반응이 컸다. 대학에 전 세계 최고의 인재들이 모여들어 일군 혁신을 바탕으로 미국이 눈부신 발전을 이뤄냈는데, 미국의 성공 공식을 포기하겠다는 선언이었기 때문이다. 이에 중국 견제를 위한 조치라는 해석도 나왔다. 중국 정부에 우호적인 중국계 유학생과 연구자를 캠퍼스에서 내쫓기 위한 구상이라는 것이다.

대학과 정부의 힘겨루기가 잦아들 기미가 보이지 않자 연구진 이탈 현상도 심화했다. 미국에 유학을 와서 자리 잡은 이들이 조국으로 돌아가는 역두뇌유출이 본격화됐다. CNN은 2025년 9월 기준 중국계 연구자 최소 85명이 미국을 떠나 중국 연구기관에 취업했다고 전했다. 스탠포드대 연구진은 2025년 상반기에만 미전역의 젊은 중국계 교수 약 50명이 중국으로 돌아갔다고 집계했다.[24]

캠퍼스에서는 연구가 중단되고 혼란이 커지는 사이 2025년 10월 1일 트럼프 행정부는 9개 대학에 최후통첩을 보냈다. 보수 진영이 중요하게 여기는 정책 과제를 집대성한 '고등교육 학문 우수 협약'에 서명하는 대학에는 연방 보조금을 우선 지원하겠다고 제안했다. 제안서는 "학문의 자유가 절대적이지 않음을 인정하라"는 내용 등으로 구성됐다. 위반 시에는 지원금 반환을 요구할 수 있다는 경고도 담겼다.[25]

트럼프 행정부는 DEI 정책 폐지, 성전환자를 위한 정책 폐지, 캠퍼스 내 보수 사상 보호 등 문화 전쟁 의제도 반영했고, 입학 전형에 표준화시험 의무화를 요구했다. 이는 "다양성을 추구하다 미국 국력이 약해졌다"는 논리로 능력주의를 강조하고 있기 때문이다.[26]

특히 학부생 중 외국인 유학생의 비율을 15% 이하로 제한했다. 트럼프의 말은 곧 규칙이 된다는 트럼프 행정부의 작동 원리가 다시금 실현된 것이다. 백악관이 요청한 20일간의 검토 기한 종료를 앞두고 텍사스대 오스틴캠퍼스와 밴더빌트대만이 추가 협상 가능성을 시사했다. 메사추세츠공대(MIT), 다트머스대, 펜실베이니아대, 서던캘리포니아대, 애리조나대, 브라운대, 버지니아대 등 7개 대학은 협약에 서명하지 않겠다는 의사를 전달한 것으로 알려졌다.[27] 트럼프 행정부는 대학 외에도 언론[28], 법률회사(로펌)[29], 은행[30] 등 엘리트 집단을 상대로 지원금 삭감과 조사, 소송전 등 다양한 수단을 동원해 '길들이기'를 시도하고 있다.

차세대 보수 리더 커크의 죽음, 그 이후

정적에 대한 사법적 보복을 본격화하다

2025년 9월 보수 청년 정치 활동가 찰리 커크의 피살 사건은 정국을 뒤흔든 결정적 변곡점이 됐다. 트럼프는 이를 단순 범죄가 아닌 보수 진영에 대한 좌파의 선전포고로 규정하고 강경 대응을 천명했다. 칼끝은 민주당 핵심 인사들과 반트럼프 관료들을 향하고 있다. 정적에 대한 사법 처리를 정당화하는 피의 보복이 워싱턴을 혼돈으로 몰아넣고 있다.

미국 청년 보수정치단체 '터닝포인트USA' 창립자 겸 대표인 찰리 커크가 2025년 9월 10일 유타주에서의 공개 토론회 도중 총격을 받고 숨졌다. 복음주의 기독교도이자 도널드 트럼프의 열혈 지지자인 그는 언론과 소셜미디어를 통해 트럼프의 반(反)이민, 반성소수자 정책을 지지하며 '청년 보수의 얼굴' '차세대 보수 리더' 등으로 꼽혔다. 미 대학 3,500곳 이상에 터닝포인트USA 지부를 설립하며 2024년 대선에서 젊은 층의 트럼프 대통령 지지를 이끌어 냈다는 평가도 받았다.[1]

커크는 1993년 민주당 지지세가 강한 일리노이주 시카고 교외에서 태어났다. 18세였던 2012년 보수 성향 시민단체인 '터닝포인트USA'를 설립했다. 구독자 400만 명이 넘는 보수 성향 팟캐스트를 운영하고 활발한 방송 출연 등을 통해 보수 가치를 설파했다. 그는 코로나19 바이러스를 '중국 바이러스'라고도 불렀다.[2] 2024년 대선 기간엔 미 전역을 돌며 "트럼프는 워싱턴의 기성 적폐 세력에 미래를 저당 잡힌 젊은 세대의 '아메리칸 드림'을 부활시킬 대통령"이라며 지지를 호소했다.[3] 시사 매체《디애틀랜틱》은 이런 그를 흑인 인권운동가 '맬컴 X' 같은 카리스마형 인물이었다고 평했다.[4]

커크의 사망 당일 트럼프는 "커크는 진실과 자유를 위해 목숨을 잃은 순교자"라고 애도했다. 그는 "커크 같은 훌륭한 미국인을 나치에 빗댄 급진 좌파의 언행이 오늘날 미국에서 벌어진 테러에 직접적인 책임이 있다"며 진보 진영에 화살을 돌렸다. 미 전역의 공공기관에 14일 오후 6시까지 조기(弔旗)를 게양하라고도 지시했다.[5]

트럼프 행정부와 마가 진영은 커크 암살 사건을 계기로 반대파에 대한 총공세를 벌였다. 커크 추모 반대론자들에 대한 해직과 신상 털기 등 일반인들에 대한 공격으로까지 확산했다. 피트 헤그세스 국방장관은 온라인에서 커크의 죽음을 비꼬거나 축하한 직원에 조치를 취하겠다고 밝히고, 국무부는 커크의 죽음을 축하한 외국인들의 비자를 취소했다.[6]

트럼프의 '핵심 책사'로 꼽히는 스티븐 밀러 백악관 부비서실장은 12일 폭스뉴스 인터뷰에서 "우리는 커크의 유지를 받들어 (극좌 조직 해체를) 실행으로 옮기겠다"고 밝혔다.[7] 음모 혐의나 조직범죄처벌법(RICO)을 활용해 강경 좌파 성향 단체들을 기소하는 방안을 검토 중이라고 설명했다. 조직범죄처벌법은 마피아 소탕을 위해 정식 범죄조직이 아닌 결사체도 처벌할 수 있도록 1970년에 제정된 특별법이다.

14일 트럼프도 "전통적으로 좌파라고 부를 만한 사람들에 대한 조사를 이미 진행하고 있다"며 조만간 세부 사항을 발표하겠다고 말했다. 다음날 JD 밴스 부통령은 당시 급부상한 극좌 운동이 커크의 암살을 조장했다며 "폭력을 선동하는 비정부기구(NGO) 네트워크를 추적하고, 좌익 극단주의를 해체하겠다"고 밝혔다. 특히 별다른 근거 없이 미국 헤지펀드 업계 거물이자 민주당 거액 기부자인 조지 소로스를 겨냥했다.[8]

커크의 추도식 다음 날인 22일 트럼프는 반(反)파시즘·인종주의 운동 연합인 '안티파(Anti-fascist Action·Antifa)'를 '국내 테러조직'으로 지정했다. 미국 행정부가 특정 단체를 국내 테러조직으로 지정한 것은 처음이다. 미국 법에는 국내 조직이나 기관에 대해서는 테러조직으로 규정할 명확한 법적 근거가 없기도 하다. 트럼프는 행정명령을 통해 전 행정 부처·기관에 안티파와 관련자의 불법 활동을 조사·방해·해체하는 권한을 부여했다.[9]

다만 안티파는 일종의 시위 문화다. 미국 내 진보 성향 활동가들로 구성된 느슨한 이념 연합으로 지도부, 회원 명단, 본부 같은 명확한 조직 형태를 갖추고 있지 않다. 트럼프 1기 행정부 시절인 2017년 버지니아주 샬러츠빌에서 열린 백인 우월주의 행진에 반대하는 시위를 개최하면서 트럼프의 눈엣가시가 됐다.[10]

커크 피살 사건이 지지층을 투표장으로 불러내는 강력한 계기가 될 것이라는 의견도 많다. 커크는 대학 캠퍼스를 돌아다니며

젊은 보수를 육성했다. 순회 토론회를 통해 젊은 유권자를 보수 의제에 노출하고, 터닝포인트USA 지부를 각 대학에 설립해 이들을 결집했다. 공화당은 커크 추모 물결을 2026년 11월 중간선거를 위한 전략에 사용할 것으로 알려졌다. 《폴리티코》는 "커크 피살 사건을 지지층을 투표장으로 불러내는 수단으로, 그리고 민주당을 급진적이고 무법적이라고 몰아붙이는 데 사용할 계획"이라고 두 명의 공화당 관계자를 인용해 전했다.[11]

커크가 세상을 떠난 뒤 소셜미디어에서는 팔로워 수가 급증하고 있다. 피살 당일 약 560만 명이었던 개인 인스타그램 팔로워 수는 열흘 뒤 1,322만 명으로, 700만 명 넘게 늘어났다. 터닝포인트USA에 따르면 커크 피살 이후 고등학교 및 대학교 학생들로부터 새 지부 설립이나 참여를 원한다는 요청이 일주일 만에 5만 4,000건 이상 접수되었다고 밝혔다.[12]

이에 젊은 보수 유권자 결집을 기대할 수 있다는 관측이 나온다. 공화당계 정치 컨설턴트인 맷 휘틀록은 "젊은 세대는 이 일을 자신들에 대한 일종의 공격으로 받아들였다"고 정치 전문 매체《더힐》에 말했다.[13]

중간선거를 위한 자금 모집에도 결정적인 역할을 할 전망이다. 밴스는 비공개 공화당 전국위원회 행사에서 고액 기부자들에게 "커크의 업적에 대한 헌정으로 중간선거에 기부하라"고 호소한 것으로 알려졌다. 터닝포인트USA도 커크의 피살을 언급하며 기부를 독려하고 있다.

비슷한 시기 트럼프는 정부 기관을 동원한 정적 제거에 속도를 올리기 시작했다. 2025년 8월 연방수사국(FBI)은 존 볼턴 트럼프 1기 백악관 국가안보보좌관의 자택과 사무실을 압수 수색했다.[14] 약 열흘 전 볼턴이 미-러 정상회담을 앞두고 "트럼프가 푸틴에게 이용당하고 있다"고 지적하자 트럼프는 발끈해 볼턴이 종전을 방해하는 어리석은 사람이라고 비판했다. 설화(舌禍)가 압수수색에 영향을 줬다는 추측도 제기됐다.

볼턴은 이란, 북한, 러시아 등에 대한 강경 정책을 주장하는 신(新)보수주의자, 즉 '네오콘'의 대표 인물이다. 볼턴은 회고록에서 트럼프가 대통령에 부적합한 인물이라고 묘사하고, 트럼프 1기 외교 난맥상을 폭로하며 반트럼프 인사로 돌아섰다.[15]

트럼프의 충성파 캐시 파텔이 이끄는 FBI는 볼턴이 2020년 대선을 5개월 앞두고 출간한 회고록《그 일이 일어난 방》등을 통해 국가 기밀을 누설했다는 의혹을 받아왔다고 배경을 설명했다. 하지만 사임 후 활발한 미디어 활동을 통해 트럼프를 강하게 비판한 볼턴에 대한 트럼프식 보복 정치라는 우려가 컸다.

수사를 주도하는 파텔이 작성한 블랙리스트도 다시 논란이 됐다. 파텔은 2023년 퇴출해야 할 기득권 관료 집단 '딥 스테이트' 연루 인물 60명의 명단을 만들었는데 여기에 볼턴이 포함됐다. 영국 일간《가디언》은 볼턴이 파텔의 명단 60명 중 다섯 번째로 수사 대상이 된 인물이라고 보도했다.[16]

결국 볼턴은 국가기밀을 불법으로 보관하고 전송한 혐의로 2025년 10월 16일 기소돼 재판에 넘겨졌다.[17] 전날 트럼프는 정적에 대한 사법 보복을 본격화하겠다고 선언했다. 파텔과 팸 본디 법무장관 등이 배석한 기자회견에서 "자신이 전임 조 바이든 행정부 시절 머그샷까지 찍으며 역대 미 대통령 중 최악의 정치 보복을 당했다"고 했다. 향후 조사 대상에 올라야 할 인물도 한 명씩 지목했다. 잭 스미스 전 특별검사, 앤드루 와이스먼 전 FBI 고문, 리사 모나코 전 법무차관, 애덤 시프 상원의원에 대한 조사가 진행되고 있기를 바란다고 했다. 이들은 2016년 대선 트럼프 캠프의 러시아 공모 의혹 조사 관련자들이라는 공통점이 있다. 트럼프는 "그들(바이든 행정부)의 정치보복은 가히 전설적이었다. 우리는 아무 대응을 하지 않았지만, 나는 지금 이 순간 마침내 그렇게 하기로 '선택'했다"며 강도 높은 수사를 예고했다.[18]

다른 형태의 정치보복에도 속도를 내고 있다. 트럼프는 10월 15일 로스앤젤레스와 워싱턴, 포틀랜드, 시카고, 멤피스에 이어 다른 도시들에도 주 방위군 투입 지시를 계획하고 있다고 밝혔다. 공화당 지지층은 주 방위군 투입을 적극 반기는 분위기였다. 《이코노미스트》와 유고브 여론조사에 따르면 공화당 지지자 4명 중 3명이 "트럼프의 정적이 이끄는 도시에 주 방위군 투입을 지지한다"고 응답했다.[19]

'음모론 팟캐스터' 루머와 청년 보수

소셜미디어에서 젊은 층의 보수화를 주도하다

전통적 언론의 자리를 조 로건, 로라 루머 같은 인플루언서들이 채우고 있다. 이들은 팟캐스트를 운영하며 팬덤을 모았다. 로건 같은 남성 팟캐스터는 지난 대선에서 20대 남성이 투표장에 나가게 했다. 루머는 단순 정보 전달을 넘어 특정 공무원의 해임을 유도하거나 정책 결정에까지 영향력을 행사한다. 이들은 음모론을 퍼트리고 지지층을 결집시키는 트럼프의 유용한 도구가 된다.

트럼프 주변에는 소셜미디어에서 젊은 층의 보수화를 주도하는 인플루언서들이 많다. 미국 청년 보수정치단체 '터닝포인트USA' 창립자 겸 대표인 찰리 커크와 동갑인 로라 루머가 대표적이다. 루머는 팔로워가 180만 명에 달하는 소셜미디어 X 계정에 온종일 게시글을 올리고, 주 2회 온라인 팟캐스트 방송을 운영하는 보수 인플루언서다. 그는 커크의 죽음을 조롱한 이들에 대한 색출 운동에 앞장섰다. "당신은 오늘 몇 명의 좌파를 해고시켰냐" "곧 해고될 연방 공무원이 줄 서서 순서를 기다리고 있다"며 마녀사냥을 주도했다.[1]

유대계인 루머는 반(反)이슬람, 반이민 성향이 강하다.[2] 트럼프의 측근이기도 해 그의 주장이 트럼프 행정부 정책에 반영된 사례도 적지 않다. 2025년 8월 루머가 팔레스타인 가자지구 주민의 미국 비자 발급 중단을 촉구한 지 하루 만에 국무부가 가자지구 출신 개인에 대한 모든 방문 비자 발급을 중단했다.[3] 2025년 4월 백악관 국가안보회의(NSC) 직원 일부가 해고됐을 때도 루머의 입김이 작용한 것으로 알려졌다.[4]

기밀 정보를 손에 넣는 사례도 생기고 있다. 2025년 9월 3일 미 상원 정보위원회 민주당 간사인 마크 워너 의원은 국방부 산하 국가지리정보국(NGA)을 방문해 국장 브리핑을 받을 예정이었다. 워너 의원의 방문 일정은 기밀 사항이었다. 그러나 루머는 방문 사흘 전 자신의 X에 일정을 공개하며 "국가지리정보국은 왜 강경 반트럼프 인사를 초청하는가"라고 비판했다. 국방부는 일정을 급거 취소했다. 워너 의원은 "반사회적인(trolling) 블로거가 어떻게 기밀 방문 일정을 알았는지 의문"이라고 거세게 반발했다.[5]

루머는 트럼프에 대한 충성심이 부족하거나 마가 가치에 어긋나는 언행을 보인 인물을 자신의 X를 통해 공개 저격하고 있다.[6] 고위급 간부는 물론 일반 공무원, 공직자의 민간인 측근까지 전방위로 가리지 않고 공격한다.[7] 철저한 진영 논리에 따라 국정 운영을 해야 한다는 주장도 펼친다. 미 육군이 프랑스 태생 참전용사를 기리며 올린 게시글을 문제 삼으며 "공화당원이자 미국 태생인 군인만 기려야 한다"고 주장하는 식이다.[8]

1993년 애리조나주 투손에서 태어난 루머는 불안정한 유년 시절을 보냈다. 의사 아버지 밑에서 유복한 생활을 누렸지만 12세에 부모가 이혼한 뒤 이듬해부터 기숙학교에서 지냈다. 루머는 《뉴욕타임스》 인터뷰에서 "섭식 장애와 극심한 불안에 시달리며 힘든 청소년기를 보냈다"고 밝혔다.[9]

플로리다주 베리대에 진학한 뒤 졸업을 앞둔 2015년부터 약 2년간 극우 단체 '프로젝트베리타스'에서 활동했다. 자신의 신분을 속인 상태에서 상대에게 불법 활동을 유도한 뒤 이를 폭로하는 방식의 보도로 주목을 받은 단체다. 이곳에서 루머는 베리대 교직원이 이슬람국가(ISIS) 지지 동아리 개설을 적극 만류하지 않았다고 공개하며 주목을 받았다.[10]

노골적으로 반무슬림 성향을 드러내던 루머는 2017년부터 각종 소셜미디어 플랫폼으로부터 가짜뉴스와 혐오 발언을 이유로 계정이 정지되기 시작했다.[11] 트위터(현 X), 페이스북과 인스타그램은 물론 페이팔, 고펀드미 등 모금 활동을 벌일 수 있는 서비스에서 쫓겨나며 루머는 스피커와 돈줄을 모두 잃게 됐다.[12] 또 연방하원의원에 2020·2022년 두 차례 도전했으나 모두 실패하며 곤경에 처하게 됐다.[13]

그러나 2022년 11월 일론 머스크 테슬라 최고경영자(CEO)가 트위터를 인수하며 루머의 운명이 바뀌었다. 인수 직후 루머의 계정을 복원해 준 것.[14] 이후 루머는 유력 공화당 대선 주자로 떠오른 론 디샌티스 플로리다 주지사의 '저격수'를 자처했다. 2023년 2월 디샌티스의 저서 사인회에서 소동을 일으킨 뒤 트럼프로부터 처음 전화를 받았다고《뉴욕타임스》인터뷰에서 밝혔다.[15] 얼마 뒤 플로리다주 사저 마러라고 리조트로 초대되어 수지 와일스 백악관 비서실장 동석하에 트럼프와 면담하기도 했다.[16] 트럼프는 루머를 캠프에 영입하기를 원했으나, 와일스 등이 반대해 성사되지 않은 것으로 알려졌다.[17]

그러나 결국 루머는 쉬지 않는 전투력으로 트럼프의 눈에 들었다. 2024년 9월 미국 대선 TV 토론 당일에 트럼프의 전용기에서 루머가 내리는 모습이 포착되며 큰 화제를 모았다.[18] 이날 토론에서 트럼프는 "아이티의 이민자가 개, 고양이 같은 반려동물을 잡아먹는다"고 발언해 큰 논란을 불렀다. 허위 괴담 뒤에 루머가 있다는 추측이 제기됐다. 토론회 전날 루머가 X에 올린 게시글 내용과 동일했기 때문이다.[19]

《뉴욕타임스》는 루머가 하루에 최소 14시간은 스마트폰을 붙잡고 있는다고 보도했다.[20] 루머의 측근 정치 전략가 셰인 코리는 《워싱턴포스트》에 루머에 대해 이렇게 말했다.[21]

"정말 집요한 사람입니다. 이보다 집요한 사람을 본 적이 없습니다. 아침에 눈을 뜬 순간부터 하루 종일 일만 합니다. 헬스장에 가는 시간 빼고는 이 일만 해요. 일 말고 루머의 삶에는 아무것도 없습니다."

집요하고 전투적인 루머와는 180도 다른 결의 인플루언서들도 있다. 트럼프 재집권에 큰 기여했다고 꼽히는 남성 팟캐스트 진행자들이다. 트럼프는 2024년 11월 6일 대선 승리 연설을 하던 중 데이나 화이트 UFC 최고경영자(CEO)에게 마이크를 건넸다. 화이트는 "넬크 보이즈, 에이든 로스, 테오 본, 보스턴, 버신 위드 더 보이즈, 그리고 마지막으로 강력하고 위대한 조 로건에게 감사 인사를 전한다"고 말했다. 이들은 유세 기간에 트럼프가 출연

한 팟캐스트 방송의 진행자다.[22]

트럼프는 팟캐스트를 통해 20, 30대 남성 유권자와 친밀감을 쌓았다. 《월스트리트저널》의 집계에 따르면 트럼프는 팟캐스트 20개 이상에 출연했다. 그 결과 대선에서 트럼프를 선택한 20, 30대 남성은 4년 전에 비해 30%포인트 가까이 늘었다.[23]

남성 진행자들이 운영하는 팟캐스트는 2030 남성의 폭스뉴스라고 볼 수 있다. 이들 일상의 일부가 됐다는 뜻이다. 여론조사기관 퓨리서치 조사에서 최근 한 달 내 팟캐스트를 들은 적이 있다고 답한 비중은 불과 10년 만에 30%포인트 넘게 뛰었다. 이 비율은 2014년에 10%대 중반이었는데 2023년 47%를 기록했다. 2014년 범죄 수사 팟캐스트 〈시리얼〉이 선풍적인 인기를 끌며 팟캐스트 대중화를 이끌었다는 평가를 받는다.[24]

거의 매일 팟캐스트를 듣는 미국인도 많다. 2023년 조사에서 일주일에 여러 차례 팟캐스트를 듣는다고 답한 비율이 18~29세에서 48%, 30~49세에서 45%로 나타났다. 중장년층에서도 50~64세 35%, 65세 이상 27%로 적지 않다.[25]

인기 팟캐스트가 대부분 보수 성향인 점에서 "팟캐스트는 2030의 폭스뉴스"라는 말도 나온다. 닐슨의 조사에 따르면 폭스뉴스 시청자의 평균 연령은 68세. 반면 팟캐스트는 20~40대가 주로 듣는다. 이는 다루는 주제에서의 차이로 이어진다. 폭스뉴스는 주로 반(反)사회주의, 반이민, 교육 문제 등을 다룬다. 팟캐스트에서는 미투 운동과 진보 진영에 대한 반발이 인기 주제다.

반백신 등 사회적 합의와 통념을 거스르는 주장도 자주 등장한다.

시청자가 매체와 맺는 관계의 역학도 다르다. 영국 일간《가디언》은 “폭스뉴스는 소리쳐대며 시청자를 겁먹게 만들지만, 팟캐스트는 청취자들의 마음을 달래 무장해제시킨다”고 분석했다.[26] 폭스뉴스를 온종일 틀어둘 수 있듯, 팟캐스트도 거뜬히 일상을 채울 수 있는 러닝타임을 자랑한다. 한 편의 길이가 3시간이 넘는 경우도 많다. 편안한 분위기에서 진행되는 출연자들의 수다를 듣다 보면 이들에 대한 호감도가 올라가기 마련이다. 팟캐스트는 실리콘밸리 보수도 결집시켰다.

인기 팟캐스트의 특징은 재밌다는 점이다. 퓨리서치 조사에서 30세 이하 10명 중 7명 이상이 “재밌어서 듣는다”고 답했다. 미국 특유의 입담을 중시하는 농담 문화가 팟캐스트로 이어졌다. 인기 팟캐스트 진행자가 스탠드업 코미디언 출신인 경우가 많다.

대표적인 사례가 조 로건이다. 트럼프는 대선 직전 로건의 팟캐스트 방송에 출연해 3시간 넘게 인터뷰를 진행했다. 공개 24시간 만에 유튜브에서만 2,600만 건의 조회수를 기록했다.[27]

로건은 UFC 해설자 출신 코미디언으로 보수세가 강한 텍사스주 오스틴에서 활동하고 있다. 로건은 2020년 음원 스트리밍 플랫폼 스포티파이와 무려 2억 달러(2,800억 원) 규모의 팟캐스트 송출 독점 계약을 맺은 업계 대표주자다. 2024년 대선 전후로는 트럼프와 JD 밴스 부통령, 일론 머스크 테슬라 CEO, 마크 저커버

그 메타 CEO 등이 그의 텍사스주 스튜디오를 찾았다.[28]

로건은 신종 코로나바이러스 감염증(코로나19) 팬데믹 때 반백신 운동가들과 대담을 나누며 음모론을 전파해 논란의 중심에 선 이력으로도 유명하다.[29] 로건 자체는 비교적 온건하다는 평가를 받으나 극우 백인우월주의자, 여성 혐오자 등이 게스트로 출연하는 사례도 많다.

반면 진보 성향의 게스트도 종종 출연한다. 조나단 짐머만 펜실베이니아대 교육사 교수는 저서《표현의 자유에 신경 써야 한다》를 출간한 후 2021년 4월 로건의 팟캐스트에 초대받은 경험을 펜실베이니아주 일간《필라델피아 인콰이어러》기고에서 공개했다.[30]

짐머만 교수는 "예상과 달리 로건은 진심으로 호기심을 갖고 대화를 나누는 사람이었다. 정중하고 열린 태도로 모르는 것이 있으면 솔직하게 묻고 배워갔다"고 전했다. 이어 "로건과 3시간 동안 교육, 결혼, 심지어 고대 멕시코의 인신 공양에 대한 역사 이야기도 나눴지만, 정작 책 홍보는 거의 하지 않았다"며 이 경험을 통해 "사회적 분열을 해소하기 위해서는 대화를 계속 이어가야 한다는 교훈을 얻었다"며 글을 맺었다.

로건이 진행자로서 가진 능력은 게스트를 돋보이게 한다는 점이다.《가디언》은 "진보와 보수 문화의 선을 흐리고, '그럴 수도 있겠다'라는 생각이 들게 만들어 청취자가 게스트의 주장을 보다 쉽게 수용하게 만든다"고 전했다.[31]

로건은 후배 코미디언도 양성하고 있다. 그는 텍사스주의 한 코미디 클럽을 매입해 '로건 꿈나무'들에게 무대로 내어줬다. 가장 잘 나가는 후배는 2024년 대선을 9일 앞두고 뉴욕 유세에서 "푸에르토리코는 쓰레기 섬"이라고 연설한 백인 코미디언 토니 힌치클리프다. 힌치클리프는 "농담을 농담으로 받아들이지 못한다"며 끝내 사과하지 않았는데 이 같이 거칠고 분열적인 발언이 나온 배경에 대해서 표현의 자유를 중시해 욕설과 금기어 등이 용인되고, 정치 풍자의 전통을 지닌 미국 스탠드업 코미디 장르의 특성과 연결된다는 분석도 나온다.[32]

루머와 커크 외에도 터커 칼슨과 메긴 켈리 등 폭스뉴스 간판 앵커 출신 방송인, 로건 폴 등 유튜버, 에이든 로스 같은 극우 인사들이 팟캐스트에 진출해 인기를 얻고 있다. 특히 트럼프는 대선을 앞두고 각각 폴과 로스의 팟캐스트에 출연해 "(막내아들) 배런이 완전 팬이라 꼭 출연하라고 추천했다"고 밝혔다.[33]

팟캐스트는 20, 30대의 생활의 일부가 됐다. 2023년 퓨리서치 조사에서 팟캐스트를 틀어두고 다른 일을 한다고 답한 응답자는 70%에 달했다.

코로나19 팬데믹의 영향도 크게 받았다. 비대면 근무를 하거나 배송 업무를 하면서 팟캐스트를 듣는 경우가 많다. 또 한국에 비해 장기간 락다운(봉쇄)을 거치며 단절된 사회적 관계를 회복하지 못해 외로움과 고립감을 덜기 위해 팟캐스트를 찾는 청취자도 많다.

심심해서 듣는 것만큼이나 공부하고 싶어서 팟캐스트를 선택하는 비중도 컸다. 18~29세는 절반(50%)이 '배우려고(to learn)' 팟캐스트를 듣는다고 답했다. 다만 이들은 팟캐스트를 뉴스 매체로 인식하지는 않는 분위기였다. '시사 이슈를 따라가기 위해' 팟캐스트를 듣는다고 답한 응답자는 25%로 '동기부여를 위해'(23%) 다음으로 적었다. 정치와 세상사에 대한 호기심 때문에 팟캐스트를 듣는다는 해석이 가능한 대목이다.

청취자들이 팟캐스트 속 정보를 매우 신뢰한다는 점도 눈길이 간다. 전 연령대의 팟캐스트 이용자 중 87%가 "팟캐스트에서 들은 정보가 정확하다고 생각한다"고 답했다. 부정확할 수 있다고 응답한 비중은 11%에 불과했다.

심지어 신문, 방송 등 레거시 미디어보다 팟캐스트가 정확하다고 생각한다는 사람도 31%나 됐다("비슷하다"도 55%로 집계됐다). 지지 정당별로는 공화당 지지자에서 팟캐스트 신뢰도가 더욱 높았다. 공화당 지지자 중 팟캐스트를 더 신뢰한다고 답한 비중은 46%로 나타났다. 반면 전통 매체가 더 정확하다고 생각하는 사람은 10%에 불과했다.

왜 그럴까. 팟캐스트 진행자를 '랜선 친구'처럼 여겨 친밀도가 높은 점도 영향을 줄 수 있다. 또 팟캐스트가 '그들 대 우리'라는 이분법적인 사고를 강화하는 측면도 있다. "진보 진영과 기득권,

전통 매체가 진실을 감추고 있지만, 나는 팟캐스트를 듣기 때문에 속지 않는다"는 정서가 확산해 각종 음모론이 힘을 얻는 것으로 풀이된다.

퓨리서치 조사에도 이를 뒷받침할 흥미로운 항목이 있다. '팟캐스트에서는 다른 데서 듣지 못하는 소식을 알 수 있다'는 문항에 공화당 지지자의 81%가 '그렇다'고 답했다.

팟캐스트를 통해 분열적인 메시지가 빠르고 효과적으로 확산하고 있다. 이는 1996년 출범 후 2000년 대선 국면에서 급부상한 폭스뉴스가 즉각 언론학계와 시민단체의 비판에 직면한 것과는 대조적이다. 하루에 24시간만 방송하는 폭스뉴스와 달리 보수 팟캐스트는 하루에도 3시간짜리 방송이 수십 개씩 쏟아져 사실상 모니터링이 불가능하다. 소셜미디어는 물론 팟캐스트의 조용한 독주도 막을 방법이 마땅치 않다.

4장

해외 국가 대응 파악하기

부자 중동과 좌파 유럽

투자와 계약 중심으로 외교 관계를 재정의하다

트럼프는 취임 후 첫 해외 순방지로 사우디아라비아를 택해 “더 이상 중동에 훈수 두지 않겠다”고 선언했다. 민주주의 확산이나 인권 같은 가치보다는 투자와 비즈니스를 최우선으로 삼겠다는 ‘트럼프식 중동 신(新)구상’이다. 국무부는 인권과 민주주의 관련 조직을 대폭 축소하며 전통적인 서방 우방국들과는 거리를 두고 있다. 트럼프 행정부는 미국 외교의 기준을 가치에서 이익으로 재편하는 작업에 착수했다.

트럼프가 취임 후 첫 해외 순방지를 사우디아라비아, 아랍에미리트, 카타르로 선택했다는 소식이 전해졌을 때는 "성난 시위대를 마주하지 않을 국가를 골랐다"는 냉소적인 반응이 나왔다. 그런데 순방 첫날인 2025년 6월 13일 사우디아라비아 수도 리야드에서 "중동이 어떻게 살아야 하는지에 대해 훈수 두지 않겠다"고 깜짝 선언을 하자 전 세계가 술렁였다.[1] 2001년 출범한 조지 W. 부시 행정부에서 아프가니스탄(2001)과 이라크(2003)를 침공하며 굳어진 미국의 중동 정책의 방향성을 완전히 뒤집었다는 평가를 받았다. 영국 주간지 《이코노미스트》는 "트럼프 대통령은 미국에서 탄생한 첫 번째 '친(親)걸프' 대통령"이라고 평가했다.[2]

리야드에서 열린 미-사우디 투자포럼에서 트럼프는 빈 살만을 '오랫동안 알고 지낸 유일무이한 친구'라며 감사 인사를 전했다. 그는 관세 도입, 투자 유치, 이민 단속 등 자신의 성과를 자찬한 뒤 사우디의 눈부신 경제 성장에 대해 언급했다.

> 우리 눈앞에서 새로운 세대의 지도자들이 과거의 지친 분열이라는 오래된 갈등을 초월하고 있습니다. 중동은 혼란이 아니라 상업으로 정의되고, 테러가 아니라 기술을 수출하며, 서로 다른 국가·

종교·신념을 가진 사람들이 서로를 말살하는 폭격이 아니라 함께 도시를 건설하는 미래를 만들어가고 있습니다. 세계가 주목해야 할 중요한 점은 이 위대한 변혁이 서방의 개입이나, 당신들에게 어떻게 살아야 하고 어떻게 일을 다뤄야 하는지 훈수 두는 사람들로부터 온 것이 아니라는 점입니다.

리야드와 아부다비의 빛나는 기적들은 (미국 보수 진영의) 이른바 '국가 건설자'들과 네오콘, 혹은 수조 달러를 쓰고도 하발, 바그다드, 그 외 수많은 도시들을 개발하는 데 실패한 진보 비영리단체들에 의해 만들어진 것이 아닙니다.

현대 중동의 탄생은 이 지역 사람들 자신에 의해 이루어졌습니다. 바로 여기에 있는 여러분, 이곳에서 평생을 살아온 사람들 말입니다. 주권 국가를 개발하고, 고유한 비전을 추구하며, 자기 방식대로 자신의 운명을 개척해온 사람들입니다. 여러분이 해낸 일은 정말 놀랍습니다.

'국가 건설자'들은 세운 나라보다 훨씬 더 많은 나라들을 파괴했고, 간섭주의자들은 자신들조차 이해하지 못하는 복잡한 사회에 간섭했습니다. 그들은 여러분에게 "어떻게 하라"고 말했지만, 정작 자기들 자신도 어떻게 해야 할지 몰랐습니다.

평화, 번영, 진보는 궁극적으로 여러분의 유산을 급진적으로 거부한 데서 나온 것이 아니라 오히려 여러분이 사랑하는 그 유산과 전통을 포용함으로써 이뤄졌습니다. 이는 오직 여러분만이 해낼 수 있는 일이었습니다. 여러분은 아라비아 방식으로 현대의 기적을 이뤄냈고, 그것이야말로 훌륭한 방식입니다.

오늘날 걸프 국가들은 삶의 질이 향상되고, 경제가 번창하며, 개인의 자유가 확대되고, 세계 무대에서의 책임이 증가하는 안전하고 질서 있는 사회로 나아가는 길을 보여주고 있습니다. 수십 년간의 갈등 끝에, 이제 마침내 과거 세대들이 꿈에서만 가능했던 미래에 다가설 수 있게 되었습니다. 바로 이 중동에서 평화, 안전, 조화, 기회, 혁신, 성취의 땅이 실현될 것입니다.[3]

이날 행사에 모인 아랍 국가 주요 인사들은 기립박수를 보냈다. 《뉴욕타임스》는 "연설 영상이 소셜미디어를 통해 빠르게 퍼지며 화제가 됐다"며 "중동 곳곳에서 트럼프의 연설을 보며 환호했다"고 전했다.[4]

이 연설은 중동과의 관계를 민주주의 확산이나 군사 개입 대신 투자와 계약을 중심으로 재정의하겠다는 새로운 중동 기조의 선언이었다. 미국에서는 긍정적인 평가가 나왔다. 스티븐 쿡 미국외교협회(CFR) 중동아프리카부 선임연구위원은 "트럼프의 리야드 연설은 그가 자신의 외교 기조를 솔직하게 말했다는 점에서 중요하다"며 "노골적인 사익 추구나 특이한 성격과는 별개로, 트럼프는 미국이 지고 있던 '실패의 유산'을 털어내고 있다"고 《포린폴리시》 기고에서 짚었다. 미국이 중동 현지의 문제에 적극 개입하면 정권을 가리지 않고 대개 실패했다는 것이다.[5]

쿡은 "트럼프의 순방에는 조잡해 보이고 거칠게 들리는 부분

들도 있었지만, 그의 접근 방식은 전혀 터무니없는 것이 아니다"고 했다. 그러면서 "이유는 그것이 워싱턴 사람들이 바라는 방식이 아니라, 실제 세계의 작동 방식에 기반을 두고 있기 때문"이라며 "그 결과 이전 대통령들보다 더 성공할 가능성이 있다"고 내다봤다.

중국과의 패권 경쟁을 의식한 측면도 있다. 중국은 인프라, 인공지능(AI), 에너지 등 경제 분야에서 중동과 협력을 공고히 해왔다. 예컨대 사우디와 중국의 2024년 무역 규모는 1,075억 달러로[6] 미국(395억 달러)의 약 2.7배 수준이다.[7] 외교에서도 사우디는 조 바이든 행정부 시절인 2022년 시진핑 중국 국가주석을 국빈으로 초청해 양국 관계를 '포괄적 전략적 동반자' 관계로 격상했다. 이듬해에는 중국의 중재로 베이징에서 이란과 국교 정상화에 합의하며 세계를 놀라게 했다.[8]

개입 대신 자국 이익을 강조한 메시지는 중동에 대한 미국인의 극심한 피로감을 달래고, 경제 성과에 대한 요구와도 맞물린다. 실책을 바이든 행정부는 물론 전통 공화당 매파를 향해서도 돌리며 트럼프 지지층 특유의 반(反)엘리트 정서까지 겨냥했다. 트럼프 대통령은 "나는 끝없는 전쟁을 끝내겠다" "그들은 너희를 전쟁터에 보냈고, 나는 집으로 데려오겠다" "그들은 전 세계를 챙겼고, 나는 미국부터 챙기겠다"는 식의 메시지로 이 감정을 정확히 짚었다.

싱크탱크 디펜스프라이오리티의 댄 콜드웰 고문은 "참전용사는 거의 모든 사람이 친구나 가족을 잃었고, 지난 23년간의 대외적 모험주의와 그 정책의 실패를 책임져야 할 사람들이 책임을 회피하는 모습을 지켜보며 분노했다"고 워싱턴 싱크탱크 퀸시 연구소에 말했다. 퀸시 연구소 분석에 따르면 2024년 대선에서 투표한 유권자의 12%가 군 복무 경험자였으며, 이들 중 65%가 트럼프를 선택했다.[9]

이는 DEI(다양성·형평성·포용성) 정책 폐지 흐름과 맞물려 벌어지는 변화로도 해석할 수 있다. 미국의 외교를 담당하는 국무부는 2025년 4월 대대적인 조직 개편의 신호탄을 쏘아올렸다. 인권과 민주주의 증진을 위한 조직을 대폭 축소하는 내용의 조직 개편안을 공개했다.

개편을 두고 트럼프의 '미국 우선주의'를 노골적으로 드러냈다는 평가가 나왔다. 마르코 루비오 국무장관은 "지난 15년 동안 국무부는 급진적 정치 이념에 더 충성하는 시스템을 만들어냈다"며 "미국의 핵심 국익과 부합하지 않는 프로그램 중 법률로 보장되지 않은 것들은 종료될 것"이라고 밝혔다. 이에 민간 안보·민주주의·인권 담당 차관 직책을 폐지하기로 했다. 국무부는 총 6명의 차관을 두고 있었지만 5명으로 줄이기로 했다. 국제 형사 사법 담당 사무국과 분쟁·안정화 사무국, 글로벌여성현안과 다양성·포용성 업무를 담당했던 사무국도 폐지했다.[10]

국무부 민주주의·인권·노동국(DRL)은 개편의 대상에 올랐다. 루비오는 “국무부 민주주의·인권·노동국이 조 바이든 행정부 시절 좌파 운동가들의 정치 보복 수단으로 사용됐다”고 주장했다. 그는 바이든 행정부가 폴란드, 헝가리, 브라질의 우파 포퓰리스트 정권을 민주주의 후퇴, 언론 탄압, 성소수자 탄압 등의 이유로 비판한 것을 두고 ‘반(反)워크’ 지도자를 겨냥한 이념 전쟁을 벌인 것이라고 봤다.[11] 이들 국가의 지도자들은 어떤 특징을 지녔을까. 폴란드의 보수 정부는 언론 탄압과 사법부 독립성 훼손을 이유로 비판받았다. 헝가리의 빅토르 오르반 총리는 2010년 복귀 이후 민주주의 억압을 강화했고, 브라질의 자이르 보우소나루 전 대통령은 2022년 대선 결과를 뒤엎으려 한 혐의로 재판 중이다.

사무엘 샘슨 민주주의·인권·노동국 선임고문도 주목받고 있다. 보수 시민단체에서 발탁된 샘슨은 대표적인 ‘영(젊은) 마가’ 투사형 참모로 꼽힌다. 그는 유럽의 민주주의가 후퇴하고 있다는 주장을 펼치고 있다. 취임 직후 공개한 글에선 “유럽이 디지털 검열, 대규모 이민, 종교의 자유 제한, 그리고 자치 민주주의에 대한 다양한 공격의 온상이 됐다”고 주장했다.[12]

2025년 5월 샘슨은 프랑스 파리를 찾았다. 거기서 그는 프랑스 극우 정당 국민연합(RN·옛 국민전선)의 의원 겸 전 대표 마린 르펜의 참모를 만나 구명 운동을 제안했다. 마린 르펜은 정치자금 횡령 혐의로 유죄를 선고받으며 피선거권이 5년간 제한돼 2027년 프랑스 대선 출마에 빨간불이 켜진 상태였다. 샘슨은 르

펜의 판결이 "유럽 좌파가 법을 무기화(lawfare)한 표현의 자유 탄압"이라고 봤다.[13]

국민연합은 어떤 선택을 했을까. 로이터통신에 따르면, 국민연합은 미국 측의 제안을 거절했다. 그간 국민연합은 반인종, 반이민 등 극우 이미지를 탈피하고 외연을 확장하기 위해 노력해 왔다. 특히 서민과 프랑스 정체성의 수호자를 자처하고 있다. 이에 트럼프 행정부의 지지가 프랑스 유권자들에게 자칫 반감을 줄 수 있다고 판단해 제안을 거절한 것. 르펜의 측근은 "외국 정부로부터 지지를 받는 것은 우리에게 낯선 일"이라며 거절 배경을 설명했다.[14]

글로벌
마가 연합 등장

세계 곳곳
'민족주의 보수'
규합에 나서다

마가가 국경을 넘어 세계적 현상이 되고 있다. 일본의 참정당, 독일의 독일대안당(AfD) 등은 트럼프의 선거 전략을 벤치마킹해 반이민과 자국 우선주의를 내걸고 약진했다. 아예 마가 진영이 노골적으로 해외 선거에 영향력을 행사하기도 한다. 독일에선 독일대안당을 도왔고, 폴란드 대선에선 보수 후보를 지원해 당선시켰다. 늘어나는 해외 보수 정권은 트럼프 행정부의 외교적 입지를 강화해주고 있다.

트럼프의 기세를 타고 세계 곳곳의 민족주의 보수 정당이 트럼프와 마가 운동을 롤모델로 삼아 세력 규합에 나서고 있다. 2025년 7월 일본 참의원(상원) 선거에서 돌풍을 일으킨 참정당은 트럼프의 핵심 전략을 교본 삼아 지지층을 결집했다. 선거 구호를 '일본인 퍼스트'로 정하고 반외국인 정서를 부추겨 강경 보수 지지층을 끌어모았다. 급격한 고령화로 일본에 늘어난 외국인 때문에 일본인의 살림살이가 더욱 힘들어졌다고 주장하는 식이다.[1] '이민자가 미국을 침공하고 있다'며 강경 반(反)이민 정책을 추진하는 트럼프 행정부와 흡사한 방식으로 유권자를 동원한 것이다.

그간 참정당은 다양한 주제에서 트럼프와 유사한 주장을 이어왔다. 코로나19 팬데믹 당시엔 유튜브 방송을 통해 반백신 운동을 펼쳤고, 이후에는 제약회사와 의료계에 대한 불신을 조장하고 있다. 로버트 케네디 주니어 보건장관이 주도한 '마하(MAHA·미국을 다시 건강하게)' 운동과 매우 비슷하다. 또 가미야 소헤이 참정당 대표 역시 실체가 불분명한 기득권 세력 '딥스테이트'가 "사회 각 분야에 있다"며 딥스테이트에 의한 각종 음모론을 주장한다.[2]

참정당의 경우 아직 마가 진영과 직접적인 접점이 드러나지는 않았으나, 유럽은 사정이 다르다. 마가 진영은 트럼프 1기 행정부 시절부터 유럽의 유사 정당들과 밀접하게 교류했다. 근래 들어 이들이 득세하자 트럼프 행정부가 유럽에 미치는 영향력도 커지고 있다.

2025년 7월《폴리티코》는 독일 극우 정당 '독일대안당(AfD)'의 내부 정치 전략 문건에 "미국처럼 중도 보수와 극좌가 대립하는 정치 구도를 만들자"는 내용이 담겼다고 보도했다. '중도 보수'이자 '극좌 대항마'로 이미지 전환을 꾀하는 전략인 것이다. 이를 위한 수단으로 트럼프 진영처럼 워크(woke·진보 진영을 비꼬는 말)에 주목할 것을 제안했다.[3]

2015년 앙겔라 메르켈 총리가 대규모 이민자 유입을 허용하자 독일대안당은 이들을 독일 밖으로 재이주시켜야 한다는 강경 반이민 정책을 주장하며 세를 불렸다. 스스로를 반체제 세력으로 묘사하고, 우크라이나에 대한 무기 지원을 반대하는 것 또한 마가 진영과 유사하다. 2025년 들어서는 급격한 상승세를 탔다. 2월 총선에서 연방의회 630석 중 152석을 차지하며 2013년 창당 후 불과 12년 만에 제2당으로 올라섰다.[4]

마가 진영은 독일 총선을 앞두고 이들을 도왔다. 특히 일론 머스크 테슬라 최고경영자(CEO)가 독일대안당의 앨리스 바이델 공동대표와 라이브 방송을 진행하며 적극 지원했다. 머스크는 "독일인이 독일대안당을 지지하지 않으면 독일 상황이 더욱 나빠질 것"이라며 바이델 대표를 "합리적이고 상식적인 인물"이라고 극찬했다. 머스크를 두고 선거 개입 논란도 일었다.[5]

독일대안당은 2025년 연말 기준 제2당이지만 연정을 꾸려 집권 세력이 될 가능성은 매우 낮다. 극우 정당과 협력을 거부하는 이른바 '극우 방화벽' 문화가 독일 정치권에 남아있기 때문이다.[6] 이에 코너에 몰린 이 정당이 '미국식 정치 양극화'를 조성하는 방안까지 검토했다는 분석이 나온다.[7] 이념적 위기감을 조성해 독일 젊은층을 중심으로 세를 확장하고 있는 극좌 성향 좌파당을 타파의 대상으로 규정하고, 중도 보수 유권자들이 집권 기독민주연합(CDU)보다 독일대안당을 더 나은 선택지로 여기게 만들겠다는 것이다.

'극좌 광인에 대항하는 상식적이고 건전한 정치 세력'이라는 프레임은 트럼프가 2024년 대선 기간 적극 활용한 전략이다. 트럼프는 "민주당이 망친 미국에 상식을 되돌리겠다"고 강조했다.

《폴리티코》는 독일대안당의 전략 문건을 작성한 베아트릭스 폰 슈토르흐 의원이 트럼프 측 인사들과 교류하는 점에도 주목했다. 트럼프의 말과 행동, 마가의 성공 배경을 면밀하게 분석했을 가능성이 크다는 것이다. 슈토르흐 의원은 올 1월 트럼프 취임식 참석을 위해 미국을 방문했는데 마가 진영의 대표 주자로 꼽히는 스티브 배넌 전 백악관 수석 전략가와 만나기도 했다.[8]

배넌은 트럼프 1기 행정부 당시 내분 끝에 백악관에서 밀려난 뒤 유럽을 돌며 마가 운동을 알렸다. 2018년에는 '무브먼트'라는

이름의 재단을 설립해 유럽 우파를 지원하겠다고 선언했다. 이듬해엔 이탈리아 로마 외곽에 있는 수도원을 개조해 차기 지도자 양성을 위한 아카데미를 설립하겠다고도 했다. 2020년 코로나19 팬데믹의 여파로 배넌이 구상한 사업은 모두 실현되지 못했으나,[9] 고물가 때문에 생활이 어려워지자 반이민 정서가 유럽에서 고개를 들었다. 이에 유럽 우파도 다시 득세하기 시작했다.

2025년 2월에는 독일에서 독일대안당이 원내 제2당으로 떠올랐고, 5월 영국에서는 브렉시트를 주장했던 나이절 패라지가 이끄는 영국개혁당이 지방선거에서 크게 승리했다. 반면 루마니아와 알바니아에서는 마가 진영이 노골적으로 지원한 후보가 선거에서 지며 마가 진영에 패배를 안겼다.

이에 마가 진영은 2025년 5월 폴란드 대선 지원사격에 나섰다. 민족주의 우파 성향의 보수 역사학자 카롤 나브로츠키는 트럼프와 친분을 선거 운동에 적극 활용했다. 폴란드의 안보를 위해 트럼프와 협력해야 한다며 자신이 적임자라고 주장했다. 1차 투표를 약 2주 앞두고는 백악관에서 트럼프와 만난 사진을 공개하기도 했다.[10] 그러나 1차 투표 때 나브로츠키는 29.5%를 득표해 1위를 기록한 중도 성향 라파우 트샤스코프스키 바르샤바 시장에 1.8%포인트 차로 뒤졌다. 결선투표까지 남은 시간은 2주. 폴란드에서는 전례 없는 행사가 열렸다.

5월 27일 폴란드의 남동부 소도시 야시온카에서 보수정치행동회의(CPAC)가 개최됐다. 이 정치 행사는 미국 보수 진영의 최대

행사로, 사실상 마가 진영의 축제처럼 운영되고 있다. 결선투표를 닷새 앞둔 민감한 시기에 행사가 열리자 "마가의 노골적인 나브로츠키 밀어주기"라는 지적이 많았다.[11] 보수정치행동회의에서 단연코 가장 주목을 받은 인물은 크리스티 놈 미국 국토안보장관이었다. 놈은 연설에서 "트럼프 대통령의 지시를 받아 오늘 이 자리에 오게 됐다"며 나브로츠키에 투표할 것을 공개적으로 권했다.[12]

"카롤이 다음번 폴란드 대통령이 되어야 합니다. 제 말을 이해하시겠어요?"

놈 장관은 "트럼프 대통령과 협력할 지도자를 선출한다면 미국이 폴란드를 지키겠다"고 했다. 미군이 계속해서 폴란드에 주둔할 것이라고 강조했다. 트샤스코프스키 후보에 대해선 "엉망진창인 지도자"라고 비판했다.

우크라이나와 국경을 맞댄 폴란드에 미국의 안보 약속은 매우 중요한 문제다. 2022년 러시아의 우크라이나 침공 후 폴란드는 안보 위협을 크게 느껴 국방비를 두 배로 늘렸다. 2025년 국내총생산(GDP) 대비 국방비는 4.7%로 북대서양조약기구(NATO·나토) 회원국 중 이 비율이 가장 높다. 그런데 2024년 미국 대선에서 트럼프가 당선되자 폴란드 내부에서는 혹여 미국이 발을 뺄까 불안이 컸다. 이런 상황에서 놈이 "나브로츠키가 당선된다면 미국이 폴란드를 지킬 것"이라고 약속하자 폴란드 여론은 술렁였다. 결국 결선투표에서는 나브로츠키가 초박빙 승부 끝에 1.9%포인

트 차로 승리를 거머쥐었다.[13]

정치 신인인 나브로츠키는 민족주의 우파 성향으로 분류된다. 그는 EU 체제하에서 폴란드가 피해를 보고 있다고 주장하는 인물이다. 우크라이나 난민 지원 축소, 유럽 난민 협정 탈퇴 등을 예고했다. 또 기독교 가치를 중시해야 한다며 낙태, 동성 결혼 등에 반대한다. 강경 반이민 정책을 펴고, 낙태권과 트랜스젠더(성전환자) 권리 등을 인정하지 않는 트럼프 행정부와 정치적 입장이 상당 부분 일치한다고 볼 수 있다.

트럼프는 앞으로 나브로츠키 체제하에서 유럽에 보다 큰 영향력을 행사할 수 있게 된다. 벌써 북대서양조약기구(NATO) 회원국을 상대로 "폴란드 선례를 따르라"며 거세게 압박해 결국 'GDP 대비 5%' 국방비 지출 약속을 받아내는 성과를 거뒀다. 또 신규 회원국 가입 시 기존 회원국의 만장일치 동의를 받아야 하는 북대서양조약기구와 EU 특성상 우크라이나의 가입도 더욱 어려워지게 된다.[14]

트럼프의 북유럽 친구

솔직함과 실리로 트럼프를 움직이다

트럼프가 가장 신뢰하는 유럽의 파트너는 알렉산데르 스투브 핀란드 대통령이 아닐까. 철저한 안보 현실주의자인 그는 골프를 매개로 트럼프와 가까워졌다. 린지 그레이엄 상원의원의 주선으로 연결된 두 사람은 우크라이나 전쟁 등 민감한 현안에서 유럽과 미국을 잇는 소통 채널을 가동 중이다. 힘의 논리를 이해하는 스투브의 접근법은 트럼프 시대 유럽의 생존을 위한 외교 모델이 되고 있다.

2025년 8월 15일 트럼프와 블라디미르 푸틴 러시아 대통령의 알래스카 정상회담이 성과 없이 끝났지만, 우크라이나 지원에 반대 입장이던 트럼프의 마음을 움직인 유럽의 막후 중재자로 알렉산데르 스투브 핀란드 대통령이 주목받았다.

《월스트리트저널》에 따르면 스투브는 트럼프와 동트기 전 새벽부터 전화 통화를 하는 사이이다. 트럼프는 스투브의 말을 귀 기울여 듣는다고 한다.[1] 스투브 대통령은 오전 5시에 하루를 시작하는 일벌레다. 아버지는 하키 선수 출신이고 그 역시 학창 시절에 하키 선수로 활약했다. 대통령이 된 후 본명을 숨기고 아마추어 트라이애슬론(철인 3종·수영, 사이클, 마라톤) 대회에 참가해 남성 참가자 중 2위를 기록해 화제가 되기도 했다. 대학은 골프 장학생으로 갔다.

트럼프와 가까워진 계기도 골프다. 트럼프가 재집권한 뒤 라운드를 함께한 첫 국가수반이 스투브이다. 트럼프는 그와 약 7시간의 골프 회동을 마친 뒤 휴전을 미루는 푸틴을 공개 비판했다. 트럼프가 푸틴을 비판한 것은 처음이었다. 이를 두고 "스투브의 골프 외교가 통했다"는 평이 나오기도 했다.[2]

스투브는 가교(架橋) 역할을 자임하고 있다. 그는 트럼프와 골프 회동 직후 현지 매체와 인터뷰에서 "트럼프 대통령과 회동을 앞두고 유럽 주요국 정상들과 소통했다"며 트럼프에게 4월 20일 부활절 휴전을 제안했다고 밝혔다.[3]

트럼프와 소통을 이어갈 수 있는 비결로는 솔직함을 꼽았다. 그는 《월스트리트저널》 인터뷰에서 "사람들은 우리 핀란드인들이 숨기는 의제가 없다는 걸 안다. 우리는 매우 솔직하다"며 "나는 유럽과 젤렌스키 대통령의 생각을 트럼프에게 전할 수도 있고, 그 반대도 할 수 있다"고 말했다.[4]

스투브의 말은 사실이다. 그의 정치적 입장은 매우 명확하다. 2004년 정계에 입문한 뒤로 줄곧 러시아 강경론을 폈다. 핀란드의 입장 또한 명확하다. 핀란드는 수십 년간 철저히 대(對)러 방어 태세를 갖춰왔다. 북대서양조약기구(NATO·나토) 회원국 중 러시아와 맞댄 국경의 길이가 가장 길고, 구소련의 침공으로 영토를 잃은 역사가 있다. 핀란드는 1939년 구소련의 침공을 받아 105일간 겨울전쟁을 치렀다. 강하게 저항했지만 결국 이듬해 모스크바 평화조약을 맺으며 카렐리야 등 영토 일부를 내줬다. 1941년 나치 독일과 손잡고 겨울전쟁 때 빼앗긴 땅을 되찾으려 했지만 실패했다. 1947년 파리 평화조약으로 카렐리야, 살라, 페차모 등을 구소련에 잃었고, 이 지역들은 현재도 러시아에 속해있다. 또한 전쟁 책임을 인정하고 3억 달러(현재 가치 약 58억 달러, 약 8조 원)의 배상금을 구소련에 지불해야 했다.[5]

그래서 핀란드는 중립국으로 유명하면서도 징병제를 실시하고 국방에 투자를 아끼지 않는다. 1960년대부터 현재까지 전역에 건설한 지하 벙커는 5만 개가 넘는다. 인구 550만 명 중 480만 명을 동시에 수용할 수 있는 규모로, 핵과 가스 등을 동원한 공격에 안전하고 2주 이상 체류 시에도 자급자족이 가능하다. 전쟁에 대비해 지하에 거대한 도시를 건설한 셈이다. 스페인《엘파이스》에 따르면 2025년 초 외신 기자단을 상대로 진행한 지하 벙커 투어에서 핀란드 국방부 고위 관계자는 이렇게 말했다. "핀란드가 현재 전쟁 중은 아니지만, 평화의 시대에 살고 있는 것도 아니다."[6]

스투브는 중도우파 국민연합당 소속으로 정계 입문 당시부터 주목받은 스타 정치인 출신이다. 수도 헬싱키에서 자라며 하키 선수를 하다 12세에 골프를 시작했다. 고등학생 때 골프 국가대표로 선발됐다. 프로 골프 선수의 꿈을 안고 1989년 미국 사우스캐롤라이나주에 있는 퍼먼대에 골프 장학생으로 입학했다.

그런데 1990년 베를린 장벽이 무너지고 핀란드의 유럽연합(EU) 가입이 코앞에 다가오며 그의 인생도 바뀌었다. 정치에 관심을 갖게 돼 수강한 정치학 수업이 전환점이었다. 강의를 맡은 브렌트 넬슨 퍼먼대 정치외교학과 교수는 당시 갓 임용된 31세 교수였다. 그는 스투브를 학문의 길로 이끌었고, 오늘날에도 강의실에서 쓰이는 교과서를 학부생이었던 스투브와 함께 집필했다.[7]

스투브는 1999년 런던정경대(LSE)에서 국제정치학 박사 학위를 받은 뒤 핀란드 정부에서 일했다. 집필 활동도 왕성히 해 2000년부터 쓴 책만 16권이 넘는다. 2004년 유럽의회 의원에 당선되며 정계 입문을 했고 2008년에는 만 40세 생일날 외교장관으로 발탁됐다. 이어 유럽통상장관, 총리, 재무장관을 역임했다.

그러나 특유의 긍정적인 성격이 발목을 잡았다. 2016년 핀란드는 '유럽의 병자'로 불렸다. 20%대 청년 실업률과 정체된 경제성장률로 신음했다. 그런 가운데 재무장관이었던 스투브는 트위터(현 X)에 "잘 잤고 아침 운동도 잘했고 커피랑 아침밥도 좋았고 컨디션도 좋다. 오늘 좋은 하루가 될 것 같다. 모두 좋은 아침 보내시라"고 올렸다. 국민 정서에 어긋난다는 비판을 받으며 정치적 입지가 좁아졌고, 결국 정계를 떠났다.[8]

그런데 2022년 러시아의 우크라이나 침공은 핀란드 사회에 큰 충격파를 던졌다. 러시아 강경론자인 스투브도 다시 정치에 목소리를 내기 시작했다. 당시 유럽투자은행(EIB) 부총재에 이어 유럽대학연구소(EUI) 교수로 지내고 있었다. 그는 러시아의 침공 후 첫 4개월간 400건이 넘는 언론 인터뷰를 하며 핀란드의 북대서양조약기구(NATO) 가입을 주장했다.[9] 이듬해 핀란드는 북대서양조약기구에 가입했고, 2024년 2월 스투브는 대통령에 선출됐다.

트럼프와의 인연이 순전한 행운이나 우연 덕분에 생긴 것은 아니었다. 공화당 중진 린지 그레이엄 상원의원이 연결고리가 되었다. 트럼프의 최측근인 그는 충성파이지만 러시아 문제에 대해서는 종종 이견을 드러내고 있다. 그레이엄은 '보수 거목' 존 매케인 상원의원과 함께 전 세계를 누빈 공화당 전통 매파 출신이다. 2017년 트럼프의 백악관 입성 후 충성파로 돌아섰지만, 2025년 4월에는 러시아가 우크라이나 휴전 협상을 거부하거나 우크라이나를 다시 침공한다면 러시아와 러시아를 지지한 국가를 제재하는 법안을 내놓기도 했다.[10]

스투브는 그레이엄의 고향이자 지역구이고, 자신이 대학에 다녔던 사우스캐롤라이나를 접점 삼아 친해졌다고 한다. 특히 스투브는 지역색이 짙게 묻어나는 남부 방언을 곧잘 구사한다고 한다. 그레이엄은 2025년 2월 뮌헨안보회의 당시 저녁 자리에서 트럼프에게 전화를 걸어 즉석에서 스투브와 골프 약속을 잡아줬다.[11] 그레이엄은 자신의 정치적 신념을 위해 스투브와 의기투합한 것으로 보인다. 핀란드 대통령 임기는 6년이라 스투브가 트럼프 2기 내내 안정적인 다리 역할을 할 수 있다는 장점도 있다.

영국
진보 정권의
선구안

정치색이
달라도
미국과 연을
만들어야 한다

영국 노동당 정부는 트럼프 당선을 준비해 왔다. 데이비드 래미 외교장관은 2023년부터 JD 밴스 부통령과 친분을 쌓았다. 정치 성향은 정 반대지만 둘은 가난과 부모의 부재라는 공통된 유년의 상처와 노동자 계층의 삶에 대한 깊은 우려를 공유하며 우정을 쌓았다. 소수의 측근이 정책을 좌우하는 트럼프 행정부의 특성을 간파한 영국은 이념적 자존심을 굽히고 사적인 인맥을 통해 국익을 챙기는 선구안을 발휘했다.

2025년 8월 여름휴가의 첫 일정으로 JD 밴스 미국 부통령이 영국 데이비드 래미 외교장관의 시골 관저를 찾았다. 래미는 런던 남동쪽 켄트에 있는 외교장관 공식 시골 관저인 '체브닝 하우스'에 밴스의 가족을 이틀간 초대했다. 두 가족은 115개의 방과 미로와 호수를 갖춘 체브닝 하우스에서 첫 일정으로 낚시를 했다. 밴스 가족은 모두 잉어를 잡았지만 래미는 빈손으로 돌아왔다. 이후 두 사람은 회담을 가진 뒤 미사에 참석했다.[1]

둘의 정치 성향은 정반대다. 밴스는 마가 운동의 유력한 후계자, 래미는 진보 성향 노동당 소속이다. 글로벌 무대에서 날선 동맹국 비판으로 '공격견' 이미지를 구축한 밴스는, 2025년 2월 백악관을 찾은 키어 스타머 영국 총리에게 "영국의 기술 플랫폼 규제는 검열"이라며 맞섰다.

그러나 이날 체브닝 하우스에서 가진 기자회견에서는 래미와의 우정에 대해 이야기했다. 밴스는 "래미가 2023년 워싱턴 방문 중 시간을 내어줘 만나게 됐다"고 말했다. 밴스가 '마가 키즈'로 부각되며 상원의원에 갓 취임했을 시점이다. 이후 두 사람은 정기적으로 만나왔다. 가족 동반 모임도 종종 가졌다고 한다. 밴스는 "데이비드와 정말 좋은 친구가 됐다. 가족들끼리도 잘 어울리

니 도움이 된다"고 했다.[2]

둘은 깊은 신앙심과 어려운 유년 시절을 보낸 노동자 계층 출신이라는 공통점으로 가까워졌다. 래미는 1985년 폭동으로 어지러웠던 런던 북부 토트넘에서 성장했다. 부모는 그가 10대일 때 이혼했고, 알코올 의존증에 시달리던 아버지는 미국으로 떠난 뒤 미국에서 사망했다. 밴스 역시 약물 중독을 겪던 홀어머니 밑에서 자랐다.

두 사람은 변호사 출신 젊은 정치인이라는 공통점도 있다. 래미는 런던대 동양아프리카대(SOAS)를 졸업한 뒤 22세에 영국 최연소 변호사가 됐다. 직후 미국으로 건너가 영국 흑인 최초로 하버드대 로스쿨에 진학했다. 이때 동문 행사에서 만난 버락 오바마 대통령과는 절친이 됐다. 유명 초상화가인 래미의 부인이 2008년 오바마의 대선 유세를 동행하며 초상화 연작을 그리기도 했다.[3] 밴스는 해병대 복무 후 예일대에 진학해 변호사가 됐다. 래미는 2000년 최연소 하원의원이 됐고, 밴스는 2023년 상원의원이 되며 정계에 입문했다.

래미는 둘의 우정에 대해 "우리는 정치적 토론과 논쟁을 즐긴다"고 했다. 특히 노동자 계층의 삶에 대한 깊은 우려를 공유한다고 했다. 밴스는 "엄청난 긴장 상태에 있는 세상에 더 큰 평화와 안정을 가져 오자"는 래미의 말에 마음이 움직여 둘이 의기투합하게 됐다고 했다. 래미는 2025년 5월 레오 14세 교황의 즉위식에서 밴스에게 새로운 친구도 소개했다. 밴스와 래미, 안젤라

레이너 영국 부총리는 이탈리아 주재 미국 대사의 관저에서 와인을 마시며 친해졌다고 한다. 래미는 《가디언》 인터뷰에서 "아주 멋진 한 시간 반을 보냈다"고 했다. 셋은 문제 많은 어린 시절을 보낸 노동계급 정치인이라는 접점을 통해 공감대를 형성했다.[4]

2023년 시작된 둘의 우정은 이듬해 큰 변곡점을 맞았다. 래미가 속한 노동당이 총선 여론조사에서 크게 앞서며 14년 만에 집권을 눈앞에 두게 된 것이었다. 노동당 정부가 출범하면 외교장관을 맡게 될 래미는 2024년 5월 워싱턴을 찾아 민주당과 공화당 인사들을 만났다. 밴스를 비롯해 린지 그레이엄 상원의원과 엘브리지 콜비 국방부 정책담당 차관 등 트럼프 2기 행정부에서 핵심으로 꼽히는 인물들과 회동했다.[5]

래미는 과거 트럼프를 "네오나치 성향의 소시오패스" "위험한 광대"라고 불러 미국과 관계가 껄끄럽지 않겠냐는 지적도 받았다. 그는 우려를 정면 돌파했다. 워싱턴 보수 싱크탱크 허드슨연구소 연설에서 "서방 세계 정치인 중 도널드 트럼프에 대해 한 마디도 안 한 사람은 거의 없을 것"이라고 에둘러 말하며, 트럼프가 "오해받는 지도자"라고 했다. 그러면서 자신은 "선량한 크리스천이자 소규모 보수주의자로 공화당과 접점을 찾을 수 있다"고 말했다.[6]

2개월 뒤 영국 총선에서 노동당이 승리하며 래미는 외교장관이 됐고, 밴스는 부통령 후보로 지명됐다. 가자 전쟁과 우크라이나 전쟁의 처리 과정에 대한 이견, 관세 후속 협상과 북대서양조약기구(NATO·나토) 회원국의 방위비 문제 등을 둘러싼 미국과의 긴장을 관리하는 데 래미가 쌓은 우정은 도움이 된다. 밴스와 신뢰 관계를 바탕으로 접점을 찾을 여지가 생기기 때문이다. 영국 싱크탱크 채텀하우스의 브론웬 매독스 대표는 "트럼프 행정부에서는 고위급 인사와의 개인적 관계가 특히 중요하다"고 BBC에 말했다.[7] 트럼프 대통령은 소수의 측근을 기용해 국정을 운영하고 있다. 핵심 인사가 정책 결정에 미치는 영향력이 크기 때문에 래미처럼 정부 고위급이 미국과의 인맥 관리에 각별히 신경 써야 한다는 뜻이다.

일본과 미국의 질긴 인연

패권국에 뒤지지 않을 '강한 일본'을 외치다

일본차가 망치로 부서지던 1980년대 미국. 40년 뒤 일본 첫 여성 총리에 오른 다카이치 사나에는 '강한 일본'을 꿈꾸는 우익 정치인이 되어 일본으로 돌아갔다. 다카이치는 대만 파병 가능성까지 시사하며 중국과 정면으로 충돌하는 반면 트럼프와는 마찰을 피하는 외교 노선을 택했다. 중국의 경제 보복과 미국의 모호한 태도 사이에서, 다카이치는 외부의 적을 만들어 내부를 결집하는 '강 대 강' 전략으로 지지율을 끌어올리고 있다.

정치인을 꿈꾸는 26세의 일본 여성은 미국이 일본을 어떻게 보는지 궁금했다. 그래서 1987년 미국으로 건너가 초선 패트리샤 슈로드 연방 하원의원의 펠로우로 일하며 당시 미국을 뒤덮은 반일 정서를 가까이서 체험했다. 일본 때문에 미국 제조업이 고사하고 있다는 주장이 힘을 얻으며 '일본 때리기(Japan bashing)' 현상이 워싱턴 정가를 비롯한 미국 사회 전반을 휩쓸었다.

1년 4개월 뒤 일본에 돌아온 여성은 1993년 중의원으로 당선돼 정치인의 길을 걷게 됐다. 미국에서의 경험을 바탕으로 '강한 일본'을 주장하고, '철의 여인' 마거릿 대처 전 영국 총리를 롤모델로 삼았다. 총무상, 경제안전보장상 등을 거친 뒤 2025년 10월, 3수 끝에 자민당 총재 자리에 올랐다. 일본 첫 여성 총리가 된 다카이치 사나에 자민당 총재의 이야기다.

1980년대 미 전역의 축제장에서는 1달러를 내고 대형 망치로 자동차를 부수는 행사가 유행했다. 분풀이 대상이 되는 차량은 주로 도요타였다. 기이한 행사의 근원은 '미국에서 파는 제품은 미국에서 만들라'는 구호를 내건 전미자동차노조(UAW) 노조원들

의 시위였다. 시위 도중 벌인 퍼포먼스가 큰 인기를 끌며 지역 축제장 단골 행사가 된 것이었다.

다나 프랭크 산타크루즈 캘리포니아대(UC 산타크루즈) 역사학과 명예교수는 "전미자동차노조가 주도한 '바이 아메리칸' 국산품 장려 운동이 미 사회 전반에 반일 감정을 확산했다"고 저서에서 짚었다. 이는 곧 아시아계 혐오로도 번졌다. 1982년에는 미시건주 디트로이트 외곽에서 크라이슬러 공장에서 근무하던 백인 부자(父子)가 중국계 미국인 엔지니어를 "미국인의 일자리를 빼앗은 일본인"으로 보고 야구 방망이로 구타해 숨지게 한 사건이 벌어졌다.[1]

자동차뿐만이 아니었다. 전자기기와 반도체 등 일본의 대표 수출품은 모두 분노의 표적이 됐다. 대미 무역 흑자를 문제 삼으며 일본의 미국 진출을 제한하고, 일본 시장을 개방해야 한다는 주장이 힘을 얻었다.[2] 우리가 이미 알고 있듯, 트럼프도 "일본이 미국에 자동차랑 영상카세트녹화기(VCR)를 덤핑하고 있다. 우리는 일본을 보호해 줬는데 이런 대가를 치르고 있다"며 강하게 비판했다.

다카이치가 워싱턴으로 건너간 1987년 로널드 레이건 행정부는 일본산 전자제품에 100%의 보복 관세를 발표하며 일본 사회에 충격을 줬다. 한 해 전 체결된 미일 반도체 협정에 담긴 "외국산 반도체가 일본 시장에서 점유율 20%를 넘겨야 한다"는 약속을 일본이 어겼다는 이유에서다.[3] 그해 6월에는 연방 하원의원 3명이 미 의사당 잔디밭에서 도시바 라디오를 대형 망치로 부쉈다. 다카이치와 일했던 슈로드 의원도 대표적인 대일 강경파였다. 일본산 수입품에 '안보 보호비' 명목의 관세를 부과하자며 이른바 '일본 안보 무임승차론'에 힘을 실어줬다.[4]

《니혼게이자이신문》에 따르면 다카이치는 1년 4개월간의 미국 생활을 통해 "나라를 스스로 지키지 못하면 일본에 대한 이해의 정도가 얕은 미국 여론에 일본이 좌우되고 만다"는 교훈을 얻었다고 저서에서 밝혔다. 의원실에서 열어준 환영회에는 중국 요리가 나오고, 번역을 의뢰받은 문서가 중국어이거나 한국어인 경우가 적지 않았다는 것이다.

미국에서의 경험은 다카이치의 국가관에 영향을 준 것으로 보인다.[5] 다카이치는 자민당 안에서 보수 성향으로 분류되는데 자위대 헌법 명시와 방위력 증강, 대중 강경론 등을 펴며 '강한 일본'을 주장하는 인물이다.

약 40년 뒤 역사는 되풀이되고 있다. 자민당 총재 선거를 앞두고 다카이치는 "5,500억 달러 대미 투자 펀드가 일본 국익을 해치면 재협상을 요구할 수 있다"고 맞섰다.[6] 트럼프 관세가 "세계무역기구(WTO) 협정 위반이며, 관세 무역 일반협정(GATT) 제2조에도 저촉된다"고 꼬집기도 했다.[7] 하지만 총리가 된 뒤에는 트럼프 행정부와 그 어떤 마찰도 일으키지 않고 있다.

반면 중일 관계가 악화일로를 걷고 있다. 다카이치가 2025년 10월 21일 취임했으나 시진핑 중국 국가주석은 축하 서한을 보내지 않았다. 열흘 뒤 경주 아시아태평양경제협력체(APEC) 회의에서 첫 정상회담을 가졌지만 냉랭한 표정으로 악수를 건넨 뒤 30분만에 종료됐다.[8] 다음 날 다카이치는 APEC 회의를 찾은 린신이 대만 총통부 선임고문을 접견했다. 중국은 강력 반발했다.

고조되던 긴장은 11월 7일 다카이치가 현직 총리 최초로 중국이 대만에 무력을 행사하는 식의 사태가 벌어지면 "집단자위권을 행사해 자위대를 파견할 수 있다"고 중의원 예산위원회 질의에서 답변하며 폭발했다. 대만 유사시에 일본이 군을 보낼 수 있다는 뜻이다.[9] 10일 다카이치는 집단자위권 발언을 철회하지 않겠다고 쐐기를 박았다.

이후 중국은 보복 조치를 쏟아냈다. 일본 여행과 유학 자제령을 내리고, 일본 문화 콘텐츠나 일본 영화의 상영을 중단시켰다. 중국은 일본산 수산물 수입을 중단하고, 소고기 수입 재개 협의 또한 중단하며 경제 교류를 옥죄었다. 양국간 민간 교류를 제한하는 '한일령(限日令)'을 내린 것이다.[10]

다카이치는 '강 대 강' 대치를 선택했다. 그 이유는 핵심 지지층이 '강한 지도자' '강한 일본' 이미지에 호응하기 때문일 수 있다.[11] 첫 여성 총리인 다카이치의 인기는 뜨겁다. 집권 자민당 지지율은 20%대지만, 다카이치는 젊은층까지 강한 지지를 보내며 취임 첫 《아사히신문》 여론조사에서 지지율 68%를 기록했다. 대만 발언 이후에는 지지율이 오르기까지 했다. 《아사히신문》이 11월 15, 16일 양일간 진행한 여론조사에서 69%로 1%포인트 오른 모습이

었다.[12]

시진핑과 중국 지도부에도 중일 갈등은 정치적으로 도움이 될 소재다. 다카이치 내각 출범 이전부터 중국에서는 반일 감정이 극에 달한 상황이었다. 제2차 세계대전 종전 80년을 맞아 중국 정부는 '항일전쟁 승리 80주년'을 기념하는 대형행사를 연이어 개최했고, 극장가에서는 20세기 전반부의 일본 제국주의를 다룬 영화들이 흥행 가도를 달렸다. 박스오피스 성수기인 여름 최대 흥행작은 1937년 발생한 난징대학살을 다룬 영화 〈난징사진관〉이었다. 9월에는 제2차 세계대전 당시 일본군이 자행했던 생체실험을 다룬 영화 〈731〉이 개봉 첫날 3억 위안(약 600억 원) 넘게 벌어들이는 신기록을 세우며 분위기를 이어갔다.[13]

미국과 중국이 유화 모드에 접어든 점이 영향을 줬다는 분석도 나온다. 트럼프 행정부의 참모들은 중국 견제를 우선시하겠다는 강경 메시지를 내놓지만, 트럼프의 발언은 온탕과 냉탕을 오간다. 중국이 희토류 수출 통제로 압박해올 때는 "시진핑과 만날 이유가 없다"며 강하게 나갔지만, APEC 정상회담 직전 양국 정부가 관세 전쟁 '휴전'에 합의하자 "G2가 만난다"고 소셜미디어에 적었다. 《이코노미스트》는 "시진핑을 동급으로 여긴다는 인식을 드러냈다"고 해석했고,[14] 2015년 알리바바가 인수한 홍콩 일간지 《사우스차이나모닝포스트》에는 "중국과 패권 경쟁을 벌이던 미국이 패권국 간 협력과 균형으로 선회했다는 신호일 수 있다"고 분석한 중국 푸단대 교수의 기고가 실렸다.[15]

미국 군사력을 보여주는 무대도 중동에서 중남미로 옮기며 아시아에는 상대적으로 덜 관심을 보였다.

중일 갈등은 한동안 지속될 추세로 보인다. 줄리오 프리세 유럽대학연구소(EUI) 아시아 프로젝트 국장은《니혼게이자이신문》 인터뷰에서 "대만 문제를 두고 트럼프 행정부가 양보로 해석할 수도 있는 움직임을 취하고 있다"며 "백악관의 '해빙' 제스처를 확인한 중국이 자신감을 갖고 일본에 대한 압력을 행사하는 것"이라고 분석했다.[16]

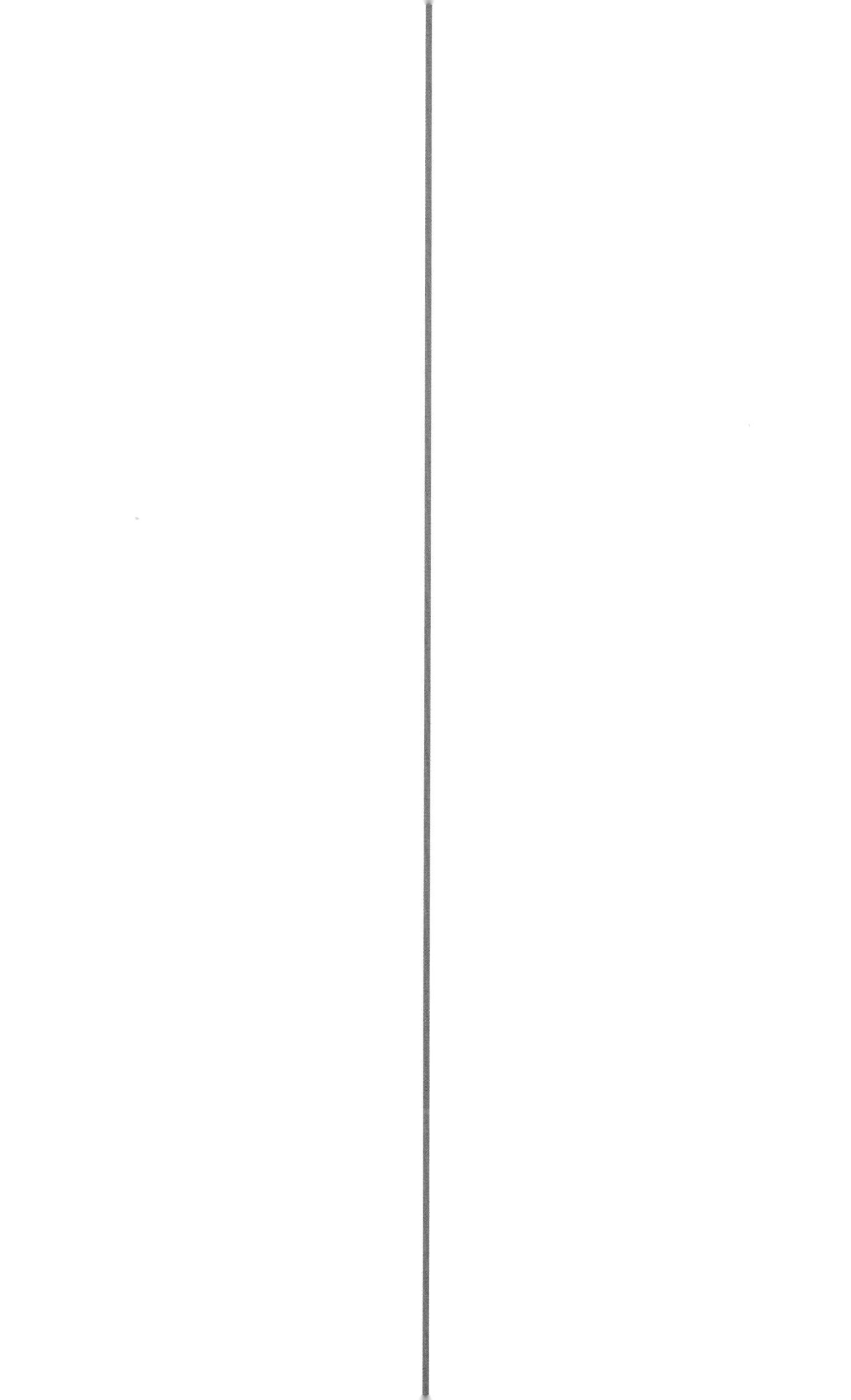

5장

트럼프 다음을 내다보기

유력
마가 후계자
밴스

차세대
보수 세력은
모두 그에게로
모인다

2025년 9월 찰리 커크의 장례식에서 JD 밴스는 슬픔에 잠긴 마가 진영을 위로했다. 부통령을 넘어서는 차기 대선 주자의 리더십을 증명했다. 평생 변신을 거듭한 밴스는 러스트벨트 흙수저, 실리콘밸리 자본가, 마가 진영, 이제는 보수 청년들의 열망까지 상징하는 인물이 됐다. 제48대 미국 대통령을 향한 그의 도전에 탄탄대로가 펼쳐질 것만 같다.

2025년 9월 10일 애리조나주 미국 청년보수 단체 '터닝포인트 USA'의 찰리 커크 창립자 겸 대표의 피살 이후 JD 밴스 부통령은 마가 운동의 후계자로 집중 조명을 받았다. 부통령이 공개적으로 어떤 사안에서 주도권을 잡고 리더십을 보여줄 기회는 매우 드물지만, 둘이 가까운 친구 사이였다는 특수성으로 인해 밴스에게 시선이 집중됐다. 사망 다음날 밴스는 9·11테러 24주기 추모식 참석 일정을 취소하고 커크의 시신을 자신의 전용기에 태워 유타주에서 애리조나주로 옮겼다. 부인 우샤 여사도 동행해 커크의 부인 에리카 커크를 위로했다. 《워싱턴포스트》는 "총격 직후 밴스가 커크 가족 곁에 서서 위로를 전하는 모습은 마가 진영에서 쉽게 잊지 못할 순간이 되었다"고 전했다.[1]

밴스는 14일 백악관 부통령 집무실에서, 생전 커크가 진행하던 팟캐스트 방송의 특별 진행자로 나섰다. 그의 죽음에 기뻐하는 사람을 보면 고용주에게 알리라고 독려하고, 좌파 극단주의 운동이 죽음에 기여했다며 이들을 해체하겠다고 다짐했다. 밴스는 커크를 위한 공개 추모를 빠르게 주도하며, 그 운동의 기치를 이어받은 인물로서의 입지를 굳혔다.

밴스는 공화당 내에서도 중요한 역할을 수행하고 있다. 그는 부통령 취임 직후 공화당 전국위원회 재무위원장도 맡게 되었다. 이 직책을 수행하며 전국의 고액 기부자와 각 주 정치 네트워크의 핵심 인사들과 친분을 쌓고 당내 영향력도 키우고 있다.[2]

정치 전문 매체《액시오스》는 "커크 암살 이후 백악관과 트럼프 대통령의 정치 생태계가 재정비되면서, 그동안 수면 아래서 거론되던 새로운 권력 중심들이 한순간에 눈앞에 드러났다"며 "공화당의 2028년 대선 후보로 가장 유력한 밴스는 2026년 중간선거를 앞두고 전국을 돌며 '좌파와 싸우는 전사' 이미지를 부각시킬 전망"이라고 전했다.[3]

밴스는 예일대 로스쿨을 졸업한 변호사 출신으로, 오하이오주에서 흙수저로 자란 자신의 성장환경을 기록한 책《힐빌리의 노래》를 2016년 출간하며 이름을 알렸다. 이후 트럼프를 상대로 강도 높은 비판을 쏟아냈다. "망가진 사회를 고칠 역량이 없는데 정치적 쾌감만 주는 문화적 헤로인(마약)"이라고 꼬집기도 했다.

유명세를 계기로 당시엔 그와 정치 성향이 달랐던 커크와 인연이 닿기도 했다. 밴스가 폭스뉴스에 출연한 후에 커크가 트위터(현 X) 메시지를 보내 "방송을 잘 봤다"고 인사를 건넸다고 한다. 친트럼프로 마음을 바꾼 뒤 2021년 상원의원 출마를 고민할 때 선거 노하우가 풍부한 커크가 밴스에게 조언을 했다고 한다.[4]

밴스가 트럼프를 처음 만난 것은 2021년 2월이다. 트럼프가 백악관에서 자택 플로리다주 마러라고 리조트로 돌아온 지 한 달 됐을 시점이었다. 고향 오하이오주 상원의원 출마를 준비하는 밴스를 위해 피터 틸 인공지능(AI) 방산기업 팔란티어 공동창업자가 다리를 놓았다.[5]

틸은 머스크의 25년 지기 최측근이자 실리콘밸리 보수 진영의 핵심 인물로 꼽히는 동시에 밴스의 멘토다. 둘은 밴스가 예일대 재학생일 때 처음 만났다. 밴스는 졸업 후 틸을 따라가 캘리포니아주 샌프란시스코에서 벤처 투자자로 일했다. 틸의 격려를 받아 러스트벨트(쇠락한 공업지대) 현실을 생생하게 담은 자서전을 출간해 전국적인 주목을 받았다. 밴스의 가능성을 엿본 틸은 첫 직장, 첫 출간, 첫 선거, 그리고 첫 대선까지 그의 인생을 뒤바꾼 분기점마다 결정적인 도움을 줬다.

밴스와 트럼프의 첫 만남은 어떻게 흘러갔을까. 《뉴욕타임스》에 따르면 트럼프의 책상 위에는 두툼한 종이 뭉치가 올려져 있었다. 밴스가 공식 석상에서 한 트럼프에 대한 신랄한 비판을 정리해 둔 것이었다. 트럼프가 먼저 운을 뗄 때 "나에 대해 몹쓸 말을 했다"고 지적했다고 한다. 그러자 밴스는 "죄송하다. 미디어의 거짓말에 속았다. 특히 제가 그렇게 해서는 안 됐다"고 말했고, 트럼프는 마음이 풀린 것처럼 보였다고 한다. 둘은 정치의 어려움에 대해 속 시원하게 털어놓으며 이야기를 이어갔다. 이날 회담을 마치며 트럼프는 밴스에게 '공개 지지를 해달라고 온 것이냐'는 취지로 물었다. 밴스는 "온전히 자신의 힘으로 이기는 모습을 보

여드리고 싶다"며 앞으로는 절대 트럼프를 공격하지 않겠다고 충성을 맹세했다.[6]

이듬해 중간선거에서 밴스는 의회 입성에 성공했고, 정치적 재기를 노리던 트럼프에게 든든한 우군이 됐다.

밴스는 매우 영특하고 민첩하다는 평가를 받는다. 대화 한 번으로 트럼프의 신뢰를 얻었고, 이후 폭스뉴스에 자주 출연하며 그의 눈에 들었다. 폭스뉴스 애청자인 트럼프는 밴스를 보며 매우 흡족해했다고 한다. "아름다운 파란 눈을 가진, 잘생기고 똑똑한 청년이다. 방송도 잘하고, 토론도 잘한다"며 주변 사람에게 칭찬했다고 한다.[7]

밴스의 변신은 미 정계에 상당한 충격파를 줬다. 이전까지 밴스는 진보 진영에서도 호평을 받았다. 진영은 다르지만 소외된 빈곤층 노동자를 대변할 이상적인 보수 샛별로 여겨진 것. 시사지《디애틀랜틱》은 그를 두고 "기회주의자라는 호칭도 과분하다. 밴스는 경멸스럽고 부끄러운 광대가 됐다"고 비판했다.[8]

마가 진영에서는 밴스를 환영했다. 밴스는 부통령 후보군에 들었고, 2024년 5월 마러라고에서 '부통령 오디션'이 연상되는 행사를 개최한 트럼프는 밴스를 두고 진국이라는 취지로 극찬했다. 부통령 후보군 7명을 무대에 한 줄로 세워두고 직접 소개했는데 밴스에 대해서는 "처음에는 나를 재앙이라고 했던 사람이지만,

밴스는 알면 알수록 가장 위대한 상원의원 중 하나"라고 했다.[9]

미국 부통령 후보는 당내 경선을 거치지 않는다. 선택권은 전적으로 대통령 후보에게 있다. 대통령 후보가 자신의 러닝메이트를 지명하는 방식으로 결정된다. 대통령 후보와 상호보완적이면서도 대통령 후보의 그늘에 있어야 한다. 밴스는 2024년 6월 실리콘밸리에서 열린 모금행사가 흥행하자 본격적으로 두각을 나타냈다고 한다. 이 행사를 개최한 것은 틸과 머스크와 절친한 친구이자 트럼프 2기 행정부에서 '인공지능(AI)·가상화폐 차르' 역할을 맡은 실리콘밸리 유명 투자자 데이비드 색스였다. 밴스가 색스를 반년간 설득해 성사한 행사였다.[10]

커크도 밴스를 도왔다. 트럼프의 장남 트럼프 주니어와 밴스를 이어줬다. 결국 밴스는 틸과 머스크, 트럼프 주니어의 전폭적인 지지를 받아 부통령 후보 자리를 손에 넣었다.

밴스는 48대 대통령이 될 수 있을까. 트럼프는 여러 차례 밴스와 마르코 루비오 국무장관을 자신의 후계자로 지목했다. 2025년 10월에는 전용기 '에어포스 원' 안에서 기자들에게 "누가 그 둘을 상대로 출마하겠냐"며 "그들이 한 팀이 된다면 아무도 막을 수 없을 것이다. 정말로 그렇게 생각한다"고 했다.[11]

지지층이 보이는 반응도 주목할 점이다. 2025년 11월 밴스는 미시시피대를 찾아 대학생들과 만났다. 이날 행사가 열린 농구

경기장 9,500석이 만석이었다. 커크가 피살 당시 입었던 '자유(freedom)' 문구가 적힌 티셔츠와 마가 모자를 쓴 학생들은 비바람 속에 행사 몇 시간 전부터 줄을 서 입장을 기다렸다.[12]

이날 행사는 터닝포인트USA 주최 캠퍼스 토론회였다. 밴스는 학생과 즉석 질의응답을 벌였는데, 밴스가 무대에 오르자 관중은 일제히 숫자 '48'을 외쳤다. 트럼프의 뒤를 이은 48대 대통령이 되라는 뜻이다. 관중의 연호에 밴스는 "너무 앞서가진 맙시다"라고 미소 지으며 답했다.[13]

밴스 본인도 차기 구상을 숨기지 않고 있다. 자신이 출마하게 되면 수지 와일스 백악관 비서실장이 선거운동을 총괄해주기를 원한다고 주변에 말했다고 한다. 《액시오스》는 "밴스가 공화당 대선 후보로, 루비오가 부통령 후보로, 와일스가 대선 캠프 위원장으로 나설 가능성이 적지 않다"고 내다봤다.[14]

자금-기술 갖춘 테크 보수

실리콘밸리 '마이더스의 손', 미국 정치를 바꾸다

피터 틸과 일론 머스크, 데이비드 색스까지. '스타트업의 산실' 스탠퍼드대 출신인 이들이 시작한 보수 운동은 40년 뒤 '진보 보루' 실리콘밸리와 워싱턴을 변혁하고 있다. 페이팔, 테슬라, 팔란티어 등 대표적인 기술 기업들을 일군 이들은 JD 밴스 부통령을 키워냈고, 트럼프에게 자금과 기술을 댔다.

JD 밴스 부통령의 멘토 피터 틸 팔란티어 공동창업자는 일론 머스크 테슬라 최고경영자에 비해 덜 알려졌지만, 페이스북, 스페이스X, 오픈AI 등 실리콘밸리 대표기업의 잠재력을 누구보다 먼저 알아본 천재 투자자다. 진보적 분위기가 강한 실리콘밸리에서 오래전부터 보수 성향을 나타낸 인물이기도 하다. 원조 '실리콘밸리 보수'로도 꼽힌다. 그는 2016년 대선에서 정보기술(IT) 업계 거물 중 드물게 트럼프를 공개 지지해 유명세를 탔다.

틸과 머스크는 20년 넘게 우정을 이어온 친구 사이기도 하다. 틸이 머스크를 설득해 트럼프에게 마음을 열게 했다고 한다. 이들의 우정은 미 서부 스탠퍼드대에서 시작됐다.

1987년 스탠퍼드대 철학과 2학년에 재학 중이던 틸은 그해 7월 《스탠퍼드 리뷰》라는 새로운 학내 매체를 창간했다. 창간호에 실린 편집국장 칼럼에서 그는 "비이성적인 캠퍼스 내 주류 담론을 뒤로하겠다. 실질적인 진보를 가져올 건설적이고 합리적인 토론 문화를 정착시키겠다"고 포부를 밝혔다. 틸은 자신의 정치색을 가감 없이 드러냈다. 캠퍼스 내 다문화주의와 정치적 올바름(PC) 운동을 거세게 비판했고, 보수 자유주의를 추구했다. 학생단체 '스탠퍼드 폴리틱스'는 《스탠퍼드 리뷰》의 동문 10명 이상을 인터뷰한 뒤 《스탠퍼드 리뷰》는 "시류를 거스르는 반골들(contrarian)의 모임"이라고 규정했다. 또 이들은 자신이 사상가(thinker)라는 자부심을 갖고 지적과 비판에 아랑곳하지 않는 사람들이라고 평가했다.[1]

보수 성향의 《스탠퍼드 리뷰》 동문들이 진보 성향의 캘리포니아주에서 대학 생활을 하고, 사회로 진출하며 더욱 끈끈해졌다는 분석도 있다. 치열한 토론에서 지적 즐거움을 느끼는 이들의 성향은 특히 스타트업 업계에서 두각을 나타내는 데 큰 도움이 됐다. 틸과 페이팔을 공동창업한 '페이팔 마피아'가 대표적인 사례다. 학부 졸업 후 로스쿨에 진학한 틸은 법률가를 꿈꿨지만, 뜻대로 풀리지 않자 진로를 틀었다. 틸은 《스텐퍼드 리뷰》에서 가깝게 지낸 동문들을 모아 1998년 페이팔을 설립했다. 페이팔은 전 세계 온라인 지불 시스템을 운영하는 회사다. 페이팔은 스탠퍼드대 인근 소형 건물 '유니버시티 에비뉴 165번지'에 터를 잡았다.

얼마 뒤 바로 옆 방에 머스크와 친구들이 창업한 경쟁 업체 'x.com'이 이사 왔다. 머스크 역시 잠시 스탠퍼드대에 다녔지만 《스탠퍼드 리뷰》에서 활동하지는 않았다. 두 업체는 더 큰 성공을 위해 2000년 회사를 합치기로 했고, 머스크를 CEO로 추대했다.[2] 회사는 2002년 이베이에 인수됐다. 틸과 머스크 등 설립자들은 20, 30대의 나이에 백만장자가 됐다.

이들은 더 큰 꿈을 향해 달렸다. 머스크는 2002년 스페이스X, 2003년 테슬라를 창업했다. 틸은 2003년 팔란티어를 창업한 데 이어 2004년 페이스북의 첫 투자자가 됐다. 벤처캐피털사를 설립한 틸은 스페이스X, 에어비앤비, 링크드인, 스포티파이, 딥마인드, 오픈AI 등에 투자하며 큰 성공을 거뒀고, 실리콘밸리의 '마이더스의 손'이 됐다.

틸은 첫째도 인맥, 둘째도 인맥을 강조하는 사업가다. 일찍이 페이팔을 통해 '마음 맞는 유능한 친구'의 소중함을 깨달은 그는 초창기 스타트업을 향해 "사업에는 똑똑한 사람 세 명이 필요하다"며 "성공하려면 이들을 끌어들여야 한다"고 조언하곤 했다. 인재를 발굴하기 위해 대학 캠퍼스도 부지런히 다녔다. 샘 올트먼 오픈AI 공동설립자는 틸이 스탠퍼드대에서 찾아낸 원석이다. 틸은 모교에서 창업 강의를 진행하는가 하면《스탠퍼드 리뷰》재학생들과 분기에 한 번씩 저녁 식사를 가졌다. 학생들을 자택이나 고급 식당으로 초대해 캠퍼스 안팎의 이슈를 두고 토론했다고 한다.[3]

틸은 그렇게 밴스를 만났다. 2011년 틸은 미국의 반대편 끝에 있는 동부 코네티컷주의 예일대에 특강을 하러 갔다. 당시 예일대 로스쿨 재학생이던 밴스는 틸의 강연을 듣고 깊은 감명을 받았다고 한다. 그는 졸업 후 2013년 캘리포니아주로 이주해 틸의 벤처캐피털사에서 일했다. 이 시기 밴스는 저서《힐빌리의 노래》

를 집필 중이었는데 틸이 누구보다 열렬히 응원했다고 한다.[4] 정치인으로서 밴스의 자질을 알아본 틸은 2022년 상원의원 선거에서 정치 신인이던 밴스에게 무려 1,500만 달러(210억 원)를 기부했다. 밴스는 이 선거에서 승리하며 정계에 입문했다.[5] 트럼프에게 밴스를 소개한 인물도 틸이다. 틸은 2021년 2월 밴스를 데리고 마러라고로 갔다. 트럼프가 백악관에서 마러라고로 돌아온 지 한 달밖에 지나지 않은 시점이다. 상원의원 선거를 앞두고 있던 밴스는 이날을 기점으로 180도 변화했다. 이날 처음 트럼프를 만난 그는 사실상 충성을 맹세했고, 친트럼프 인사가 됐다.[6]

틸은 2016년 트럼프를 공개 지지했다. 틸의 친구들이 아직 '샤이 보수'였던 시절이다. 그는 그해 공화당 전당대회 연설자로 나서고 트럼프에게 125만 달러를 기부하며 실리콘밸리의 이단아로 이름을 날렸다. 트럼프는 틸을 신뢰했다. 정치 전문 매체《폴리티코》는 틸이 추천한 인물이 트럼프 1기 행정부 곳곳에 포진했다며 "틸은 실리콘밸리의 그림자 대통령"이라고 했다.[7] 2020년 대선에서 트럼프의 패배 이후에도 틸은 의리를 지켰다. 틸은 2022년 중간선거에서 친트럼프 성향의 상·하원의원 후보들에게 자금을 대며 영향력을 키웠다. 그는 그해 선거에 총 2,040만 달러를 기부하며 공화당 최대 큰손(기부액 공동 1위를 기록)으로 자리매김했다. 또 장남 트럼프 주니어와도 가깝게 지냈다.

이 와중에 실리콘밸리에서는 정치적 지각변동이 일어나고 있었다. 2020년 신종 코로나바이러스 감염증(코로나19) 팬데믹이 세상을 휩쓸고, 2021년 조 바이든 대통령이 취임하며 분위기가 확 달라졌다. 틸의 《스탠퍼드 리뷰》 후배이자 페이팔 공동창업자, 머스크와도 절친한 사이인 데이비드 색스 벤처캐피털 크래프트벤처스 대표가 그 중심에 있었다. 색스는 페이팔 이후 팔란티어, 스페이스X, 에어비앤비 등에 투자하며 크게 성공한 유명인사였다. 2016년 대선 때는 민주당을 지지했지만 바이든 행정부 출범 후 공화당으로 돌아섰다.

팬데믹으로 세상이 멈췄던 2020년 그는 팟캐스트 〈올인〉을 시작했다. 특유의 입담으로 IT 업황을 논하고, 머스크 등 친구들과 일화를 풀어놓으며 인기를 끌었다. 그런 그가 바이든 행정부를 거세게 비판하자 청취자는 수백만 명대로 불어났다. 실리콘밸리에서 '샤이 보수'들이 목소리를 낼 수 있는 분위기가 점차 생겨났다.[8]

《액시오스》에 따르면 밴스는 2025년 1월부터 색스에게 "트럼프를 공개 지지해달라"고 설득했다.[9] 색스는 '머스크의 비공식 고문'이라고 불릴 정도로 머스크와 가까운 사이였고, 실리콘밸리 여론을 쥔 핵심 인물이었기 때문에 이 같은 전략을 취한 것으로 보인다. 노력은 그해 6월 놀라운 성과로 돌아왔다. 색스가 자신의 자택에서 트럼프를 위한 모금행사를 연 것. 불과 4년 전만 해도 실리콘밸리에서는 트럼프 모금행사가 극비리에 열렸다. 색스의 행사에는 벤처 투자와 가상화폐 분야 거물 50여 명이 참석했고 총 1,200만 달러(168억 원)가 모였다. 트럼프는 크게 만족했다.[10] 이 일을 계기로 밴스는 유력 부통령 주자로 발돋움했으며 트럼프는 "미국을 세계 가상화폐 수도로 만들겠다"고 공언했다. 색스도 입각에 성공해 트럼프 2기에서 '인공지능(AI)·가상화폐 차르' 역할을 맡고 있다.

《스탠퍼드 리뷰》 출신으로 페이팔에서 인턴이었던 조 론스데일도 눈여겨볼 인물이다. 그는 틸과 팔란티어를 공동창업했다. 머스크는 2021년 테슬라 본사를 텍사스주 오스틴으로 옮긴 뒤 텍사스 부호들과 가까이 지냈는데, 특히 론스데일과 정치 이야기를 하며 자주 시간을 보내게 됐다고 한다. 론스데일의 2024년 7월 영국 주간지 《이코노미스트》 기고도 화제가 됐다. 실리콘밸리 내 우파 그룹의 생각을 잘 드러내는 글로 평가됐다. 그는 기고에서 당시 바이든 행정부의 경제, 이민, 외교 정책을 전방위로 비판했다. 또 "스타트업 업계가 바이든의 연방거래위원회(FTC)에 악몽과도 같은 괴롭힘을 당하고 있다"고 강하게 비판했다. 트럼프에 대해서는 "미국의 목을 조여오는 관료주의를 해체할 유일한 후보"라고 적극 지지했다.[11]

실리콘밸리의 파티왕으로 불리는 켄 하워리 주덴마크 미국대사도 머스크와 페이팔에서 만난 절친이다. 《스탠퍼드 리뷰》 동문인 그는 페이팔을 공동창업한 후 틸의 헤지펀드에서 일했다. 예민한 성격의 틸과 달리 분위기 메이커인 하워리는 화려한 싱글 생활을 보내며 머스크와도 돈독한 관계를 유지했다. 머스크가 텍사스주 오스틴에서 지내는 집도 하워리의 자택이라고 한다. 하워리는 일찍 친트럼프로 돌아선 인물이다. 트럼프 1기에서도 주스웨덴 대사로 활약했다. 특히 덴마크 대사직은 그가 직접 희망한 것으로 알려졌다. 《뉴욕타임스》에 따르면 그는 측근들에게 "(덴마크 자치령인) 그린란드 매입 가능성 때문에 특별히 끌렸다"고 말했다고 한다.[12]

트럼프 2기에는 밴스와 머스크를 필두로 곳곳에 틸의 측근이 포진해 있다. 틸은 2024년 대선에서 한 푼도 기부하지 않았고, 끝까지 전면에 나서지 않았지만 강력한 인맥을 통해 뜻한 바를 이뤘다. 그는 40년 가까운 노력 끝에 미국의 정치 지형을 바꾸는 데 성공했다.

선거 운동의 새 지평 연 머스크

정치도 사업하듯, 답답하면 직접 뛴다

일론 머스크는 총 2억 2,800만 달러를 쏟아붓고 2024년 대선 최대 경합지 펜실베이니아주를 직접 누볐다. 방문 유세와 현금 살포 이벤트를 결합한 전례 없는 선거 전략을 고안했다. 진보 사상에 대한 반감과 화성 이주의 꿈을 위해 트럼프에게 베팅한 그의 도박은 성공했다. 트럼프는 "일론이라는 스타가 탄생했다"는 찬사로 머스크의 헌신을 인정했다.

트럼프의 취임식 전날인 2025년 1월 19일 워싱턴의 대형 경기장 캐피털원아레나에서는 대선 승리를 축하하는 대규모 집회가 열렸다. 트럼프는 58분간 연설하며 딱 한 명을 무대 위로 초대했다. 승리의 일등 공신으로 꼽히는 일론 머스크 테슬라 최고경영자였다. 트럼프는 머스크에 대해 이렇게 말했다.

> 일론 같은 천재는 보호해야 합니다. 그의 로켓을 보세요. 중국과 러시아엔 이런 기술이 없습니다. 그리고 저를 위해서 펜실베이니아로 갔습니다. 한 달 넘게 직접 선거 운동을 해줬습니다. 일론은 인기가 많잖아요? 정말 큰 도움이 됐습니다. 일론, 정말 정말 고맙습니다.[1]

머스크는 선거에 총 2억2,800만 달러(3,192억 원)를 썼는데, 단순히 막대한 선거 자금을 대준 기부자가 아니다. 머스크는 최대 승부처로 꼽힌 경합지 펜실베이니아주에서 직접 선거 운동을 벌이며 승리를 가져다준 귀인이다.

원래 머스크는 테슬라와 스페이스X 등 사업 대부분이 정부 계약과 보조금 영향을 크게 받아 정치색을 드러내는 일을 매우 꺼렸다. 적당히 관계를 유지해야 정권이 바뀌어도 사업이 흔들리지 않는다는 판단 때문이다. 한때는 오히려 진보 쪽에 가까웠다. 머스크는 트럼프 1기 때 백악관 자문 그룹에 속해 있었다. 하지만 트럼프가 집권 첫해인 2017년 "파리 기후협정에서 탈퇴하겠다"고 밝히자 머스크는 "기후변화는 진짜"라고 반발하며 자문역에서 사임했고, 관계는 악화일로를 걸었다.

이념적 변신에는 가족사가 작용했다. 캘리포니아주에서 나고 자란 큰아들 자비에가 2020년경 여성으로 성전환했고 이후 머스크와 절연한 것. 아이는 이름도 어머니의 성을 따 '비비안 제나 윌슨'으로 바꿨다. 이를 계기로 머스크는 진보 진영에 완전히 등을 돌렸다. '워크(woke·진보 진영을 비꼬는 말)'를 '궤멸의 대상'으로 여기게 됐다. 머스크는 2024년 7월 인터뷰에서 "내 아들은 사실상 죽었다. '워크 정신 바이러스'가 아이를 죽였다"며 "나는 워크 정신 바이러스를 궤멸하겠다고 맹세했고, 일부 진전이 있다"고 밝혔다.[2]

머스크는 2022년부터 공화당 지지자임을 드러내기 시작했다. 그해 중간선거 전날 트위터(현 X)에 "분점정부가 되면 양당이 최악의 모습을 보여주는 일을 막을 수 있다. 대통령이 민주당 소속이니 의회 선거에서는 공화당을 뽑을 것을 추천한다"고 적었다.

완곡한 어투에 눈길이 간다.[3]

그러나 머스크의 희망과 달리 중간선거에서 민주당이 승리했다. 민주당에 대한 반감은 커졌고 이를 노골적으로 드러냈다. 다만 공화당 측에 기부하면 공개가 되기 때문에 하지 않았다고 한다.[4]

머스크는 공화당으로 정권 교체를 간절히 바랐다. 유대계 억만장자 넬슨 펠츠 트라이언펀드의 최고경영자(CEO)를 멘토처럼 여기는 머스크는 2024년 2월 저녁 식사를 하다 '미 대선에 관여하고 싶다'는 취지로 말했다고 한다. 팜비치에 호화 주택을 소유한 펠츠는 트럼프의 이웃이다. 이에 펠츠가 한 달 뒤 둘이 만나는 자리를 마련해줬다.[5]

이렇게 성사된 '일요 조찬'은 부자 동반 모임이었다. 머스크는 아들 X와, 트럼프는 막내 아들 배런과, 펠츠는 아들 디젤과 참석했다. 대화는 화기애애한 분위기 속에서 이뤄졌다고 한다. 트럼프는 "머스크를 백악관 자문역으로 정식 임명하겠다"며 화답했고 이후 그와 자주 안부 전화를 가졌다. 4건의 형사기소와 이에 따른 천문학적 법률 비용으로 재정 부담을 지고 있던 트럼프는 머스크 같은 억만장자의 선거 자금 지원이 절실했다.

팜비치 만남 이후에 트럼프 지지로 마음이 기울었을 때도 머스크는 정식 기부나 공개 지지를 하지 않을 생각이었다고 한다. 대신 2024년 5월에는 펠츠의 팜비치 자택에 보수 성향 억만장자들을 초대해 트럼프를 지원할 것을 설득했고, 기록이 남지 않는 '어둠의 기부'를 할 방법을 모색했다고 한다. 정치자금을 모으는 단

체 '아메리카 슈퍼팩(super PAC·특별정치활동위원회)'도 조용히 설립했다.[6]

그러다 2024년 7월 13일 펜실베이니아주 버틀러 야외 유세에서 트럼프 암살 시도가 벌어졌다. 머스크는 즉시 X에 "나는 트럼프 대통령을 완전히 지지한다. 빠른 회복을 바란다"고 적었다. 암살 시도로 지지층이 결집할 것이란 예상이 우세했으나 정작 지지율 추이에는 거의 변동이 없었는데, 돌아보면 머스크라는 큰 정치적 우군을 얻게 된 사건이었다.

2024년 대선 당시 머스크는 선거 운동 전략을 직접 짰다. 통상 미국 선거에서는 TV와 옥외 광고의 집행에 거액을 쏟아붓는데 머스크는 이 방식의 효과성에 대한 불신이 컸다고 한다. 그가 판단하기에 핵심은 방문 유세와 사전투표였다.[7] 한국에 화장품 '방문판매'가 있다면 영미권에는 '방문 유세(canvassing)'가 있다. 후보나 자원봉사자, 혹은 선거 캠프, 슈퍼팩 등에 고용된 직원이 한집 한집 다니며 투표를 독려하는 활동을 뜻한다. 방문 유세는 16세기 영국에서 시작된 전통적인 선거 홍보 방식이다.

머스크는 여섯 곳의 경합주에 집중하기로 했다. 투표 참여율이 낮은 유권자 80만 명을 핵심 타깃으로 삼았다. 거금을 투입해 방문 유세 직원을 고용했고, 유권자에게 '꼭 사전투표에 참여해 달라'고 안내하기로 했다. 그러나 야심찬 계획과 달리 선거를 3개월 앞두고 8월 시작된 방문 유세는 엉망으로 흘러갔다. 영국《가디언》에 따르면 업무 성과를 허위로 보고하는 직원이 너무 많았다. 단말기에 방문 유세를 실시했다고 입력했으나 해당 직원의 실제 위치가 인근 식당이나 자택인 경우도 빈번했다. 머스크의 돈을 보고 부실한 업체들이 꼬인 것이었다.[8]

물밑에서 슈퍼팩을 운영하던 머스크는 결국 10월 전면에 나섰다. 자신이 소유한 소셜미디어 X에 '아메리카'라는 이름의 계정을 개설했다. 계정 소개에는 "튼튼한 국경, 합리적인 예산, 안전한 도시, 공정한 사법체계, 표현의 자유와 자기보호권을 추구하는 후보를 지원하기 위해 일론 머스크가 만든 슈퍼팩"이라고 적었다.

슈퍼팩 운영진도 최측근으로 싹 갈았다. 경합주 중에 가장 많은 선거인단이 걸린 펜실베이니아주를 핵심축으로 여긴 그는 위기를 극복하기 위해 필라델피아와 함께 펜실베이니아주의 양대 도시로 꼽히는 피츠버그에 '상황실(워룸)'을 차렸다. 최측근 스티브 데이비스를 보내 방문 유세 방식을 뜯어고쳤다.《뉴욕타임스》에 따르면 아메리카 슈퍼팩은 대선 날까지 방문 유세에 총 1억 7,500만 달러(2,450억 원)를 써서 경합주 1,100만 가구의 현관문을 두드렸다.[9]

'선거 복권' 행사도 진행했다. 선거 등록을 완료한 경합주 유권자가 "수정헌법 1, 2조를 지지한다"는 내용의 청원에 서명하면 47달러를 지급하기로 한 것. 제47대 대통령 선거라는 점에서 착안해 47달러를 지급한 것으로 보인다. 선거법을 위반하지 않으면서도 투표를 독려하고, 동시에 유권자 데이터도 수집하는 일거양득의 효과를 내는 방법이다. 청원이 호응을 얻자 펜실베이니아주 유권자에 한해 100달러로 지급액을 올렸다. 또 서명자를 대상으로 매일 한 명씩 100만 달러(14억 원)를 주는 일종의 '로또' 이벤트를 진행했다.[10]

머스크는 직접 펜실베이니아주로 갔다. 2024년 10월 5일 그는 트럼프와 펜실베이니아주 버틀러에서 공동 유세에 나섰다. 지역 유권자들과의 접촉면도 대폭 늘렸다. 머스크는 10월 17~20일 주말을 끼고 4개의 타운홀미팅을 개최했다. 타운홀미팅은 17세기 미국에서 유래한 정치 행사로, 정치인이 지역 주민과 만나 자유롭게 의견을 주고받는 자리다. 지역 교회, 학교 강당 등에서 마이크를 잡은 머스크가 주민들과 몇 시간씩 대담을 진행하자 펜실베이니아주 여론은 들썩였다. 지역 민방은 머스크의 타운홀미팅을 비중 있게 보도했다. 한동안 TV를 틀기만 하면 머스크의 소식이 나왔다고 잡지 《뉴욕매거진》이 전했다. 현지 정치 컨설턴트들은 《비즈니스인사이더》에 "솔직히 너무 신기하지 않냐"며 "사람들이 동네에 머스크가 왔다는 사실 자체를 너무 좋아했다"고 전했다.[11]

머스크가 자신의 사업 스타일을 그대로 정치판에 가져왔다는 평가가 나온다. 그는 '답답하면 내가 직접 뛰는' 인물이다. 2022년 트위터 인수 직후 비용 절감 작업이 신속하게 이뤄지지 않자 그해 크리스마스 이브에 트위터 데이터센터를 직접 방문해 서버를 분해했다. 그리고 더 저렴한 데이터센터로 옮겼다. 2018년 테슬라가 모델3의 생산 지연으로 어려움을 겪을 때는 공장에서 숙식하며 문제를 해결했다.《뉴욕타임스》는 "머스크가 등판한 배경엔 펜실베이니아주에 총력 대응(all-hands-on-deck)이 필요하다는 판단이 작용했다"고 전했다.[12]

2024년 11월 6일 대선 승리 연설에서 트럼프는 "일론이라는 스타가 탄생했다"고 말하며 머스크에 대한 칭찬을 쏟아냈다. 이미 스타인 머스크를 두고 스타가 '탄생했다'고 말한 이유는 무엇일까. 곰곰이 생각해 보면 새롭게 발견한 머스크의 '정치적 재능'에 대한 칭찬으로 해석할 여지도 있어 보인다. 트럼프가 그의 거침없는 일 처리와 헌신에 깊은 감명을 받아 2기 핵심 국정과제로 꼽히는 정부 대개편을 맡긴 것 아니냐는 말도 나왔다.

머스크는 선거운동의 새 지평을 열었다. 역사가 벤저민 소스키스는 "머스크 수준으로 직접 발로 뛴 고액 기부자는 미국 현대사에 전례를 찾아보기 힘들다"고《뉴욕타임스》에 말했다.[13] 트럼프 캠프 관계자는 "정치는 한 발짝 차이로 승패가 갈리는 게임이다. 그런데 일론은 아예 보폭이 다르다"며 그가 상상을 초월하는 성과를 냈다고《뉴욕매거진》에 말했다.[14]

밴스와 머스크의 케미

오랜 꿈을 이루기 위해 손을 잡다

“앞으로 4년은 트럼프, 그 뒤 8년은 밴스 시대다.” 트럼프 주니어의 선언처럼 머스크는 밴스를 통해 2028년 이후를 보고 있다. 머스크가 제3당 창당을 시사하며 트럼프와 충돌했을 때, 관계를 봉합한 것도 밴스였다. 머스크와 밴스로 대표되는 기술 권력과 마가 진영의 전략적 동맹은 트럼프 2기를 넘어 미래 미국의 청사진을 그리고 있다.

트럼프의 장남 트럼프 주니어는 2024년 10월 JD 밴스 부통령의 고향 오하이오주에서 열린 유세에서 이렇게 말했다.[1]

"앞으로 4년은 트럼프 시대, 그 뒤 8년은 밴스 시대가 될 것입니다."

블룸버그통신의 니아말리카 핸더슨 칼럼니스트는 2024년 12월 칼럼에서 밴스가 대선 주자로 도약하기 위해서는 일론 머스크 테슬라 최고경영자(CEO)가 꼭 필요하다고 분석했다. 세계 2위 부자 머스크와 그의 실리콘밸리 이너서클의 지원이 있어야 차기 대선에 도전할 수 있다는 것이다.[2]

트럼프 세계의 실세들은 전부 밴스를 미래 대선 주자로 굳건히 지지하고 있는 분위기다. 머스크는 미국 태생이 아니기 때문에 수정헌법에 따라 대통령이 될 수 없고, 그의 인생 목표 또한 '화성 식민지 건설'이라는 분석이 우세하다. 밴스가 차기 대통령이 되어야 머스크도 자신의 꿈에 한 발 더 다가갈 수 있다. 밴스의 멘토이자 머스크의 친구, 실리콘밸리 보수의 부흥을 이끈 피터 틸 팔란티어 공동창업자는 독일에서 태어났다. 또 자신이 "정치를 본업으로 삼으면 돌아버릴 사람"이라며 트럼프 2기에 입각하지도 않았다.[3]

트럼프 주니어도 차기 등판론에 거리를 두고 있는 모습이다. 그는 행정부 입각이나 의회 입성을 준비하는 대신 각종 트럼프 관련 사업과 팟캐스트 활동을 벌이며 분주하게 지내고 있다. 트럼프 주니어는 2025년 1월 라틴계 정치단체가 주최한 행사에서 사회자가 그에게 스페인 미남 배우 안토니오 반데라스를 닮았다고 칭찬하자 "그렇게 봐주시다니 감사하다"며 능청스럽게 받아넘겼다. 이어 사회자가 "2028년 유력 대선 주자로 거론되고 있다"고 말하자 트럼프 주니어는 크게 웃으며 "세상에나. 노, 노, 노. 그런 말씀하시면 곤란해요"라며 말을 돌렸다.[4]

2025년 5월 28일 정부효율부 수장 자리를 떠난 머스크는 트럼프에게 "낭비를 줄일 기회를 줘서 감사하다"는 감사 인사를 남겼다. 그러나 8일 뒤 대규모 감세안이 담긴 트럼프의 역점 법안 '하나의 크고 아름다운 법안'을 '역겨운 흉물'이라고 강도 높게 비난하며 탄핵을 거론했다. 억만장자 성범죄자 제프리 엡스타인 사건에 트럼프가 연관됐다고 주장하며 오래된 의혹에도 다시 불을 붙였다.[5]

갈등은 바로 다음 날 머스크가 와일스 백악관 비서실장과 통화한 뒤 트럼프에 대한 비판 게시글을 삭제하며 봉합되는 것 같았다. 트럼프와도 통화하고 "내가 지나치게 반응했다"며 공개 사과를 하더니, 6월 27일에는 친트럼프 공화당 계열 특별정치활동

위원회(슈퍼팩) 3곳에 정치 자금 총 1,500만 달러를 기부했다.[6]

하지만 머스크의 태도는 극과 극을 오갔다. 7월 3일 X에서 공화당을 향해 "부채 한도를 역대 최대인 5조 달러(7,000조 원)나 늘리는 이 법안을 보면 우리가 일당 독재 국가에 살고 있음이 분명하다" "무책임하고 탐욕스럽게 재정을 낭비하는 돼지고기 정당!"이라고 했다. 그러면서 제3당 창당을 선언했다. 그는 "정신 나간 지출법안이 통과되면 바로 다음 날 아메리카당을 창당하겠다"며 "민주당과 공화당 단일정당의 대안이 필요하다. 그래야 국민이 실질적인 목소리를 낼 수 있다"고 주장했다. 트럼프가 즉각 반격에 나서며 갈등은 정점으로 치달았다. 트럼프는 트루스소셜에 "머스크가 운영하는 기업들이 받는 정부 보조금을 줄여 연방 예산을 절감해야 한다"는 취지의 글을 올렸다.[7]

그러나 창당 선언 약 50일 뒤 미국 《월스트리트저널》은 머스크가 창당 준비를 보류한 것으로 보인다고 보도했다. 머스크 측 인사들은 7월 말 예정됐던 제3당 창당 전문가들과의 회의를 갑자기 취소했다. 2024년 대선에서 머스크와 함께 일했던 주요 정치 고문들과도 접촉하지 않은 것으로 파악됐다. 머스크 측은 회의를 갑자기 취소하며 "기업 운영에 집중하고자 한다"고 밝힌 것으로 알려졌으나, 정치 현실의 벽에 부딪혔을 가능성도 크다. 머스크와 트럼프의 갈등이 고조된 상황에서 머스크와 손잡는 순간 트럼프 측과 관계를 유지하기 어려울 수 있다. 공화당계 정치 고문들이 머스크의 신당 창당에 쉽사리 참여하지 못하는 이유다.[8]

밴스는 8월 20일 폭스뉴스와 인터뷰에서 머스크에게 사실상의 최후통첩을 했다. 아메리카당 창당 시도는 "엄청난 실수가 될 것"이라고 했다. 머스크가 뚜렷한 정치색에 책임을 질 수밖에 없다고도 지적했다. 그는 "좋든 싫든 간에 이제 극좌파에게 머스크는 미국 우파 편에 서 있는 인물"이라며 "일론이 민주당과 공화당 양쪽이 모두 좋아하는, 일종의 중도에 다시 서게 되는 일은 절대 일어나지 않을 것"이라고 꼬집었다. 그는 "나는 일론이 트럼프 대통령의 공화당에 충성심을 유지한다면 훨씬 더 큰 변화를 만들 수 있다고 생각한다"며 "이견이 있다면, 밖이 아니라 안에서 그 이견을 표현해야 한다"고 했다.[9]

머스크가 밴스와 정치적 관계를 유지하기 위해 창당 중단을 선택했다는 분석이 나온다. 머스크가 몇 주 사이 밴스와 접촉했으며, 측근들에게 정당 창당이 밴스와 관계를 해친다는 점을 인정했다고 소식통은 전했다. 머스크는 2028년 미국 대선 공화당 주자로 각광받는 밴스가 실제로 출마하면 그를 지원하는 방안을 유력하게 검토하는 것으로 알려졌다.[10]

머스크가 트럼프와 밴스에게 원하는 것은 무엇일까. 정치 데뷔 무대였던 2024년 10월 트럼프와의 공동 유세에 입고 나온 30달러짜리 스페이스X 티셔츠에서 힌트를 찾을 수 있다. 티셔츠에 적힌 문구는 바로 '화성을 점령하자(OCCUPY MARS)'.

화성 식민지 건설은 머스크가 오래전부터 품어온 꿈이다. 소년 머스크는 미국 공상과학(SF) 소설의 거장 아이작 아시모프가 쓴 〈파운데이션 시리즈〉를 읽고 화성에 사로잡혔다고 한다. 《파운데이션》은 인류 문명을 구하기 위해 새로운 행성으로 이주하는 내용의 대하소설이다.[11] 그리고 현재 머스크는 어느 때보다 자신의 꿈에 가까이 다가섰다. 그가 이 꿈을 이루기 위해 트럼프에게 '올인'했다는 분석도 나온다.

머스크는 2000년 29세의 나이에 온라인 결제 업체 페이팔을 공동 설립해 큰 부자가 됐다. 그 후 화성을 향해 본격적으로 달리기 시작했다. 2001년 7월 머스크는 로켓 엔지니어 짐 캔트렐에게 전화를 걸었다. 그와 머스크는 전혀 인연이 없는 사이였다. 캔트렐에 따르면 머스크는 전화를 걸자마자 이렇게 말을 쏟아냈다.[12]

"저는 일론 머스크입니다. 인터넷 억만장자인데 페이팔을 창업했어요. 남은 인생을 바닷가에서 칵테일을 마시면서 살 수도 있지만, 하고 싶은 게 있습니다. 인류의 생존을 위해 새로운 행성을 개척하는 일입니다. 돈은 얼마든지 쓸 수 있고, 지금 전 러시아 로켓을 사고 싶습니다. 그래서 당신에게 전화했습니다."

캔트렐은 캘리포니아주에서 나고 자란 미국인이지만 러시아와 인연이 깊었다. 유타주립대에서 석사를 마치고 25세에 프랑스로 건너가 소련과 프랑스 국립우주연구센터(CNES)의 합작 화성 프로그램에 합류한 것. 1991년 소련이 붕괴하자 이듬해 고국으로 돌아왔다.

캔트렐은 러시아 로켓 매입을 주선해 줬고, 머스크의 우주 공학 과외 선생이 됐다. 머스크의 학사 전공은 물리학과 경제학이고, 스탠퍼드대 응용물리학 박사과정은 첫 학기에 중퇴했다. 이 공계 정규 교육을 받지 않았고 프로그래밍도 독학했다. 둘은 2001·2002년 러시아로 네 차례 이상 출장을 다녀왔지만, 거래는 결국 성사되지 못했다.

머스크는 좌절하지 않았다. 로켓을 살 수 없다면 직접 만들겠다고 다짐한 것. 그는 출장을 마치고 미국으로 돌아가던 길에 캔트렐에게 직접 그린 로켓 설계도를 보여줬다. 머스크의 천재성에 놀란 캔트렐은 그를 돕기로 결심했다. 2002년 3월 스페이스X가 임직원 4명짜리 스타트업으로 출범했다.

기술 전문지《허슬》과 인터뷰에서 캔트렐은 "머스크가 하도 소리를 질러대며 들들 볶는 탓에 나는 견디지 못하고 2003년 스페이스X를 떠났다"고 회상했다. 그러면서 "화성에 대한 집념만은 머스크를 따라올 자가 없다"고 말했다.[13]

머스크는 2008년 세계 최초로 민간 우주 로켓 개발에 성공했다. 이후 미 항공우주국(NASA·나사) 지원을 받아 세계 최초의 재사용 가능 로켓 팰컨9도 개발했다. 2020년에는 팰컨9에 우주선 '크루드래곤'을 탑재해 민간 최초로 유인 우주비행에 성공했다. 현재는 화성 왕복 비행을 목표로 탑승 인원 80~120명 규모

의 초대형 우주선 '스타십'을 개발하고 있다.

다만 화성 식민지 건설을 위해서는 우주 여객선 이상으로 필요한 것이 많다. 화성에 인간이 정주할 시설을 짓고, 생존을 위해 꼭 필요한 물자를 확보할 방법을 찾는 것은 물론 인류의 첫 우주 정착지에서 어떻게 법과 제도를 운용할지도 정립해야 한다.

캔트렐은 "머스크가 하는 모든 사업은 화성 식민지 건설과 연관되어 있다"고 설명했다. 《뉴욕타임스》 역시 스페이스X 관련자 20명 이상을 인터뷰해 "머스크가 소유한 기업의 진짜 쓰임은 화성 식민지 건설"이라는 분석을 내놨다.[14]

예컨대 평균 표면온도가 영하 80도인 화성에서 인간이 정주하기 위해서는 지하 시설을 건설하는 편이 현실적이라는 분석이 우세한데, 머스크가 관련 기술을 확보하기 위해 터널 건설업체 보링컴퍼니를 2017년 설립했다는 것이다.

트위터(현 X) 인수도 관련이 있다고 한다. 그는 2022년 트위터 인수를 앞두고 주변인에게 "트위터를 통해 직접 민주주의를 실험할 것"이라고 말했다고 한다. 대표자 없이 구성원이 직접 의사결정에 참여하는 직접 민주주의는 머스크가 공개한 화성 구상의 대표적인 특징이다. 이를 실현할 방법을 모색하기 위해 X에 투표 기능이 추가됐다는 해석도 나온다.

테슬라도 마찬가지다. 머스크는 2019년 트위터에 "테슬라 사이버트럭은 화성의 공식 픽업트럭이 될 것이다"라고 적었다. 머스크는 2023년 마침내 사이버트럭을 공식 출시하며 "미래는 이렇게 생겼다"고 말했다.

대선 2주 뒤인 2024년 11월 19일 트럼프는 스타십의 6차 시험비행을 '직관(직접 관람)'했다. 텍사스주의 스페이스X 우주발사시설 '스타베이스'에 방문한 것. 머스크는 일일 견학 가이드로 나섰다. 트럼프와 장남 트럼프 주니어, 손녀 카이, 테드 크루즈 상원의원 등은 이날 발사 1시간 전쯤 도착해 스타십 내부를 구경했다.[15]

두 달 뒤 트럼프는 취임사에서 "화성으로 가자"고 선언했다. 사실상 머스크의 손을 들어준 것이다. 트럼프는 취임사에서 "화성에 성조기를 꽂을 '아메리칸' 우주비행사를 (태운 우주선을) 쏘아 올리겠다"고 말했다.[16]

화성 탐사는 트럼프의 소망이기도 하다. 그는 집권 1기 첫해인 2017년 미국의 유인 달 탐사 프로그램을 중단 45년 만에 재가동했다. 그는 달을 넘어 화성까지 가고 싶어 했다. 그해 7월 열린 달 착륙 50주년 백악관 행사에서 트럼프는 나사 국장에게 "다들 화성에 가려면 달부터 가야 한다는데, 달을 건너뛰고 곧장 갈 방법이 아예 없냐"고 질문했다.[17]

취임사도 머스크의 계획과 맞아떨어진다. 트럼프는 취임사에서 임기 내에 미국인 우주비행사를 화성에 '보내겠다'고 하지 않고 '쏘아 올리겠다(launch)'고 말했는데, 이는 지구에서 화성까지

가는 데 수개월이 걸리는 점을 고려한 것으로 풀이된다. 트럼프의 임기 마지막 해인 2028년에 지구를 출발하더라도 화성에 연내 도착하지 못할 수 있다.

이런 트럼프의 조바심을 채워줄 인물이 바로 머스크다. 머스크는 2025년 1월 X에 "우리는 바로 화성으로 간다. 달은 방해만 된다"고 적었다.[18] 머스크가 제시한 화성 탐사 시간표는 '2026년 무인 비행선 발사, 2028년 유인 비행선을 발사'다. 《뉴욕타임스》 등 미 언론은 각자의 궤도에 따라 움직이는 지구와 화성의 위치를 고려할 때 이론적으로 가능한 일정이라고 평가했다.[19]

에필로그

2024년 가을, 몇 번째인지 모를 트럼프의 유세 연설을 멍하니 듣던 나는 어느 순간부터 그가 혼란스럽지 않고, 오히려 일관성을 지닌 사람처럼 느껴졌다. 이상하리만큼 분명한 규칙이 있었다. 어렴풋이 느껴지는 이 체계가 무엇인지 알고 싶어졌다.

트럼프의 연설을 듣고 있으면 쇼츠를 휙휙 넘기는 기분이 들었다. '마가'라는 알고리즘 안에서 관세, 이민, 방위비, 반(反)DEI, 바이든 비난 같은 주제가 의식의 흐름에 따라 교차한다. 일화로 예를 들고, "드릴, 베이비, 드릴" 같은 단순한 구호를 활용하는 그의 연설은 복잡할 것도, 설명이 길어질 일도 없다. 단순함이 지지자들에게 안도감을 줬다. 나도 트럼프 지지자처럼 연설을 느껴보고 싶어서 미국 사회를 공부했다.

소음이 걷히자 트럼프의 메시지가 유난히 선명하게 들리기 시작했다. 나는 '트럼프는 혼란스럽지만 실은 놀라울 만큼 일관된 내적 회로를 지닌 인간'이라는, 통념에 반하는 가설을 세웠다. 그리고 그것을 검증하기 위한 긴 여정을 시작했다.

결과적으로는 즉흥처럼 보이는 격정 속에도 분명한 질서가 존재했다. 미국인들이 그에게 반응하는 이유도, 미국 사회에 단단히 딛고 서 있는 메시지 때문이었다.

트럼프가 어떤 시스템으로 돌아가는 인물인지 요약하면 이렇다. 그의 에너지 원천은 '화려한 승리'에 대한 열망이다. 사업이든 선거든 모든 행동을 "이길 것인가, 질 것인가"로 단순화한다. 그는 권력을 쟁취하고 유지하는 과정 자체로 에너지를 얻는다. 그에게 삶의 모든 상황은 상대로부터 더 많은 것을 얻어내야 하는 거래로 치환된다.

트럼프에게 중요한 가치는 충성심이다. 그에게 충성은 감정이 아니라 거래적 신뢰에 가까운 개념이다. 자신에게 이익을 가져다주는 자에게 명확하게 보상한다. 도덕은 우선순위에서 한참 밀려나 있다. 효용 가치를 증명한 사람이라면 트럼프 세계관의 플레이어가 될 수 있다. 소수의 핵심 참모로 돌아가는 관계망도 이렇게 설명할 수 있다.

논리보다는 '쇼'와 서사의 관점에서 세상을 본다는 점도 그를 이해하는 데 도움이 된다. 있는 그대로의 진실보다는 자신이 덧씌운 해석을 중시한다. 그만의 감각으로 백악관을 금빛 장식으로 뒤덮고, '엄청난' '훌륭한' '어마무시한' 같은 화려한 수식어를 연설에 즐겨 사용하는 점도 웃어 넘길 것이 아니다.

결국 트럼프는 겉으로 즉흥과 모순의 연속이지만, 자신이 만든 생존 시스템에 충실한 존재다. 이 혼돈과 일관성의 간극에서 '트럼피즘'이 자라났다. 트럼프의 세계가 모방 가능하기 때문에 트럼피즘은 한 개인을 넘어 하나의 정치 생태계로 진화했다. 트럼프의 논리를 가장 먼저 이해한 이들이 바로 밴스, 머스크, 베센트 같은 핵심 주자들이다. 그들은 트럼프의 감정 리듬과 거래 구조, 충성의 언어를 학습해 트럼프 세계관의 몸집을 키웠다.

트럼프는 매우 솔직하고 자신의 욕망을 숨기지 않는다. 기간과 빈도 측면에서 그만큼 언론 노출이 많은 정치인은 앞으로도 나오기 어려울 것이다. 그래서 트럼프는 혼란스럽지만 동시에 가장 읽기 쉬운 인물이다.

한국은 트럼프의 특성을 활용해야 한다. 트럼프 개인의 변덕을 통제하려 하기보다, 그의 본능이 반응할 선택지들을 만들어야 한다. 산업과 안보의 분야에서 '미국 우선주의'를 자극하고, 중국이나 러시아에 이어 한국이 2등을 하는 카드를 쥐고 있어야 트럼프와 협상이 가능하다.

우리 앞에 놓인 진짜 난관은 밴스 쪽이다. 그는 카멜레온처럼 변신하며 시스템 속에서 진화하는 인간이다. 트럼프를 "가난한 백인의 마약 같은 존재"라고 비판하던 그는 정치 입문을 앞두고 트럼프 지지자로 돌아섰다. 밴스는 자신의 욕망을 생존 본능에 맞춰 새로 정의할 수 있는 인물이다. 매우 가변적이고, 계산적이며, 속을 알 수 없다. 그만의 색채와 카리스마가 부족하다는 평가를 받는 밴스가 '다음 트럼프'가 되기보다는, '다음 트럼프'의 등장 때까지 마가 진영을 유지·운영하는 관리자 역할을 할 수도 있다.

결국 미국의 앞날을 알기 위해서는 크게 변하지 않을 상수를 들여다보는 것이 좋고, 그것은 트럼프와 그를 지지한 미국인들이 될 것이다. 미국은 250년 전 건국 당시의 논쟁 즉, 누가 국민이며,

권력은 어디에서 비롯되는지를 여전히 반복하는 나라다. 아마 앞으로도 크게 달라지지 않을 것이다.

한국과 우리의 삶에 지대한 영향을 미치는 미국이라는 나라는 언제나 권력과 욕망의 경합장이었다. 트럼프는 그 오래된 정서를 세상 한가운데로 꺼낸 정치인이다. 아마 10년 뒤에도 누군가 밴스의 뿌리를 궁금해하다 이 책을 꺼내들 것이다. 그때 이 문장들이 트럼프와 그를 지지한 절반의 미국을 이해하는 첫걸음이 되길 바란다.

주

프롤로그

1 Nicholas Fandos, "How Zohran Mamdani Beat Back New York's Elite and Was Elected Mayor," *The New York Times*, November 4, 2025.

2 Nick Reisman and Joe Anuta, "Trump, Mamdani Make Love—Not War," *Politico*, November 21, 2025; Betsy Klein, "Trump and Mamdani Bond over Affordability Issues, Love of New York and Winning in Collegial Oval Office Meeting," *CNN*, November 21, 2025; "Remarks: Donald Trump Meets with Zohran Mamdani in the Oval Office-November 21, 2025," *Roll Call*, https://rollcall.com/factbase/trump/transcript/donald-trump-remarks-zohran-mamdani-oval-office-november-21-2025/.

3 Rebecca Picciotto, "How New York Developers Scored a Victory on Election Night," *The Wall Street Journal*, November 5, 2025.

4 Jason Horowitz, "Fred Trump Taught His Son the Essentials of Showboating Self-Promotion," *The New York Times*, August 12, 2016.

5 Tom Van Riper, "First Job: Donald Trump," *Forbes*, May 23, 2006.

6 Ashley Southall, "What Happened When a Barber Told Trump About His $15,000 Electric Bill," *The New York Times*, October 24, 2024.

7 Jason Lange and Tim Reid, "Exclusive: Trump Approval Falls to Lowest of His Term over Prices and Epstein Files, Reuters/Ipsos Poll Finds," *Reuters*, November 19, 2025.

8 Patrice Taddonio, "'All About the Fight': How Donald Trump Developed His Political Playbook," *PBS Frontline*, September 24, 2024; Manny Fernandez, "When Donald Trump Partied with Richard Nixon," *The New York Times*, December 18, 2016; Wayne Barrett, "Donald Trump's Seduction of Mario Cuomo," *The Village Voice*, January 14, 1992.

1장 트럼프 이해하기

정치도 사업처럼

1 Wayne Barrett, "How a Young Donald Trump Forced His Way From Avenue Z to Manhattan," *The Village Voice*, January 15, 1979.

2 Callum Borchers, "The Amazing Story of Donald Trump's Old Spokesman, John Barron — Who Was Actually Donald Trump Himself," *The Washington Post*, May 13, 2016.

3 Mike McIntire, Russ Buettner and Susanne Craig, "How Reality-TV Fame

Handed Trump a 427 Million Dollar Lifeline," *The New York Times*, September 28, 2020.

4 Philip Bump, "Trump's Money Problems Were Well Known in the 1990s. Then Came 'The Apprentice.'" *The Washington Post*, May 8, 2019.

5 Wayne Barrett, "How a Young Donald Trump Forced His Way From Avenue Z to Manhattan," *The Village Voice*, January 15, 1979.

6 Barrett, "How a Young Donald Trump…"

7 Tom Van Riper, "First Job: Donald Trump," *Forbes*, May 23, 2006.

8 Lois Romano, "Donald Trump, Holding All the Cards: The Tower! The Team! The Money! The Future!," *The Washington Post*, November 15, 1984.

9 Beth Reinhard and Peter Grant, "How the 1990s Became Donald Trump's Personal Crucible," *The Wall Street Journal*, July 20, 2016.

10 Barbara Walters, "Interview: Barbara Walters Interviews Donald Trump on ABC's 20/20," *ABC*, August 17, 1990.

11 Bump, "Trump's Money Problems…"

사업도 정치처럼

1 Ben Protess, Andrea Fuller and David Yaffe-Bellany, "What Is Trump's Net Worth? Here's What We Know and Can't Know," *The New York Times*, July 2, 2025.

2 David Gauthier-Villars, Tom Bergin, Michelle Conlin, Lawrence Delevingne and Tom Wilson, "Inside the Trump Family's Global Crypto Cash Machine," *Reuters*, October 28, 2025.

3 David Barstow, Susanne Craig and Russ Buettner, "Trump Engaged in Suspect Tax Schemes as He Reaped Riches From His Father," *The New York Times*, October 2, 2018.

4 Jason Horowitz, "Fred Trump Taught His Son the Essentials of Showboating Self-Promotion," *The New York Times*, August 12, 2016.

5 Brent Cebul and Michael R. Glass, "Mortgaging Out: FHA Credit Policy, Segregated Rental Housing, and the Remaking of Metropolitan America," *Journal of American History*, June 2025; Gwenda Blair, "Fred Trump Slays the King of Cooperative Housing," The Gotham Center for New York City History, February 8, 2018, https://www.gothamcenter.org/blog/fred-trump-slays-the-king-of-cooperative-housing/; Tracie Rozhon, "Fred C. Trump, Postwar Master Builder of Housing for Middle Class, Dies at 93," *The New York Times*, June 26, 1999.

6 Horowitz, "Fred Trump Taught His Son…"

7 Barstow, Craig and Buettner, "Trump Engaged in Suspect Tax Schemes…"

8 Wayne Barrett, "How a Young Donald Trump Forced His Way From Avenue Z to Manhattan," *The Village Voice*, January 15, 1979.

9 Horowitz, "Fred Trump Taught His Son…"; Barstow, Craig and Buettner, "Trump Engaged in Suspect Tax Schemes…"

10 Tom Van Riper, "First Job: Donald Trump," *Forbes*, May 23, 2006.
11 LiveNOW from FOX, "FULL SPEECH: Donald Trump NAHB Miami Florida 8/11/16 FNN," August 12, 2016, https://www.youtube.com/watch?v=RMgQyu9huPI/.
12 The Daily Pennsylvanian, "Was Trump Really a Top Student at Wharton? His Classmates Say Not So Much," February 2017; Dan Spinelli, "Trump Flaunts Wharton Degree, but His College Years Remain a Mystery," *The Daily Pennsylvanian*, August 19, 2015.
13 Van Riper, "First Job"
14 Steve Eder and Dave Philipps, "Donald Trump's Draft Deferments: Four for College, One for Bad Feet," *The New York Times*, August 1, 2016.
15 Josh Barro, "Donald Trump and the Art of the Public Sector Deal," *The New York Times*, September 18, 2015.
16 Barrett, "How a Young Donald Trump…"
17 Charles V. Bagli, "A Trump Empire Built on Inside Connections and 885 Million Dollars in Tax Breaks," *The New York Times*, September 17, 2016.
18 Wayne Barrett, "Donald Trump's Seduction of Mario Cuomo," *The Village Voice*, January 14, 1992.
19 "Andrew Cuomo," *Wikipedia*, accessed November 14, 2025. https://en.wikipedia.org/wiki/Andrew_Cuomo
20 "Andrew Cuomo Plans to Join Firm," *The New York Times*, January 31, 1984.
21 Barrett, "Donald Trump's Seduction of Mario Cuomo,"
22 Gauthier-Villars et al., "Inside the Trump Family's Global Crypto…"
23 Federico Maccioni, "Trump's Stablecoin Chosen for 2 Billion Dollar Abu Dhabi Investment in Binance, Co-Founder Says," *Reuters*, May 1, 2025.
24 US Senate Committee on Banking, Housing and Urban Affairs, "FORWARDING: Merkley, Warren: Trump-Linked Crypto Deal Is a 'Staggering' Conflict of Interest," May 5, 2025.
25 Eric Lipton, David Yaffe-Bellany, Bradley Hope, Tripp Mickle and Paul Mozur, "Anatomy of Two Giant Deals: The U.A.E. Got Chips. The Trump Team Got Crypto Riches," *The New York Times*, September 15, 2025.
26 Rebecca Ballhaus, Josh Dawsey, Patricia Kowsmann and Angus Berwick, "Trump Pardons Convicted Binance Founder," *The Wall Street Journal*, October 23, 2025.
27 Michelle Conlin, Lawrence Delevingne and Trevor Hunnicutt, "Wealthy Foreign Crypto Investors Descend on President Trump's Golf Club for 148 Million Dollar Meme Coin Dinner," *Reuters*, May 23, 2025.
28 Lara Spirit, "Trump's Sons Started Crypto Venture After Being 'Rejected by Banks'," *The Times*, May 29, 2025.
29 Hannah Levitt, "JPMorgan Facing US Investigations Tied to Trump's Debanking Push," *Bloomberg*, November 5, 2025.
30 David Brooks, "Why Trump Soars"

수비 전략 "나는 된다"

1 Taylor Penley, "Trump Says US Will Experience 'Period of Transition' When Asked if Economy Could See a Recession This Year," *Fox Business*, March 10, 2025.

2 Gwenda Blair, "How Norman Vincent Peale Taught Donald Trump to Worship Himself," *Politico*, October 6, 2015; James Barron, "Overlooked Influences on Donald Trump: A Famous Minister and His Church," *The New York Times*, September 5, 2016.

3 노먼 빈센트 필,《적극적 사고방식》, 세종서적, 2001.

4 Eugene Scott, "Church Says Donald Trump Is Not an 'Active Member'," *CNN*, August 28, 2015.

5 Marylin Bender, "The Empire and Ego of Donald Trump," *The New York Times*, August 7, 1983.

6 Neil Barsky, "Trump, the Bad, Bad Businessman," *The New York Times*, August 5, 2016.

7 Donald Trump and Charles Leerhsen, *Trump: Surviving at the Top*, Random House, August 14, 1990.

8 Barbara Walters, "Interview: Barbara Walters Interviews Donald Trump on ABC's 20/20," *ABC*, August 17, 1990.

9 Michael Kruse, "The Power of Trump's Positive Thinking," *Politico*, October 13, 2017.

10 Jay Dixit, "Donald Trump on Failure," *Psychology Today*, May 19, 2009.

11 C-SPAN, "2015 Family Leadership Summit," July 18, 2015, https://www.c-span.org/program/campaign-2016/2015-family-leadership-summit-audio/406761/.

12 Daniel Burke, "The Religious Roots of Trump's Magical Thinking on Coronavirus," *CNN*, May 21, 2020.

13 Will Pavia, "Meet Trump's 'Human Printer' Who Claims He Saved Her from Dying of Cancer," *The Times*, May 23, 2024.

14 Maggie Haberman and Jonathan Swan, "Devoted Aide Who Keeps Good News Flowing Will Follow Trump to the White House," *The New York Times*, November 25, 2024.

15 Shawn McCreesh, "Documentary Series Goes Inside Trump's Bubble," *The New York Times*, June 6, 2025.

16 Sophia Cai, "How Trump's Loyal Pen Pals Spread His Message," *Axios*, September 1, 2023.

공격 전략 "내가 맞다"

1 Wayne Barrett, "The Birthday Boy: Roy Cohn Is 52 at 54," *The Village Voice*, March 5, 1979.

2 Jonathan Mahler and Matt Flegenheimer, "What Donald Trump Learned From

Joseph McCarthy's Right-Hand Man," *The New York Times*, June 20, 2016; Michelle Dean, "A Mentor in Shamelessness: The Man Who Taught Trump the Power of Publicity," *The Guardian*, April 20, 2016; Michael Kruse, "'He Brutalized for You'," *Politico*, April 8, 2016.

3 Barrett, "The Birthday Boy"

4 Patrice Taddonio, "'All About the Fight': How Donald Trump Developed His Political Playbook," *PBS Frontline*, September 24, 2024.

5 Taddonio, "'All About the Fight'"

6 Lois Romano, "Donald Trump, Holding All the Cards: The Tower! The Team! The Money! The Future!," *The Washington Post*, November 15, 1984.

7 Kruse, "'He Brutalized for You'"

8 Kruse, "'He Brutalized for You'"

9 Mahler and Flegenheimer, "What Donald Trump Learned…"

10 Howard Kurtz, "Between the Lines of a Millionaire's Ad," *The Washington Post*, September 1, 1987.

11 Peter Baker, "In Trump's Alternate Reality, Lies and Distortions Drive Change," *The New York Times*, February 23, 2025.

12 Alexandra Jacobs, "Stephanie Grisham, the Latest White House Memoirist, Offers Apologies and Payback," *The New York Times*, September 29, 2021.

13 Baker, "In Trump's Alternate Reality…"

14 藤井彰夫, "理屈では通らない対トランプ交渉術", *日本経済新聞*, 2018年8月16日.

15 藤井彰夫, "理屈では通らない対トランプ交渉術"

16 Baker, "In Trump's Alternate Reality…"

17 "Trump Alerts American Farmers: Get Ready for External Tariffs April 2," *Reuters*, March 4, 2025.

18 Yukana Inoue, "The U.S. Says Japan Has a 700% Tariff on American Rice. Is That the Case?," *The Japan Times*, March 12, 2025.

19 "Jesse Watters Primetime," *FOX News*, March 11, 2025.

'미국 자동차 왕'의 가르침

1 Michael Oreskes, "Trump Gives a Vague Hint of Candidacy," *The New York Times*, September 2, 1987; Howard Kurtz, "Between the Lines of a Millionaire's Ad," *The Washington Post*, September 1, 1987.

2 Larry King, "Interview: Larry King Interviews Donald Trump on CNN's Larry King Live," September 2, 1987, https://rollcall.com/factbase/trump/transcript/donald-trump-interview-larry-king-september-2-1987/.

3 Larry King, "Interview: Larry King Interviews Donald Trump on CNN's Larry King Live"

4 Don Gonyea and Domenico Montanaro, "Donald Trump's Been Saying the Same Thing for 30 Years," *NPR*, January 20, 2017.

5 Glenn Plaskin, "The 1990 Playboy Interview With Donald Trump," *Playboy*, March 1, 1990.
6 John Mueller, "Remember When Japan Was Going to Take Over the World?," *Cato Institute*, December 30, 2023.
7 Lee Iacocca and William Novak, *Iacocca: An Autobiography*, Bantam, 1986.
8 Iacocca and Novak, *Iacocca: An Autobiography*.
9 Al Root, "Lee Iacocca Wanted to Make America Great Again Before Donald Trump," *Barron's*, July 5, 2019; Micheline Maynard, "Master of the Art of the Deal? That Was Lee Iacocca, Not Trump," *The Washington Post*, July 4, 2019.
10 Karen Tumulty, "How Trump's Economic Thinking Got Stuck in the 1980s," *The Washington Post*, April 7, 2025.
11 Iacocca and Novak, *Iacocca: An Autobiography*.
12 Iacocca and Novak, *Iacocca: An Autobiography*.
13 Iacocca and Novak, *Iacocca: An Autobiography*.
14 Iacocca and Novak, *Iacocca: An Autobiography*.
15 Iacocca and Novak, *Iacocca: An Autobiography*.
16 Fox Butterfield, "Trump Hints of Dreams Beyond Building," *The New York Times*, October 5, 1987.
17 "Playboy Interview: Lee Iacocca," *Playboy*, January, 1991.

닉슨과 펜팔하는 사이

1 Nixon Foundation, "Unseen Letters Between Nixon and Trump on Display at the Nixon Library," September 23, 2020, https://blog.nixonfoundation.org/2020/09/unseen-correspondence-between-nixon-and-trump-on-display-in-special-exhibit-at-the-nixon-library/.
2 Will Pavia, "Come Over and Live at My Place, Trump Told Nixon," *The Times*, September 25, 2020.
3 Paul Goldberger, "Architecture View: Can a Critic Really Control the Marketplace?," *The New York Times*, October 14, 1984.
4 Lois Romano, "Donald Trump, Holding All the Cards: The Tower! The Team! The Money! The Future!," *The Washington Post*, November 15, 1984.
5 Romano, "Donald Trump, Holding All the Cards…"
6 Ronald Reagan Presidential Library & Museum, "Meeting with VIPs," https://www.reaganlibrary.gov/archives/audiovisual/white-house-photo-collection-galleries/meeting-vips/.
7 Romano, "Donald Trump, Holding All the Cards…"
8 Michael Barbaro, "Donald Trump, Praised by Former President Nixon, Biography Says," *The New York Times*, September 8, 2015.
9 Michael Barbaro, "Donald Trump, Praised by Former President Nixon, Biography Says," *The New York Times*, September 8, 2015.
10 Manny Fernandez, "When Donald Trump Partied With Richard Nixon," *The New*

York Times, December 18, 2016.
11 Manny Fernandez, "When Donald Trump Partied With Richard Nixon"
12 Marie Brenner, "After the Gold Rush," *Vanity Fair*, September 1, 1990.
13 Michelle Lee, "Fact Check: Has Trump Declared Bankruptcy Four or Six Times?," *The Washington Post*, September 27, 2016.
14 Nancy Benac, "Dear Donald, Dear Mr. President: A Trump–Nixon'80s Tale," *AP News*, September 24, 2020.
15 Benac, "Dear Donald, Dear Mr. President"

'개인폰 3대' 셀프 PR의 귀재

1 Callum Borchers, "The Amazing Story of Donald Trump's Old Spokesman, John Barron — Who Was Actually Donald Trump Himself," *The Washington Post*, May 13, 2016.
2 Jeremy W. Peters and Brian Stelter, "Trump for President in 2012? Maybe. Trump for Trump? Without Question," *The New York Times*, April 2, 2011.
3 Andrew Kaczynski, "Many of Trump's Old Videos Are Now Unavailable on the Trump Organization's YouTube," *CNN*, July 18, 2017.
4 Donald J. Trump, "From the Desk of Donald Trump: South Korea," April 10, 2013, https://www.facebook.com/DonaldTrump/posts/461929523877490/. 온라인 아카이브에 원본 영상이 보관돼 있다. https://archive.org/details/From_the_Desk_of_Donald_Trump_South_Korea/.
5 David Bauder, "Who's Calling? A Reporter, and It's Often President Donald Trump Answering," *AP News*, July 1, 2025.
6 Ashley Parker and Michael Scherer, "The Secret History of Trump's Private Cellphone," *The Atlantic*, June 2, 2025.
7 Christopher Bing, "FBI Says Chinese Hackers Preparing to Attack US Infrastructure," *Reuters*, April 19, 2024.
8 Christopher Bing, Raphael Satter and Gram Slattery, "Exclusive: Accused Iranian Hackers Successfully Peddle Stolen Trump Emails," *Reuters*, October 25, 2024.
9 Parker and Scherer, "The Secret History of Trump's Private Cellphone"
10 Parker and Scherer, "The Secret History of Trump's Private Cellphone"
11 Steve Contorno and Alayna Treene, "Big Tech CEOs Are Calling Up Trump, Seeking to Rekindle Their Relationship with the Former President Ahead of Election Day," *CNN*, October 27, 2024.
12 Rebecca Falconer, "Trump Discusses Middle East, Ukraine and Trade in Calls with World Leaders," *Axios*, November 6, 2024.
13 Bauder, "Who's Calling?"
14 Barak Ravid, post on *X*, June 22, 2025, https://x.com/BarakRavid/status/1936588597312012468/.
15 Bauder, "Who's Calling?"

노이즈 마케팅과 음모론

1 Leslie Eaton, "Trump Financial Affairs Face Political Scrutiny," *The New Yor Times Times*, January 9, 2000.

2 Maggie Haberman and Alexander Burns, "Donald Trump's Presidential Run Began in an Effort to Gain Stature," *The New Yor Times*, March 12, 2016.

3 Haberman and Burns, "Donald Trump's Presidential Run Began…"

4 C-SPAN, "Donald Trump Remarks," April 16, 2011, https://www.c-span.org/program/campaign-2012/donald-trump-remarks/249791.

5 Haberman and Burns, "Donald Trump's Presidential Run Began…"

6 Mark Tran, "Barack Obama Launches Re-Election Campaign," *The Guardian*, April 4, 2011.

7 Tom Rosentiel, "Tea Party's Hard Line on Spending Divides GOP," *Pew Research Center*, February 11, 2011; ABC News, "Can Tea Party Groups Get Behind One Candidate for '12?," March 26, 2011.

8 Jon Weisman, "Donald Trump on 'Good Morning America': Has ABC Ever Heard of a Follow-Up Question?," *Variety*, March 17, 2011.

9 ABC News, "Donald Trump Steps Up Calls for Obama to Release Birth Certificate," March 29, 2011.

10 Anthony Zurcher, "The Birth of the Obama 'Birther' Conspiracy," *BBC*, September 16, 2016.

11 CNN, "Interview: Candy Crowley of CNN Interviews Donald Trump," April 10, 2011.

12 Fox News, "Sarah Palin Defends Donald Trump, Talks 2012," April 19, 2011.

13 C-SPAN, "Donald Trump Remarks," April 16, 2011, https://www.c-span.org/program/campaign-2012/donald-trump-remarks/249791/.

14 CNN/Opinion Research Corporation, "Trump Tied for First in GOP Horserace," April 12, 2011.

15 Dan Pfeiffer, "President Obama's Long Form Birth Certificate," The White House, April 27, 2011, https://obamawhitehouse.archives.gov/blog/2011/04/27/president-obamas-long-form-birth-certificate/.

16 The White House, "Remarks by the President," April 27, 2011, https://obamawhitehouse.archives.gov/the-press-office/2011/04/27/remarks-president/.

17 CNN, "Interview: John King Interviews Donald Trump," April 26, 2011, https://rollcall.com/factbase/transcript/donald-trump-interview-cnn-john-king-usa-april-26-2011/2011/.

18 Maggie Haberman, "Trump Drops F-Bombs on Vegas Crowd," *Politico*, April 29, 2011.

19 C-SPAN, "Donald Trump Speech in Las Vegas," April 28, 2011, https://www.c-span.org/program/campaign-2012/donald-trump-speech-in-las-vegas/250799/; 하태원, 염희진, "트럼프, 이번엔 '한-중 겨냥 독설'", *동아일보*,

May 2, 2011.
20 C-SPAN, "2011 White House Correspondents' Dinner," April 30, 2011, https://www.c-span.org/program/white-house-event/2011-white-house-correspondents-dinner/250762/.
21 Patrick Gavin, "Obama Trumps Adversaries," *Politico*, April 30, 2011.
22 ABC News, "Donald Trump 'Honored' to Be Butt of Obama, Seth Meyers Jokes at Correspondents' Dinner," May 2, 2011.
23 Haberman and Burns, "Donald Trump's Presidential Run Began…"
24 Steve Holland and Jeff Mason, "Osama bin Laden Killed in Shootout, Obama Says," *Reuters*, May 2, 2011.
25 Beth Fouhy, "Trump: Obama Wasn't Qualified for Ivy League," *Associated Press*, April 26, 2011.
26 Maggie Haberman, "Trump's Poll Numbers Collapse," *Politico*, May 10, 2011.
27 Jim Rutenberg, "Trump Bows Out, but Spotlight Barely Dims," *The New York Times*, May 16, 2011.
28 Rutenberg, "Trump Bows Out, but Spotlight Barely Dims"; Lisa de Moraes, "The TV Column: No Presidential Run for Trump, but an 'Apprentice' Pitch," *The Washington Post*, May 16, 2011.
29 Emily Friedman, "Mitt Romney Next Up to Meet Donald Trump," *ABC News*, September 18, 2011.
30 Paul Eckert, "Romney Puts China Squarely in US Presidential Race," *Reuters*, September 8, 2011.
31 UPI, "Trump Threatens to Run for President Again," November 23, 2011.
32 Elisabeth Bumiller, "The 'Ice Maiden' Cometh: Can Susie Wiles, Trump's Chief of Staff, Survive?," *The New York Times*, January 9, 2025.
33 Haberman and Burns, "Donald Trump's Presidential Run Began…"
34 Roland Hughes and Joshua Nevett, "The Day Trump Ran for President (and What People Predicted)," *BBC News*, June 16, 2019.

2장 트럼프 행정부 작동 원리 분석하기

'관종' 내각과 브레인 참모

1 Ben Zimmer, "Central Casting: Hollywood Lingo for Characters That Look the Part," *The Wall Street Journal*, March 1, 2019; Avery Lotz, "Trump Builds His 'Central Casting' Cabinet," Axios, November 20, 2024.
2 Ben Finley, Konstantin Toropin and Evan Vucci, "Trump Calls for Using US Cities as a 'Training Ground' for Military in Unusual Speech to Generals," *AP News*, October 1, 2025.
3 Tara Copp, Dan Lamothe, Alex Horton, Ellen Nakashima and Noah Robertson, "Hegseth Orders Rare, Urgent Meeting of Hundreds of Generals, Admirals," *The*

Washington Post, September 25, 2025.

4 The White House, "President Trump Delivers Remarks to the Department of War," September 30, 2025, https://www.youtube.com/watch?v=gKxWz8dyKfU.

5 Greg Jaffe, "A Novice Defense Secretary Lectures the Brass on What It Takes to Win," *The New York Times*, September 30, 2025.

6 Natasha Bertrand and Zachary Cohen, "Pentagon Watchdog Has Completed Review of Hegseth's Use of Signal, Sources Say," *CNN*, September 16, 2025.

7 Brian Stelter, "How Pete Hegseth Went from Fox News Host to Trump's Defense Secretary Pick," *CNN*, November 13, 2024.

8 Pete Hegseth, "The 9/11 Generation, and Our Sons," *National Review*, September 9, 2011.

9 Sena Chang, "From Princeton to the Pentagon: The Many Faces of Pete Hegseth' 03," *The Daily Princetonian*, January 24, 2025; Department of War, "HON Pete Hegseth," https://www.war.gov/About/Biographies/Biography/Article/4040890/hon-pete-hegseth/.

10 Stelter, "How Pete Hegseth Went from Fox News Host…"

11 Pete Hegseth, *The War on Warriors: Behind the Betrayal of the Men Who Keep Us Free*, Broadside Books, June 4, 2024.

12 Tina Reed, "Rise of the MAHA 'Mom-Fluencers'," *Axios*, August 31, 2025.

13 BBC Verify Team, "Fact-Checking RFK Jr.'s Views on Health Policy," *BBC*, November 16, 2024.

14 Emma Goldberg, "How MAHA Is Changing New Motherhood," *The New York Times*, June 1, 2025.

15 U.S. Food and Drug Administration, "HHS, FDA to Phase Out Petroleum-Based Synthetic Dyes in Nation's Food Supply," April 22, 2025, https://www.fda.gov/news-events/press-announcements/hhs-fda-phase-out-petroleum-based-synthetic-dyes-nations-food-supply/.

16 Jeff Mason, Ahmed Aboulenein and Julie Steenhuysen, "Trump Links Autism to Tylenol and Vaccines, Claims Not Backed by Science," *Reuters*, September 24, 2025.

17 Emma Colton, "RFK Jr., Hegseth Face Off in Impressive Pullup, Pushup Pentagon Showdown," *Fox News*, August 18, 2025.

18 Nadine Yousif, "Trump VP Contender Kristi Noem Defends Killing Her Dog," *BBC*, April 27, 2024; Cameron Joseph, "Kristi Noem's Dog-Killing Proves Right-Wing Media Can Still Get Mad at One of Their Own," *Columbia Journalism Review*, May 10, 2024.

19 Joseph Bernstein, "At a Prison Appearance, a $50,000 Watch Stands Out," *The New York Times*, March 28, 2025.

20 Lauren Gambino, "Kristi Noem: The Made-for-TV Official Executing Trump's Mass Deportations," *The Guardian*, June 7, 2025.

21 Ashley Parker, "Trump's Cosplay Cabinet," *The Atlantic*, April 26, 2025; Michael Collins, "Made-for-TV Presidency: How Trump's Celebrity Past Shaped His First 100 Days," *USA Today*, April 28, 2025; Skylar Woodhouse, "Trump Reaches for Stars to Fill His Television Cabinet," *Bloomberg*, December 12, 2024.

22 Mike McIntire, Russ Buettner and Susanne Craig, "How Reality-TV Fame Handed Trump a $427 Million Lifeline," *The New York Times*, September 28, 2020.

23 Elisabeth Bumiller, "The 'Ice Maiden' Cometh: Can Susie Wiles, Trump's Chief of Staff, Survive?," *The New York Times*, January 9, 2025.

24 Idrees Ali and Phil Stewart, "'He's a Real General': How Trump Chose Dan Caine to Be Top US Military Officer," *Reuters*, February 23, 2025.

25 Betsy Klein, Zachary Cohen and Natasha Bertrand, "Hegseth and Caine Play Dueling Roles as Key Architects of Iran Strike," *CNN*, June 22, 2025.

26 Warren P. Strobel, Alex Horton and Abigail Hauslohner, "Navigating Iran Crisis, Trump Relies on Experience over Star Power," *The Washington Post*, June 19, 2025.

27 Nancy A. Youssef, Jonathan Lemire and Missy Ryan, "The Pentagon's Policy Guy Is All In on China," *The Atlantic*, July 28, 2025.

28 Jack Detsch, Paul McLeary, Felicia Schwartz and Eli Stokols, "Trump Allies Caught Off Guard by Pentagon's Ukraine Weapons Freeze," *Politico*, July 2, 2025.

백악관의 국정 설계자들

1 Gabby Orr, "Stephen Miller to Launch a New Legal Group to Give Biden Fits," *Politico*, March 26, 2021.

2 Jane Ross and Steve Gorman, "Riot Police, Anti-ICE Protesters Square Off in Los Angeles After Raids," *Reuters*, June 7, 2025.

3 Sandra Stojanovic and Omar Younis, "Trump Deploys National Guard as Los Angeles Protests Against Immigration Agents Continue," *Reuters*, June 9, 2025.

4 Jack Blanchard and Dasha Burns, "Playbook: The LA Standoff Trump Wanted," *Politico*, June 10, 2025.

5 Matt Dixon, Yamiche Alcindor and Gabe Gutierrez, "'We're Happy to Have This Fight': Trump Administration Leans into California Protests," *NBC News*, June 10, 2025.

6 Trevor Hunnicutt and Nandita Bose, "Trump Takes Over DC Police in Extraordinary Move, Deploys National Guard in Capital," *Reuters*, August 12, 2025.

7 Christal Hayes, "Trump Authorises Deployment of 300 National Guard Troops to Chicago," *BBC*, October 7, 2025.

8 Erica L. Green and Katie Rogers, "Trump Says He Is Prepared to Send 'More Than the National Guard' Into U.S. Cities," *The New York Times*, October 28, 2025; Kat Lonsdorf, "Trump's National Guard Deployments Aren't Random.

They Were Planned Years Ago," *NPR*, November 3, 2025.

9 Veronica Stracqualursi, "Trump Suggests Using Military Against 'Enemy from Within' on Election Day," *CNN*, October 14, 2024.

10 Robert Tait, "The Rise of Stephen Miller, the Architect of Trump's Hardline Immigration Policy," *The Guardian*, June 15, 2025; Paul Millar, "Stephen Miller: How an Anti-Immigrant Crusade Is Remaking US Policy," France 24, June 19, 2025.

11 Stephen Miller, "Political Correctness Out of Control," *Surf Santa Monica*, March 27, 2002, https://www.surfsantamonica.com/ssm_site/the_lookout/letters/Letters-2002/MARCH_2002/03_27_2002_Political_Correctness_Out_of_Control.htm/.

12 McKay Coppins, "Trump's Right-Hand Troll," *The Atlantic*, May 28, 2018.

13 Coppins, "Trump's Right-Hand Troll"

14 Millar, "Stephen Miller: How an Anti-Immigrant Crusade Is Remaking US Policy."

15 Coppins, "Trump's Right-Hand Troll"

16 Coppins, "Trump's Right-Hand Troll"

17 Coppins, "Trump's Right-Hand Troll"

18 Coppins, "Trump's Right-Hand Troll"

19 Robert Draper, "America First Legal, a Trump-Aligned Group, Is Spoiling for a Fight," *The New York Times*, March 21, 2024; Alex Thompson, "Stephen Miller's Outside Army," *Axios*, March 8, 2025.

20 Isaac Arnsdorf and Maria Sacchetti, "Trump Prepares Immigration Crackdown With Miller, Homan Posts," *The Washington Post*, November 11, 2024.

21 Nick Miroff and Jonathan Lemire, "Stephen Miller Has a Plan," *The Atlantic*, March 19, 2025; Josh Dawsey and Rebecca Ballhaus, "Stephen Miller's Fingerprints Are on Everything in Trump's Second Term," *The Wall Street Journal*, June 20, 2025.

22 Thompson, "Stephen Miller's Outside Army"

23 Matt Cohen, "How Stephen Miller Is Using America First Legal To Assail Voting Rights," *Democracy Docket*, June 26, 2024.

24 Jessie Blaeser, "DOGE Shared Its Receipts—and Some of Them Don't Match," *Politico*, February 22, 2025.

25 Max Chafkin, "Behind Trump's Imperial Presidency (and Elon), Ther's Russell Vought," *Bloomberg*, April 21, 2025.

26 Tony Romm and Jeff Stein, "Trump's Budget Pick, Russ Vought, Is Starting to Upend Washington," *The Washington Post*, updated January 24, 2025; Matt Cohen, "How Stephen Miller Is Using America First Legal To Assail Voting Rights," *Democracy Docket*, June 26, 2024.

27 Chafkin, "Behind Trump's Imperial Presidency,"

28 "Russ Vought: Donald Trump's Holy Warrior," *The Economist*, January 3, 2025.

29 David Morgan, "US Senate Confirms Trump Budget Director Pick Vought," *Reuters*, February 7, 2025.
30 Anthony Zurcher, "Trump's Grim Reaper - From Project 2025 to Shutdown Enforcer," *BBC*, October 4, 2025.
31 Scott Patterson, Olivia Beavers and Siobhan Hughes, "Trump's Budget Chief, Slayer of Big Government, Moves Quickly in Shutdown," *The Wall Street Journal*, October 2, 2025.
32 Jennifer Scholtes and Katherine Tully-McManus, "Vought Pitches Reluctant Senators on $9.4B in Clawbacks to NPR, PBS, Foreign Aid," *Politico*, June 25, 2025.
33 Gregory Svirnovskiy, "Trump to Talk with Vought About Which 'Democrat Agencies' Should Be Cut," *Politico*, October 2, 2025.
34 Irie Sentner, "White House: Shutdown Layoffs Will Be 'North of 10,000'," *Politico*, October 15, 2025.
35 Jordain Carney, "Thune Warns Democrats About Russ Vought: 'We Don't Control What He's Going to Do'," *Politico*, October 2, 2025.
36 Jonathan Allen, Matt Dixon, Katherine Doyle and Sahil Kapur, "Stephen Miller Re-Emerges as an 'Untouchable' Force in Trump's White House," *NBC News*, May 16, 2025.
37 "Read the Full Transcript: President Donald Trump Interviewed by 'Meet the Press' Moderator Kristen Welker," *NBC News*, May 5, 2025.

입법-행정-사법 3부 위 백악관

1 Molly Redden, Andy Kroll and Nick Surgey, "Put Them in Trauma: Inside a Key MAGA Leader's Plans for a New Trump Agenda," *ProPublica*, October 28, 2024.
2 Marc Caputo, "Exclusive: How the White House Ignored a Judge's Order to Turn Back Deportation Flights," *Axios*, March 16, 2025.
3 Melissa Quinn and Jacob Rosen, "Judge Finds Probable Cause to Hold Trump Administration in Criminal Contempt Over Removals of Venezuelan Migrants to El Salvador," *CBS News*, April 16, 2025.
4 Robert Draper, "America First Legal, a Trump-Aligned Group, Is Spoiling for a Fight," *The New York Times*, March 21, 2024; Alex Thompson, "Stephen Miller's Outside Army," *Axios*, March 8, 2025.
5 Josh Dawsey and Rebecca Ballhaus, "Stephen Miller's Fingerprints Are on Everything in Trump's Second Term," *The Wall Street Journal*, June 20, 2025.
6 Jill Colvin, "Vance and Musk Question the Authority of the Courts as Trump's Agenda Faces Legal Pushback," *AP News*, February 10, 2025.
7 Tom Cotton, *X*, February 9, 2025, https://x.com/SenTomCotton/status/1888335201652314487/.
8 Emily Brooks, "House Republicans Plot Impeachment Against Judges Blocking

Trump, DOGE," *The Hill*, February 14, 2025.
9 Charlie Savage and Minho Kim, "Vance Says 'Judges Aren't Allowed to Control' Trump's 'Legitimate Power'," *The New York Times*, February 9, 2025.
10 Aaron Blake, "Defying Court Orders? Trump, Musk, Vance Appear to Lay the Groundwork," *The Washington Post*, February 10, 2025.
11 Savage and Kim, "Vance Says 'Judges Aren't Allowed…'"
12 "Enhanced interrogation techniques," *Wikipedia*, accessed November 14, 2025, https://en.wikipedia.org/wiki/Enhanced_interrogation_techniques
13 Matt Flegenheimer, "How JD Vance Thinks About Power," *The New York Times*, August 3, 2024; Ian Ward, "There's No Need to Guess. JD Vance Is Ready to Ignore the Courts," *Politico*, February 11, 2025.
14 Matt Flegenheimer, "How JD Vance Thinks About Power"
15 Savage and Kim, "Vance Says 'Judges Aren't Allowed…'" "'This Week' Transcript 2-4-24: White House National Security Adviser Jake Sullivan, Rep. Hakeem Jeffries and Sen. JD Vance," *ABC News*, February 4, 2024.
16 Ward, "There's No Need to Guess…"
17 Ruth Marcus, "The Chief Justice Takes a Swipe at JD Vance," *The Washington Post*, January 1, 2025.

조직적 SNS '신속대응'

1 Alexi McCammond and Jonathan Swan, "Scoop: Insider Leaks Trump's 'Executive Time'-Filled Private Schedules," *Axios*, February 3, 2019.
2 Steve Hendrix, "'Meet the Press' at 70: Putting Presidents and the Powerful on the Spot Every Sunday," *The Washington Post*, November 5, 2017; "Sunday morning talk show," *Wikipedia*, accessed November 14, 2025, https://en.wikipedia.org/wiki/Sunday_morning_talk_show/.
3 Dylan Byers, "The Death of the Sunday Shows," *Politico*, April 21, 2014.
4 Scott Nover, "The Sunday Shows Set the Agenda in Trump's Washington," *The Atlantic*, August 20, 2018.
5 Drew Harwell and Sarah Ellison, "Inside the White House's New Media Strategy to Promote Trump as 'KING'," *The Washington Post*, March 6, 2025.
6 Brian Flood, "Fox News Channel Makes History with Highest-Rated Quarter in History among Weekday Viewers," *Fox News*, April 1, 2025.
7 Bill Barrow, "Trump Team Tries to Project Confidence and Calm after His Tariff Moves Rattled Markets," *AP News*, April 14, 2025.
8 Jeff Cox, "Treasury Secretary Bessent Says China's Escalation Was 'Big Mistake,' Country Playing with 'Losing Hand'," *CNBC*, April 8, 2025.
9 Susan Heavey, Trevor Hunnicutt and Joe Cash, "Stocks Slide Again as US Forges Ahead with 104% Tariffs on China," *Reuters*, April 9, 2025.
10 "CEA's Miran on Tariff Negotiations, Uncertainty, Tax Cuts," *Bloomberg Surveillance* (*Bloomberg TV*), April 8, 2025, https://www.bloomberg.com/news/

videos/2025-04-08/cea-s-miran-on-tariff-negotiations-uncertainty-taxes-video/.
11 Mary Clare Jalonick and Yolanda Magaña, "Maryland Sen. Van Hollen Meets with Abrego Garcia in El Salvador amid Court Fight over US Return," *AP News*, April 18, 2025.
12 Online material: "Stephen Miller: Democrats Are Using Their Power to Bring This Illegal Alien Back to the US," *Hannity(Fox News)*, April 17, 2025, https://www.foxnews.com/video/6371624675112/.
13 "Kaitlan Collins Presses Trump's Border Czar on Abrego Garcia," *CNN*, April 18, 2025, https://www.youtube.com/watch?v=fUFyW5kUd-I/.
14 "'We Will Follow the Law': Border Czar Tom Homan on Deportations," *Morning Joe(MSNBC)*, https://www.msnbc.com/morning-joe/watch/-we-will-follow-the-law-border-czar-tom-homan-on-deportations-237820997645/.
15 Colleen Long, "Trump's Casting Call as He Builds Out His Administration: TV Experience Preferred," *AP News*, November 21, 2024; Avery Lotz, "Trump Builds His 'Central Casting' Cabinet," *Axios*, November 20, 2024.
16 Isabella Simonetti, "The Fox Host Whose Show Caught Trump's Attention during Tariff Meltdown," *The Wall Street Journal*, April 11, 2025.
17 "Jamie Dimon Says Recession Is Now 'a Likely Outcome'," *Mornings With Maria(Fox Business)*, April 9, 2025, https://www.foxbusiness.com/video/6371265074112/.
18 Simonetti, "The Fox Host Whose Show Caught Trump's Attention…"
19 Kanishka Singh, "Trump Appoints Anchors Laura Ingraham, Maria Bartiromo to Kennedy Center Board," *Reuters*, March 8, 2025.
20 Simonetti, "The Fox Host Whose Show Caught Trump's Attention…"; Corbin Bolies, "Fox Host Grills Trump Treasury Sec: 'Why Are We Doing This?'," *The Daily Beast*, April 9, 2025.

'최애' 올라운더 재무장관

1 Marc Caputo, "Inside the Oval: 3 Reasons Trump Buckled on Tariffs," *Axios*, April 10, 2025; Alan Rappeport, "Bessent Takes Tricky Center Stage as Trade Wars Roil U.S. Economy," *The New York Times*, April 12, 2025; Daniel Flatley, "Bessent Emerges as Wall Street Man-of-the-Hour Trade Negotiator," *Bloomberg*, April 11, 2025; Jeff Mason and Andrea Shalal, "Amid Turmoil over Tariffs, Bessent Rises in Trump Trade World," *Reuters*, April 12, 2025.
2 Alan Rappeport, "How Scott Bessent Went From Democratic Donor to Trump Treasury Secretary Pick," *The New York Times*, November 23, 2024; Brian Schwartz and Andrew Restuccia, "How Scott Bessent Won the 'Knife Fight' to Be Trump's Treasury Secretary," The Wall Street Journal, November 23, 2024.
3 "President Trump Participates in a Roundtable with Business Leaders, May 15, 2025," The White House, May 15, 2025, https://www.youtube.com/

watch?v=czwIazxoONU/.

4 "President Trump Participates in the White House Faith Office Luncheon"

5 James Politi, "'Where the Hell Is the Market Risk?' Scott Bessent Takes On His Critics," *Financial Times*, October 25, 2025; Phil Mattingly and Jeremy Herb, "'The Best Chance We've Got': Can Treasury Secretary Scott Bessent Save the World from Trade Armageddon?," *CNN*, May 25, 2025.

6 Politi, "'Where the Hell Is the Market Risk?'"

7 James Politi, "'Where the Hell Is the Market Risk?'"

8 Politi, "'Where the Hell Is the Market Risk?'"

9 Mattingly and Herb, "'The Best Chance We've Got'…"

10 Rappeport, "How Scott Bessent Went From Democratic Donor…"

11 "Scott Bessent | All-In DC," *All-In Podcast*, March 19, 2025, https://www.youtube.com/watch?v=lSma9suyp24/.

12 Mattingly and Herb, "'The Best Chance We've Got'…"

13 Schwartz and Restuccia, "How Scott Bessent Won the 'Knife Fight'"

14 Jennifer Jacobs, "At Trump's Freewheeling Mar-a-Lago, Allies Jockey for Jobs, Tee Times and a Spot on the Buffet Line," *CBS News*, January 18, 2025.

15 Maggie Haberman and Shawn McCreesh, "Trump's Treasury Secretary Threatens to Punch Housing Official in the Face," *The New York Times*, September 8, 2025.

16 Politi, "'Where the Hell Is the Market Risk?'"

17 Paul McLeary and Nahal Toosi, "China Debate Delayed Trump Security Strategy," *Politico*, December 3, 2025.

18 The White House, National Security Strategy of the United States of America, December 5, 2025, https://www.whitehouse.gov/wp-content/uploads/2025/12/2025-National-Security-Strategy.pdf/; Atlantic Council, "Experts React: What Trump's National Security Strategy Means for US Foreign Policy," December 5, 2025.

트럼프의 외교 터프가이

1 Tim Balk and Ashley Cai, "In the Trump Administration, Officials Juggle Multiple Roles," *The New York Times*, October 8, 2025.

2 Balk and Cai, "In the Trump Administration…"

3 "Speech: Donald Trump Addresses the Israeli Knesset in Jerusalem—October 13, 2025," *Roll Call*, October 13, 2025, https://rollcall.com/factbase/trump/transcript/donald-trump-speech-knesset-jerusalem-israel-october-13-2025/

4 "Speech: Donald Trump Addresses the Israeli Knesset…"

5 Chaffin and Acosta, "How a Real Estate Mogul…"

6 Chaffin and Acosta, "How a Real Estate Mogul…"

7 Chaffin and Acosta, "How a Real Estate Mogul…"

8 Chaffin and Acosta, "How a Real Estate Mogul…"

9 Devin Leonard, "Steve Witkoff's Nine Lives: Tough Guys Don't Fold—They

Crawl Back From the Abyss," *Observer*, December 6, 1999.
10 Stanley-Becker, "Trump's Real Secretary of State"
11 Chaffin and Acosta, "How a Real Estate Mogul…"
12 Stanley-Becker, "Trump's Real Secretary of State"
13 Stanley-Becker, "Trump's Real Secretary of State"
14 Stanley-Becker, "Trump's Real Secretary of State"
15 Stanley-Becker, "Trump's Real Secretary of State"
16 "Witkoff Said to Tell Hostage Families Israel Is Pointlessly Extending Gaza War, US Is Urging a Deal," *The Times of Israel*, May 11, 2025.
17 Barak Ravid, "Exclusive: U.S. Holding Secret Talks with Hamas," *Axios*, March 5, 2025.
18 Stanley-Becker, "Trump's Real Secretary of State"
19 Nava Freiberg, "Witkoff Gifts His Late Son's Star of David to Ex-Hostage Edan Alexander," *The Times of Israel*, May 13, 2025.
20 "Jared Kushner and Steve Witkoff's Extended 60 Minutes Interview," *CBS News*, October 19, 2025, https://www.cbsnews.com/news/jared-kushner-and-steve-witkoffs-extended-60-minutes-interview/.
21 Stanley-Becker, "Trump's Real Secretary of State"
22 "The Cuban Missile Crisis, October 1962," *Office of the Historian*, U.S. Department of State, accessed November 14, 2025, https://history.state.gov/milestones/1961-1968/cuban-missile-crisis/.
23 "Foreign Relations of the United States, 1969–1976, Volume XIII, Soviet Union, October 1970–October 1971," *Office of the Historian*, U.S. Department of State, accessed November 14, 2025, https://history.state.gov/historicaldocuments/frus1969-76v13/d283
24 Atwood, Treene and Marquardt, "Trump's 'Lone Ranger'"
25 Stanley-Becker, "Trump's Real Secretary of State"
26 "Trump's Real Secretary of State," *The Atlantic*, May 14, 2025.

비즈니스는 파티장에서

1 Eric Lipton, Theodore Schleifer and Zolan Kanno-Youngs, "Trump Family's Cash Registers Ring as Financial Meltdown Plays Out," *The New York Times*, April 5, 2025.
2 "List of presidential trips made by Donald Trump (2025)," *Wikipedia*, accessed November 14, 2025, https://en.wikipedia.org/wiki/List_of_presidential_trips_made_by_Donald_Trump_(2025)/.
3 Tamara Keith, "Why Biden Spends His Weekends Away from the White House," *NPR*, August 6, 2021.
4 Keith, "Why Biden Spends His Weekends Away…"
5 ABC News, "President Bush's Weekend Getaway," *ABC News*, January 8, 2009.
6 Presidential Vacations&Retreats: President George W. Bush at His Ranch,"

White House Historical Association, August, 2002, https://www.whitehousehistory.org/photos/presidential-vacations-retreats-president-bush-at-his-ranch/.

7 Kate Bennett, "Biden Has Spent More Than a Fourth of His Presidency Working from Delaware, Outpacing Trump's Regular Trips Away," *CNN*, October 17, 2022.

8 Peter Maer, "Obamas to Spend Rare Weekend at Chicago Home," *CBS News*, May 28, 2010.

9 Erin McCann, "Trump Criticized Obama for Golfing. Now He Spends Weekends on the Links," *The New York Times*, February 12, 2017.

10 Lipton, Schleifer and Kanno-Youngs, "Trump Family's Cash Registers Ring…"

11 Lipton, Schleifer and Kanno-Youngs, "Trump Family's Cash Registers Ring…"

12 Dasha Afanasieva and Amanda L. Gordon, "Palm Beach's Wealthy Party On, Unruffled by the Tariff Shockwave," *Bloomberg*, April 7, 2025.

13 Leah Feiger, Louise Matsakis and Jake Lahut, "People Are Paying Millions to Dine with Donald Trump at Mar-a-Lago," *WIRED*, March 4, 2025.

14 Adriana Gomez Licon and Michelle L. Price, "Trump Calls It the 'Center of the Universe.' Mar-a-Lago Is a Magnet for Those Seeking Influence," *AP News*, January 1, 2025.

15 Jim VandeHei and Mike Allen, "Behind the Curtain: How Trump's Mind Works," *Axios*, April 4, 2024.

16 Sarah Blaskey, Samuel Oakford and Josh Dawsey, "Mar-a-Lago Returns to the Center of the Political Universe," *The Washington Post*, November 15, 2024.

17 Gomez Licon and Price, "Trump Calls It the 'Center of the Universe'"

18 Blaskey, Oakford and Dawsey, "Mar-a-Lago Returns to the Center"

19 VandeHei and Allen, "Behind the Curtain"

20 Marc Caputo, "Scoop: Trump's $2 Billion Fundraising Binge," *Axios*, November 5, 2025.

21 Antonio Fins, "Trump's Private Club Is Ground Zero for a Disruption-Themed Second Term: Inside Mar-a-Lago," *USA Today*, December 7, 2024.

22 Kristen Holmes, "Inside Mar-a-Lago, the Chaotic Trump Epicenter: Patio Pitches, Transition Meetings and Rogue Guests," *CNN*, November 10, 2024.

23 Nancy Cook, Joshua Green and Mario Parker, "Trump on Taxes, Tariffs, Jerome Powell and More," *Bloomberg Businessweek*, July 16, 2024.

24 Blaskey, Oakford and Dawsey, "Mar-a-Lago Returns to the Center"

25 Holmes, "Inside Mar-a-Lago, the Chaotic Trump Epicenter…"

26 Gomez Licon and Price, "Trump Calls It the 'Center of the Universe'"

27 Fins, "Trump's Private Club Is Ground Zero…"

28 Meredith Lee Hill, Gary Fineout and Kimberly Leonard, "Trump Charms GOP Rebels at Mar-a-Lago, with Musk in Tow," *Politico*, January 11, 2025.

29 McKay Coppins, "36 Hours on the Fake Campaign Trail with Donald Trump,"

BuzzFeed News, February 14, 2014.

30 Jason Horowitz, "Fred Trump Taught His Son the Essentials of Showboating Self-Promotion," *The New York Times*, August 12, 2016; Charles V. Bagli, "A Trump Empire Built on Inside Connections and 885 Million Dollars in Tax Breaks," *The New York Times*, September 17, 2016; Wayne Barrett, "How a Young Donald Trump Forced His Way From Avenue Z to Manhattan," *The Village Voice*, January 15, 1979.

31 Patrice Taddonio, "'All About the Fight': How Donald Trump Developed His Political Playbook," *PBS Frontline*, September 24, 2024.

32 Wayne Barrett, "Donald Trump's Seduction of Mario Cuomo," *The Village Voice*, January 14, 1992.

33 Trevor Hunnicutt and Andrea Shalal, "Trump Begins Demolition to Prepare for White House Ballroom," *Reuters*, October 22, 2025.

34 "Speech: Donald Trump Hosts Republican Senators in the Rose Garden for Lunch — October 21, 2025," *Roll Call*, October 21, 2025, https://rollcall.com/factbase/trump/transcript/donald-trump-speech-lunch-republican-senators-rose-garden-october-21-2025/.

35 "President Donald Trump Hosts a Rose Garden Club Lunch," The White House, accessed November 14, 2025, https://www.whitehouse.gov/gallery/president-donald-trump-hosts-a-rose-garden-club-lunch/.

그래도 계속되는 경쟁

1 Amber Phillips, "Trump Can't Stop Dissing John McCain," *The Washington Post*, June 26, 2018.

2 Jacob Passy, "Midterms Put the Brakes on Republicans' Health-Care Agenda—So What's Next?," *MarketWatch*, November 11, 2018.

3 Jonathan Swan, Shane Goldmacher and Maggie Haberman, "How Trump Has Used Fear and Favor to Win Republican Endorsements," *The New York Times*, January 4, 2024.

4 Terrence T. McDonald, "Andy Kim Says His Win Has Changed Jersey Politics 'Forever.' Let's Hope," *New Jersey Monitor*, November 8, 2024.

5 "Endorsements by Donald Trump," *Ballotpedia*, accessed November 14, 2025, https://ballotpedia.org/Endorsements_by_Donald_Trump

6 "What Becomes of Republicans Who Cross King Donald?," *The Economist*, July 6, 2025.

7 Mia McCarthy, "Freedom Caucus Pushes Two-Step Reconciliation Proposal, Countering Johnson's Plan," *Politico*, January 16, 2025.

8 Lindsay Wise, Xavier Martinez and Natalie Andrews, "Mike Johnson Wins Speaker Vote after Trump Twists Arms," *The Wall Street Journal*, January 3, 2025.

9 James Oliphant, Jeff Mason and Gram Slattery, "Takeaways from Trump's Address to Congress," *Reuters*, March 5, 2025.

10 "Senate Stories | The Evolution of the Response to the State of the Union," *Senate Historical Office*, January 31, 2024, https://www.senate.gov/artandhistory/senate-stories/evolution-of-the-response-to-the-state-of-the-union.htm/.

11 "Senate Stories | The Evolution of the Response to the State of the Union"

12 Karen Tumulty, "A State of the Union Delivered by the President in Person? Congress Was Agog," *The Washington Post*, January 29, 2018.

13 Tumulty, "A State of the Union Delivered by the President in Person?"

14 Andre Tartar, "How Did the State of the Union Become an Applause-Fest?," *New York Magazine*, February 12, 2013.

15 Tartar, "How Did the State of the Union Become an Applause-Fest?"

16 Natalie Allison, "President Melds a Fractious Coalition: The Six Factions of Trumpworld," *The Washington Post*, August 26, 2025.

3장 '절반의 미국' 파고들기

관세-규제 완화-감세의 톱니바퀴

1 Eric Platt, Amelia Pollard, Harriet Clarfelt and Oliver Barnes, "Milken Mission: Trump Dispatches Bessent to Calm the Financial Elite," *Financial Times*, May 9, 2025; Bradley Saacks, "Treasury Secretary Bessent Sells Tariffs Rhetoric to Wall Street by Talking Up Deregulation and Tax Cuts," *Business Insider*, May 6, 2025; Kevin Breuninger, "Bessent to Milken Conference: Trump Will Make America 'More Appealing for Investors Like You'," *CNBC*, May 5, 2025; Dawn Lim, Sonali Basak and Daniel Flatley, "Milken Crowd Warms Up to Tariffs While Condemning All the Chaos," *Bloomberg*, May 6, 2025; "Treasury Secretary Scott Bessent Remarks Before the Milken Institute Global Conference," U.S. Department of the Treasury, May 5, 2025, https://home.treasury.gov/news/press-releases/sb0130/.

2 "Treasury Secretary Scott Bessent Remarks Before the Milken Institute Global Conference," U.S. Department of the Treasury, May 5, 2025, https://home.treasury.gov/news/press-releases/sb0130/.

3 "Remarks Before the Milken Institute"

4 Scott Bessent, "Trump's Three Steps to Economic Growth," *The Wall Street Journal*, May 4, 2025.

5 Scott Bessent, "Trump's Three Steps to Economic Growth," *The Wall Street Journal*, May 4, 2025.

6 Bessent, "Trump's Three Steps"

7 "Treasury Secretary Scott Bessent Remarks," Takeshi Kawanami, "Bessent Q&A: China Is Most 'Imbalanced' Economy in Modern History," *Nikkei Asia*, August 11, 2025.

8 "Monthly Treasury Statement," U.S. Department of the Treasury, accessed

November 14, 2025, https://www.fiscal.treasury.gov/reports-statements/mts/previous.html

9 Andrea Shalal and Maiya Keidan, "US Expects $50 Billion a Month in Tariff Revenues, US Commerce Chief Lutnick Says," *Reuters*, August 7, 2025.

10 Konrad Putzier and Justin Lahart, "Inflation Isn't as Bad as Economists Thought, but Americans Still Hate It," *The Wall Street Journal*, October 24, 2025.

11 David Goldman, "Trump Warns America's Businesses: Eat My Tariffs, or Pay the Price," *CNN*, May 19, 2025.

12 Konrad Putzier, "Why Haven't Tariffs Boosted Inflation? This Theory Is Gaining Traction," *The Wall Street Journal*, August 15, 2025.

13 "Fact Sheet: President Donald J. Trump Imposes Tariffs on Imports from Canada, Mexico and China," The White House, February 1, 2025, https://www.whitehouse.gov/fact-sheets/2025/02/fact-sheet-president-donald-j-trump-imposes-tariffs-on-imports-from-canada-mexico-and-china/

14 Ana Swanson, "Trump Has Said 'No Exceptions' to His Tariffs. Will That Last?," *The New York Times*, March 10, 2025.

15 Putzier, "Why Haven't Tariffs Boosted Inflation?"

16 Rob Gillies, "Crucial Exemption Allows Majority of Canadian and Mexican Goods to Be Shipped to US without Tariffs," *AP News*, August 6, 2025.

'핀셋' 품목 관세로 진화

1 James Politi, "'Where the Hell Is the Market Risk?' Scott Bessent Takes On His Critics," *Financial Times*, October 25, 2025.

2 "Nixon shock," *Wikipedia*, accessed November 14, 2025, https://en.wikipedia.org/wiki/Nixon_shock/.

3 The Editorial Board, "Call to Economic Revival," *The New York Times*, August 16, 1971.

4 David Boaz, "The Nixon Shock and the Libertarians," *Cato Institute*, August 13, 2021.

5 "1972 CPI and Inflation Rate for the United States," *CPI Inflation Calculator*, accessed November 14, 2025, https://cpiinflationcalculator.com/1972-cpi-inflation-united-states/.

6 "Unemployment Rate," FRED (Federal Reserve Bank of St. Louis), accessed November 14, 2025, https://fred.stlouisfed.org/data/unrate/.

7 Kenneth G. Pringle, "Trump's Tariffs Are the Toughest Since the Great Depression. The Dangers We've Forgotten," *Barron's*, March 6, 2025.

8 Pringle, "Trump's Tariffs Are the Toughest…"

9 Greg Iacurci and Ana Teresa Solá, "What the 'Mother of All Trade Wars' Can Teach Us about U.S. Tariffs, According to Economists," *CNBC*, February 5, 2025.

10 Desmond Lachman, "Donald Trump's Tariffs: A 21st Century Smoot-Hawley

Disaster?," *19FortyFive*, February 3, 2025, https://www.aei.org/op-eds/donald-trumps-tariffs-a-21st-century-smoot-hawley-disaster/.

11 Pringle, "Trump's Tariffs Are the Toughest…"

12 "Hitler's Rise to Power, 1919–1933 – Edexcel," *BBC Bitesize*, accessed November 14, 2025, https://www.bbc.co.uk/bitesize/guides/z3bp82p/revision/5/; Pringle, "Trump's Tariffs Are the Toughest…"

13 "Adolf Hitler and the Nazi Rise to Power, 1918–1933," United States Holocaust Memorial Museum, accessed November 14, 2025, https://encyclopedia.ushmm.org/content/en/article/the-nazi-rise-to-power/; "Hitler's Rise to Power, 1919–1933–Edexcel" "Adolf Hitler's Rise to Power," *Wikipedia*, accessed November 14, 2025, https://en.wikipedia.org/wiki/Adolf_Hitler%27s_rise_to_power/.

14 "New Deal Trade Policy: The Export-Import Bank&the Reciprocal Trade Agreements Act, 1934," Office of the Historian, U.S. Department of State, accessed November 14, 2025, https://history.state.gov/milestones/1921-1936/export-import-bank/.

15 "Annual Message to the Congress on the State of the Union," *The American Presidency Project (UC Santa Barbara)*, January 7, 1948, https://www.presidency.ucsb.edu/documents/annual-message-the-congress-the-state-the-union-14/.

16 "Foreign Relations of the United States, 1969–1976, Volume III, Foreign Economic Policy; International Monetary Policy, 1969–1972," *Office of the Historian*, U.S. Department of State, accessed November 14, 2025, https://history.state.gov/historicaldocuments/frus1969-76v03/d171/.

17 "Unemployment Rate,"

18 "1972 CPI and Inflation Rate for the United States,"

19 Gavin Bade and Jesse Newman, "The U.S. Is Tiptoeing Away From Many of Trump's Signature Tariffs," *The Wall Street Journal*, October 17, 2025.

20 Bade and Newman, "The U.S. Is Tiptoeing…"

21 이윤희, "美전문가 '트럼프, 상호관세 불법 판결나도 대체 가능'", *뉴시스*, 2025년 9월 26일.

"연 100만 명 추방하겠다"

1 Suzanne Gamboa, "The RNC Puts a Spotlight on Immigration and Border Control, Trump's Signature Issue," *NBC News*, July 17, 2024; Elliot Spagat and Melissa Goldin, "FACT FOCUS: A Look at Ominous Claims around Illegal Immigration Made at the Republican Convention," *AP News*, July 17, 2024; Irie Sentner, "Trump Says Migrants Caused a 'Surge in Crime' in a Small Wisconsin City. Its Residents Reject That," *Politico*, November 2, 2024.

2 Miriam Jordan, "Voters Were Fed Up over Immigration. They Voted for Trump," *The New York Times*, November 6, 2024; Paul Boger, Chuck Quirmbach and Sarah Kallis, "Voters in Three Crucial Swing States Explain Why They Voted for

Trump," *NPR*, November 10, 2024.

3 "Protecting the American People against Invasion," The White House, January 20, 2025, https://www.whitehouse.gov/presidential-actions/2025/01/protecting-the-american-people-against-invasion/.

4 Daniel García Marco and Leire Ventas, "This Armoured Vehicle Was Used in Iraq – Now It's Stationed at the US – Mexico Border," *BBC*, June 5, 2025.

5 Russell Contreras, "Illegal Border Crossings Hit Decades Low under Trump Crackdown," *Axios*, July 15, 2025; Hamed Aleaziz, "Illegal Border Crossings Plunge to Lowest Level in Decades," *The New York Times*, July 2, 2025.

6 Jacqueline Metzler, "What Are Third-Country Deportations, and Why Is Trump Using Them?," Council on Foreign Relations, September 3, 2025.

7 Camilo Montoya-Galvez, "Trump Administration Using Guantanamo to Detain Foreigners from 26 Countries, Including Criminal Detainees," *CBS News*, July 8, 2025

8 Stephen Collinson, "Trump's Visit to a Migrant Camp Called 'Alligator Alcatraz' Stirs Dark Echoes," *CNN*, July 1, 2025.

9 Alex Fitzpatrick and Kavya Beheraj, "Noncriminal ICE Arrests Spiked in June," *Axios*, July 17, 2025.

10 Brittany Gibson and Stef W. Kight, "Scoop: Stephen Miller, Noem Tell ICE to Supercharge Immigrant Arrests," *Axios*, May 28, 2025.

11 Jane Ross and Steve Gorman, "Riot Police, Anti-ICE Protesters Square Off in Los Angeles After Raids," *Reuters*, June 7, 2025.

12 Sandra Stojanovic and Omar Younis, "Trump Deploys National Guard as Los Angeles Protests Against Immigration Agents Continue," *Reuters*, June 9, 2025.

13 "What Goes On in America's Immigration Courts," *The Economist*, July 10, 2025; Joshua Goodman and Gisela Salomon, "ICE agents wait in hallways of immigration court as Trump seeks to deliver on mass arrest pledge," *AP News*, May 22, 2025; Martha Bellisle, Claire Rush and Kate Brumback, "Immigration officers intensify arrests in courthouse hallways on a fast track to deportation," *AP News*, June 12, 2025; Martha Bellisle, "Homeland security officials defend immigration court arrests after being sued," *AP News*, July 18, 2025.

14 Fitzpatrick and Beheraj, "Noncriminal ICE Arrests Spiked in June"

15 Myah Ward, "Trump Got $170 Billion for Immigration. Now He Has to Enact It," *Politico*, July 5, 2025; Zolan Kanno-Youngs and Hamed Aleaziz, "ICE Set to Vastly Expand Its Reach with New Funds," *The New York Times*, July 12, 2025; Marianne LeVine and Silvia Foster-Frau, "GOP Tax Bill Bets Big on Trump's Immigration Agenda despite Poll Warnings," *The Washington Post*, July 4, 2025.

16 "ICE's Big Payday Makes Mass Deportation Possible," *The Economist*, July 7, 2025.

17 "ICE's Big Payday Makes Mass Deportation Possible"

18 "Early American Immigration Policies," U.S. Citizenship and Immigration

Services, July 30, 2020, https://www.uscis.gov/about-us/our-history/explore-agency-history/overview-of-agency-history/early-american-immigration-policies/; "1924 Democratic Convention: Tension Over Immigration," *PBS*, accessed November 14, 2025, https://www.pbslearningmedia.org/resource/1924-democratic-convention-immigrants-vs-kkk-video/retro-report/; Laura Barrón-López and Maea Lenei Buhre, "A look at the history of U.S. immigration policies that led to today's complex system," *PBS*, January 21, 2025.

19 "Early American Immigration Policies"

20 Adam Serwer, "Trump's White-Nationalist Vanguard," *The Atlantic*, November 19, 2019; Joshua Zeitz, "The Real History of American Immigration," *Politico*, August 6, 2017.

21 Marc Caputo, "Not amnesty lite: Trump's new plan for migrant worker visas," *Axios*, July 11, 2025.

다양성, 형평성, 보편성의 해체

1 Jeremy Diamond, "CNN's 'Unprecedented': 'Common sense,' Trump's campaign strategy from the get-go," *CNN*, November 18, 2016; Stuart A. Thompson, "For Trump and Fox News, New Policies Are Simply 'Common Sense'," *The New York Times*, February 13, 2025; Piotr Smolar, "'Revolution of common sense' or conservative reaction: The first markers of the Trump presidency," *Le Monde*, January 23, 2025; Megan Messerly, "Welcome to Donald Trump's new 'common sense' culture war," *Politico*, February 3, 2025; Danielle Kurtzleben, "Trump uses 'common sense' to make a political point. It has populist appeal," *NPR*, October 22, 2025.

2 "Interview: John Micklethwait of Bloomberg Interviews Donald Trump in Chicago - October 15, 2024," *Roll Call*, https://rollcall.com/factbase/trump/transcript/donald-trump-interview-john-micklethwait-Bloomberg-detroit-economic-club-october-15-2024/.

3 "Interview: John Micklethwait of Bloomberg Interviews Donald Trump in Chicago October 15, 2024," *Roll Call*, https://rollcall.com/factbase/trump/transcript/donald-trump-interview-john-micklethwait-bloomberg-detroit-economic-club-october-15-2024/.

4 Kiara Alfonseca, "Culture wars: How identity became the center of politics in America," *ABC News*, July 7, 2023; Andrew Anthony, "Everything you wanted to know about the culture wars - but were afraid to ask," *The Guardian*, June 13, 2021.

5 Philip Bump, "It's the culture war, stupid: How Republicans view the presidency," *The Washington Post*, October 25, 2023; Jesus Mesa, "Win or Lose, Trump Has Turned the Tide of the Culture Wars," Newsweek, November 4, 2024; "APP Report: GOP's Embrace of Culture War Crucial to 2024 Victory,"

American Principles Project, January 14, 2025; Elaine Kamarck and William A. Galston, "Trump's speech highlights culture wars amid growing concerns on inflation," *The Brookings Institution*, March 5, 2025.

6 "Ending Illegal Discrimination and Restoring Merit-Based Opportunity," The White House, January 21, 2025, https://www.whitehouse.gov/presidential-actions/2025/01/ending-illegal-discrimination-and-restoring-merit-based-opportunity/; Russell Contreras, "Trump's 2025 seeks to reverse LBJ's 1965," *Axios*, March 22, 2025.

7 "Keeping Men Out of Women's Sports," The White House, February 5, 2025, https://www.whitehouse.gov/presidential-actions/2025/02/keeping-men-out-of-womens-sports/; Jenna West and Lindsay Schnell, "Donald Trump signs executive order to block transgender athletes from women's sports," *The Athletic*, February 6, 2025.

8 Karen Yourish, Annie Daniel, Saurabh Datar, Isaac White and Lazaro Gamio, "These Words Are Disappearing in the New Trump Administration," *The New York Times*, March 7, 2025.

9 Tara Copp, Lolita C. Baldor and Kevin Vineys, "War heroes and military firsts are among 26,000 images flagged for removal in Pentagon's DEI purge," *AP News*, March 8, 2025; Brandon Drenon, "Arlington Cemetery strips content on black and female veterans from website," *BBC News*, March 16, 2025; Chris Boccia and Luis Martinez, "DOD says it 'mistakenly removed' Jackie Robinson, other content from website amid DEI purge," *ABC News*, March 20, 2025.

10 "West Point shuts down clubs for women and students of color in response to Trump's DEI policies," *AP News*, February 6, 2025.

11 Joseph Gedeon, "US army to test enlisted men and women with same physical standards," *The Guardian*, April 22, 2025.

12 Jo Yurcaba and Courtney Kube, "Transgender troops will be removed from the military, Pentagon says," *NBC News*, February 28, 2025; Cy Neff, "US to begin immediate removal of up to 1,000 trans military members," *The Guardian*, May 9, 2025; Elizabeth Wolfe, "Promoted one day and not 'fit for duty' the next: Transgender military personnel grapple with dismissals as forced separations are set to begin," *CNN*, June 6, 2025; Dan Ming, "Transgender military members fight to continue serving despite Trump's ban," *PBS*, July 19, 2025.

13 Ben Finley, Konstantin Toropin and Evan Vucci, "Trump Calls for Using US Cities as a 'Training Ground' for Military in Unusual Speech to Generals," *AP News*, October 1, 2025; The White House, "President Trump Delivers Remarks to the Department of War," September 30, 2025, https://www.youtube.com/watch?v=gKxWz8dyKfU/; Greg Jaffe, "A Novice Defense Secretary Lectures the Brass on What It Takes to Win," *The New York Times*, September 30, 2025.

14 Corey Dickstein, "No more beardos: Hegseth gives military branches 60 days to end shaving waivers for almost all US troops," *Stars and Stripes*, September 30,

2025.

15 Robert Draper, "America First Legal, a Trump-Aligned Group, Is Spoiling for a Fight," *The New York Times*, March 21, 2024; Alex Thompson, "Stephen Miller's Outside Army," *Axios*, March 8, 2025.

16 Giorgio Leali, Paul de Villepin and Joe Stanley-Smith, "France, Belgium scoff at anti-DEI letter from Trump administration," *Politico*, March 30, 2025.

17 Julia Love, "Google Ends Diversity Goals for Its Workforce in Trump Era," *Bloomberg*, February 6, 2025; Michael Liedtke, "Google scraps its diversity hiring goals as it complies with Trump's new government contractor rules," *AP News*, February 6, 2025.

18 Liam Reilly, "Skydance pledges to Trump's FCC it'll eliminate DEI, install 'ombudsman' to root out 'bias' at CBS News," *CNN*, July 24, 2025; David Shepardson, "FCC chair pleased with Skydance vow to make changes at CBS," *Reuters*, July 25, 2025.

19 Jonathan Levin and Nic Querolo, "Republicans Make Schools the Latest Front in Culture Wars," *Bloomberg*, February 2, 2022; Lauren Gambino, "'Parents' rights': Republicans wage education culture war as 2024 looms," *The Guardian*, March 24, 2023; Danielle Kurtzleben, "How schools (but not necessarily education) became central to the Republican primary," NPR, December 20, 2023.

20 Megan Stringer, "Abbott signs Texas school voucher program into law," *Axios*, May 3, 2025; Brad Brooks, "Texas governor signs largest US school voucher law, marking conservative shift," *Reuters*, May 4, 2025; Dana Goldstein, "Federal School Voucher Proposal Advances, a Milestone for Conservatives," *The New York Times*, May 13, 2025.

21 Bo Erickson and Jonathan Allen, "Columbia University promises to address Trump administration's concerns after $400 million in funding pulled," *Reuters*, March 9, 2025; Joseph Zuloaga, Theresa Cullen and Dora Gao, "Judge rules Trump administration's targeting of pro-Palestinian students for deportation efforts violated First Amendment," *Columbia Spectator*, October 1, 2025.

22 Harvard Office of the President, "Upholding Our Values, Defending Our University," April 21, 2025; Alvin Powell, "Harvard files lawsuit against Trump administration," *The Harvard Gazette*, April 21, 2025; Gina Kolata and Jeremy W. Peters, "Harvard's President Is Fighting Trump. He Also Agrees With Him," *The New York Times*, May 3, 2025; Joanna Slater and Susan Svrluga, "The quiet academic leading Harvard's fight against Trump," *The Washington Post*, July 25, 2025; William C. Mao and Veronica H. Paulus, "Harvard President Garber Tells Faculty He Is Not Considering a $500 Million Deal With Trump," The Harvard Crimson, August 3, 2025; Bianca Quilantan, "Harvard secures win in fight with Trump over federal research funding," *Politico*, September 3, 2025.

23 "Trump says Harvard should have maybe a 15% cap on foreign students," *Reuters*, May 29, 2025; Neal Riley, "Trump suggests that Harvard University cap

international student enrollment at 15% and 'show us their lists'," CBS, May 29, 2025; Nate Raymond, "US judge blocks Trump plan to close Harvard's doors to international students," Reuters, June 24, 2025.

24 Simone McCarthy, Joyce Jiang and Yong Xiong, "In the race to attract the world's smartest minds, China is gaining on the US," *CNN*, August 16, 2022.

25 Mary Cunningham, "White House asks 9 universities to sign agreement to ensure access to grants and other federal benefits," *CBS News*, October 2, 2025; Michael C. Bender, "Trump Administration Asks Colleges to Sign 'Compact' to Get Funding Preference," *The New York Times*, October 2, 2025; Alan Blinder and Michael C. Bender, "The Billionaire Behind Trump's Deal for Universities," *The New York Times*, October 3, 2025.

26 Cunningham, "White House asks…"; Bender, "Trump Administration Asks Colleges…"; Blinder and Bender, "The Billionaire Behind Trump's Deal…"

27 Alan Blinder, "All but 2 Universities Decline a Trump Offer of Preferential Funding," *The New York Times*, October 20, 2025; Liam Knox, "In Trump's War With Colleges, No School Gets to Be Switzerland," Bloomberg, November 14, 2025.

28 Edward Helmore, "Trump is waging war against the media – and winning," *The Guardian*, July 5, 2025; Kelcee Griffis and Hannah Miller, "Trump's War on the Media Goes International With BBC Apology," Bloomberg, November 11, 2025.

29 Stefania Palma and Amelia Pollard, "Donald Trump widens war on legal industry with order targeting Jenner&Block," *Financial Times*, March 26, 2025.

30 Pete Schroeder and Nupur Anand, "Trump targets banks with order barring discriminatory 'debanking'," *Reuters*, August 8, 2025; Katherine Doherty and Hadriana Lowenkron, "Trump Signs Order Targeting Banks Over Political Discrimination," *Bloomberg*, August 7, 2025.

차세대 보수 리더 커크의 죽음, 그 이후

1 Kathryn Palmer, "What Is Turning Point USA? What to Know about Charlie Kirk's Organization," *USA Today*, September 20, 2025.

2 "Some of Charlie Kirk's Most Controversial Takes," *CBC News*, September 10, 2025.

3 George Packer, "The Tragedy of Charlie Kirk's Killing," *The Atlantic*, September 10, 2025.

4 George Packer, "The Tragedy of Charlie Kirk's Killing," *The Atlantic*, September 10, 2025.

5 James Powel, "Trump Orders Flags Flown at Half-Staff Following Charlie Kirk Assassination," *USA Today*, September 10, 2025.

6 Miranda Jeyaretnam, "From Firings to the Threat of Deportation: Commenters Deemed Offensive After Charlie Kirk's Death Face Consequences," *TIME*,

September 15, 2025.
7 Cameron Henderson, "White House Vows to 'Dismantle Radical Left' after Charlie Kirk Killing," *The Telegraph*, September 13, 2025.
8 Mike Crawley, "Trump Vows to Dismantle 'Radical Left' Groups in Wake of Charlie Kirk Killing," *CBC News*, September 17, 2025.
9 Donovan Slack, Shayan Sardarizadeh, Kayleen Devlin, "Trump Designates Antifa a 'Domestic Terrorist Organisation'," *BBC*, September 23, 2025.
10 Shayan Sardarizadeh and Kayleen Devlin, "What Is Antifa and Why Is President Trump Targeting It?" *BBC*, October 9, 2025.
11 Irie Sentner, "Republicans Fold Charlie Kirk into Their Midterm Messaging," *Politico*, September 17, 2025.
12 Rhian Lubin, "Over 54,000 Students Have Contacted Turning Point USA to Sign Up in the Week after Charlie Kirk's Death, Organization Claims," *Independent*, September 17, 2025.
13 Julia Manchester, "Kirk Killing Mobilizes Young Conservatives Ahead of Midterms," *The Hill*, September 17, 2025.
14 Dan Mangan, "FBI Raids Home, Office of John Bolton, Former Trump National Security Advisor," *CNBC*, August 22, 2025.
15 Herb Scribner, "How the Trump-Bolton Relationship Devolved into Chaos and an FBI Raid," *Axios*, August 22, 2025.
16 Joseph Gedeon, "John Bolton Raid Shows Weaponization of FBI against Patel's 'Gangsters' List," *The Guardian*, August 22, 2025.
17 Jeremy Herb et al., "Inside the Quiet, Yearslong Investigation into John Bolton," *CNN*, October 18, 2025.
18 "Press Conference: Donald Trump Holds a Press Event at the White House - October 15, 2025," *Roll Call*, October 15, 2025.
19 "What American Voters Really Think of the Revenge Agenda," *The Economist*, October 8, 2025.

'음모론 팟캐스터' 루머와 청년 보수

1 Laura Loomer, posts on *X*: September 13, 2025, https://x.com/LauraLoomer/status/1966815142030491734/; September 12, 2025, https://x.com/LauraLoomer/status/1966212495493967957/; September 11, 2025, https://x.com/LauraLoomer/status/1965885654807789968/; September 11, 2025, https://x.com/LauraLoomer/status/1965863201691844681/.
2 Ken Bensinger, "Who Is Laura Loomer, the Far-Right Activist Who Traveled With Trump?," *The New York Times*, September 13, 2024.
3 Jasper Ward, "US stops visitor visas for people from Gaza," *Reuters*, August 17, 2025.
4 Katherine Doyle, Henry J. Gomez, Gordon Lubold, Julie Tsirkin and Courtney Kube, "Trump fires at least 3 national security aides following a meeting with

far-right activist Laura Loomer," *NBC News*, April 4, 2025; Maggie Haberman, Jonathan Swan and Ken Bensinger, "Trump Fires 6 N.S.C. Officials After Oval Office Meeting With Laura Loomer," *The New York Times*, April 3, 2025.

5 Patricia Zengerle and Doina Chiacu, "Classified intelligence meeting blocked after far-right activist criticism, US Democrat says," *Reuters*, September 4, 2025; Dan De Luce, "Intelligence meeting canceled after attacks by far-right activist Laura Loomer, Democratic senator says," *NBC News*, September 3, 2025; Noah Robertson and Warren P. Strobel, "Mark Warner says spy agency visit canceled over posts by Laura Loomer," *The Washington Post*, September 3, 2025.

6 Will Steakin, "How Laura Loomer's pressure campaigns are reshaping the Trump administration," *ABC News*, August 5, 2025; David Lim and Lauren Gardner, "Trump drove firing of FDA official," *Politico*, July 30, 2025; Steve Contorno and Adam Cancryn, "Laura Loomer has the White House scrambling again—and she's far from finished," *CNN*, August 4, 2025.

7 Laura Loomer, *X*, September 12, 2025, https://x.com/LauraLoomer/status/1966271547456602467/.

8 Dan Lamothe and Tara Copp, "Laura Loomer knocks Medal of Honor recipient in new attack on Army," *The Washington Post*, August 9, 2025.

9 Ken Bensinger and Robert Draper, "Laura Loomer, Trump's Blunt Instrument," *The New York Times*, July 8, 2025.

10 Bensinger, "Who Is Laura Loomer…"

11 Linda Givetash, "Laura Loomer banned from Twitter after criticizing Ilhan Omar," *NBC News*, November 22, 2018.

12 Christina Zhao, "PayPal Bans Pro-Trump, Far-Right Activist Laura Loomer," *Newsweek*, February 5, 2019; Ewan Palmer, "Why Laura Loomer Was Banned From Twitter," *Newsweek*, November 29, 2022.

13 Bensinger, "Who Is Laura Loomer…"

14 Kate Conger, Tiffany Hsu and Aaron Krolik, "What Happened When Elon Musk Brought Them Back?," *The New York Times*, October 12, 2024.

15 Bensinger and Draper, "Laura Loomer, Trump's Blunt Instrument…"

16 Isaac Arnsdorf, Josh Dawsey and Jacqueline Alemany, "Trump gravitates to fringe figures despite efforts to limit their influence," *The Washington Post*, August 23, 2023.

17 Sophia Cai and Alex Thompson, "Trump allies alarmed by Laura Loomer's influence on him," *Axios*, September 13, 2024; Tim Alberta, "Inside the Ruthless, Restless Final Days of Trump's Campaign," *The Atlantic*, November 2, 2024.

18 Alberta, "Inside the Ruthless, Restless Final Days…"

19 Eric Bradner, "How a false rumor about pets in Ohio and Laura Loomer's presence helped derail Trump's planned attacks on Harris," *CNN*, September 14, 2024.

20 Bensinger and Draper, "Laura Loomer, Trump's Blunt Instrument…"
21 Natalie Allison, Sarah Ellison and Drew Harwell, "Inside Laura Loomer's rise: 'Obsessive' research, Oval Office visits," *The Washington Post*, August 5, 2025.
22 Aurélien Defer and Lyssia Gingins, "Trump's victory is also that of conservative influencers, from Joe Rogan to Adin Ross," *Le Monde*, November 7, 2024; Emma Colton, "Inside how podcasters moved the voting needle with young men ahead of Trump's massive win," *Fox News*, November 29, 2024.
23 Isabella Simonetti and Anne Steele, "Trump's Win Cemented It: New Media Is Leaving the Old Guard Behind," *The Wall Street Journal*, November 8, 2024.
24 Elisa Shearer, Jacob Liedke, Katerina Eva Matsa, Michael Lipka and Mark Jurkowitz, "Podcasts as a Source of News and Information," *Pew Research Center*, April 18, 2023.
25 Shearer, Liedke, Matsa, Lipka and Jurkowitz, "Podcasts as a Source of News and Information"
26 Sam Wolfson, "Don't underestimate the Rogansphere. His mammoth ecosystem is Fox News for young people," *The Guardian*, November 20, 2024.
27 PowerfulJRE, "Joe Rogan Experience #2219 – Donald Trump," *YouTube*, October 26, 2024, https://www.youtube.com/watch?v=hBMoPUAeLnY/.
28 PowerfulJRE, "Joe Rogan Experience #2219 – Donald Trump"
29 Reality Check team, "Joe Rogan: Four claims from his Spotify podcast fact-checked," *BBC News*, February 1, 2022.
30 Jonathan Zimmerman, "I was a guest on Joe Rogan's podcast. Here's what happened," *The Philadelphia Inquirer*, February 9, 2022.
31 Wolfson, "Don't underestimate the Rogansphere…"
32 Felix Gillette and Ashley Carman, "Joe Rogan Invaded Austin and Became Comedy's New Kingmaker," *Bloomberg*, July 25, 2024; Reggie Ugwu, "In Austin, a Comedy Scene that Speaks to Political Mavericks," *The New York Times*, September 16, 2025.
33 Aditi Bharade, "Trump says his teen son Barron told him he needed to go on streamer Adin Ross' show," *Business Insider*, August 6, 2024.

4장 해외 국가 대응 파악하기

부자 중동과 좌파 유럽

1 Luke Broadwater and Jonathan Swan, "For Trump, Adulation and No Risk of Protests Made the Gulf a Dream Trip," *The New York Times*, May 17, 2025.
2 "MAGA meets MBS," *The Economist*, May 8, 2025.
3 "In Riyadh, President Trump Charts the Course for a Prosperous Future in the Middle East," The White House, May 13, 2025, https://www.whitehouse.gov/articles/2025/05/in-riyadh-president-trump-charts-the-course-for-a-

prosperous-future-in-the-middle-east/.
4 Vivian Nereim, "Trump's Pledge to the Middle East: No More 'Lectures on How to Live'," *The New York Times*, May 14, 2025.
5 Steven A. Cook, "Trump Gets the Middle East Right," *Foreign Policy*, May 21, 2025.
6 "China and Saudi Arabia," Ministry of Foreign Affairs of the People's Republic of China, https://www.fmprc.gov.cn/eng/gjhdq_665435/2675_665437/2878_663746/.
7 "Saudi Arabia," Office of the United States Trade Representative, https://ustr.gov/countries-regions/europe-middle-east/middle-eastnorth-africa/saudi-arabia/.
8 Peter Baker, "Chinese-Brokered Deal Upends Mideast Diplomacy and Challenges U.S.," *The New York Times*, March 11, 2023.
9 Kelley Beaucar Vlahos, "In 2024, veterans voted Trump," Quincy Institute for Responsible Statecraft, November 11, 2024, https://responsiblestatecraft.org/veterans-vote-trump/.
10 Simon Lewis and Humeyra Pamuk, "Trump administration proposes major shake-up of US State Department," *Reuters*, April 23, 2025.
11 Marco Rubio, "A New State Department to Meet the Challenges of a New Era," U.S. Department of State, April 22, 20
12 Samuel Samson, "The Need for Civilizational Allies in Europe," May 28, 2025, https://statedept.substack.com/p/the-need-for-civilizational-allies-in-europe/.
13 Gabriel Stargardter and Elizabeth Pineau, "Exclusive: Le Pen's far-right French party rebuffed US offer of support, sources say," *Reuters*, June 25, 2025; Eric Bazail-Eimil, "US State Department adviser wanted to boost French far-right leader Marine Le Pen," *Politico*, June 26, 2025.
14 Stargardter and Pineau, "Exclusive: Le Pen's far-right…"

글로벌 마가 연합 등장

1 有料記事, "参政党『日本人ファースト』への熱気街で聞いた支持する理由と不安," 朝日新聞, 2025年6月25日.
2 "結党5年の参政党とは秘密裏に社会動かす『影の政府』、代表が主張," 朝日新聞, 2025年7月16日.
3 James Angelos, Pauline von Pezold, and Nette Nöstlinger, "German Far Right's Strategy for Seizing Power: Foment US-Style Polarization," *Politico*, July 8, 2025.
4 Hanna Duggal, "Charting the Rise of Germany's Far-Right AfD Party," *Al Jazeera*, February 24, 2025.
5 Jessica Parker, "Musk Interviews German Far-Right Frontwoman," *BBC*, January 10, 2025.
6 Jens Thurau and Elizabeth Schumacher, "Germany: What Is the 'AfD Firewall'?," *DW*, January 31, 2025.

7 Angelos, von Pezold, and Nöstlinger, "German Far Right's Strategy"
8 Angelos, von Pezold, and Nöstlinger, "German Far Right's Strategy"
9 Mark Hosenball, "Steve Bannon's Effort to Export His Fiery Popularism to Europe Is Failing," *Reuters*, September 2, 2020.
10 The White House, "President Donald J. Trump welcomes Polish presidential candidate Karol Nawrocki to the Oval Office," *X*, May 2, 2025, https://x.com/WhiteHouse/status/1918096389495554350/; "Trump Meets Polish Nationalist Candidate Ahead of Presidential Election," *Reuters*, May 2, 2025.
11 Nick Thorpe, "Europe's US-Backed Conservatives Hope This Is Their Moment to Go Mainstream," *BBC*, May 31, 2025; Piotr Skolimowski, "Trump Homeland Chief Noem Backs Nationalist in Poland's Election," *Bloomberg*, May 28, 2025.
12 Associated Press, LIVE: Kristi Noem Speaks at CPAC 2025 in Poland, May 28, 2025, http://www.youtube.com/watch?v=mq5AMt-AYMc/.
13 Adam Easton, "Poland's conservative president-elect to be tough opponent for PM," *BBC*, June 2, 2025.
14 Donatienne Ruy, "The Implications of Poland's Presidential Election," *CSIS*, June 3, 2025.

트럼프의 북유럽 친구

1 Vera Bergengruen, "How Finland's Golf-Loving President Got Trump to Hear Him Out on Russia," *The Wall Street Journal*, August 13, 2025.
2 "Stubb urged Trump to seek Ukraine ceasefire by 20 April," *Yle News*, March 30, 2025; "After golfing with Stubb, Trump says US will 'purchase badly needed Icebreakers' from Finland," *Yle News*, March 30, 2025.
3 "Stubb urged Trump"
4 Bergengruen, "Finland's Golf-Loving President"
5 Artem Dzheripa, "In the White House, the President of Finland Compared the Current War to 1944 – What Does This Mean," *LIGA.net*, August 18, 2025; Kristina Spohr, "Finland's long road to NATO," *El País*, April 22, 2023.
6 Carlos Torralba, "Finland on constant alert against Russia," *El País*, February 3, 2025.
7 Clinton Colmenares, "Furman alumnus Alex Stubb elected president of Finland," *Furman University News*, February 11, 2024, https://www.furman.edu/news/furman-alumnus-alex-stubb-elected-president-of-finland/.
8 David Mac Dougall, "Down and out in Helsinki," *Politico*, May 18, 2016.
9 "Centre and Finns Party voters will determine the next president," *Yle News*, January 29, 2024.
10 Liz Goodwin, "How Lindsey Graham Is Accommodating Himself to Trump's Foreign Policy," *The Washington Post*, April 28, 2025.
11 Bergengruen, "Finland's Golf-Loving President"

영국 진보 정권의 선구안

1 Natalie Allison, "JD Vance Mutes Criticism, Practices Diplomacy in British Visit," *The Washington Post*, August 8, 2025.

2 Kate Whannel, "Faith, Family and Fishing: The Unlikely Bond between JD Vance and David Lammy," *BBC*, August 9, 2025.

3 Mark Landler, "A Friend of Obama Who Could Soon Share the World Stage With Trump," *The New York Times*, April 21, 2024.

4 Daniel Boffey, "Shared Prayers and Tears: How Lammy Wooed JD Vance and the White House," *The Guardian*, August 7, 2025.

5 Sam Francis, "Donald Trump Often Misunderstood on Nato, Says Labour's David Lammy," *BBC*, May 9, 2024.

6 Sam Francis, "I Can Find Common Ground with JD Vance, Says David Lammy," *BBC*, July 18, 2024.

7 Kate Whannel, "Faith, Family and Fishing: The Unlikely Bond between JD Vance and David Lammy," *BBC*, August 9, 2025.

일본과 미국의 질긴 인연

1 Nina C. Ayoub, "Buy American: The Untold Story of Economic Nationalism," *The Chronicle of Higher Education*, August 6, 1999.

2 Paxton Ouellette, "Japan's Proper Place: An Examination of American Depictions of Japan," *Union*, https://union.manifoldapp.org/projects/japanese-united-states-relations/.

3 Tom Redburn and Donna K. H. Walters, "Reagan Imposes 100% Tariffs on Japan Goods: Retaliatory Sanctions Aimed at $300 Million in Electronic Products in Semiconductor Dispute," *Los Angeles Times*, March 28, 1987.

4 T. R. Reid, "Hammering America's Image," *The Washington Post*, March 7, 1992.

5 "高市早苗氏、ガラスの天井破る女性初の首相までの歩み," *日本経済新聞*, 2025年10月4日.

6 多鹿ちなみ, "日米合意は「暫定的」今後も続くトランプ関税、新総裁どう向き合う," *朝日新聞*, 2025年10月4日.

7 "政策インタビュー：高市早苗·前経済安全保障担当相に聞く「実現すべき政策'実現したい政策」," *政策ニュース.jp*, 2025年5月7日.

8 황인찬, 김철중, "시진핑 "침략 역사 반성해야" 다카이치 "동중국해 문제 우려,"" *동아일보*, 2025.11.1.

9 황인찬, "다카이치 "대만 유사시 자위대 파병 가능" 日총리 첫 거론," *동아일보*, 2025년 11월 10일.

10 김철중, 황인찬, 안규영, "中, 日여행 자제령에 센카쿠 무력시위… 日, 대사 초치 맞불," *동아일보*, 2025년 11월 17일; 황인찬, 김철중, "中의 한일령… '짱구는 못말려' 등 상영 중지," *동아일보*, 2025년 11월 19일.

11 황인찬, 김철중, 김성모, "'對中강경' 다카이치 지지율 올라… 4연임 앞 시진핑도 강공," *동아일보*, 2025년 11월 18일.

12 磯田和昭, "高市内閣支持69%歴代屈指の高さ維持物価高対応評価朝日世論," *朝日新聞*, 2025年11月16日.

13 Fan Wang, "'We were never friends': A massacre on the eve of WW2 still haunts China-Japan relations," *BBC*, 2025.8.15; Mei Mei Chu, "Chinese film on 'evil' WW2 germ warfare unit risks adding fuel to Japanese tensions," *Reuters*, 2025.9.20; "Film on Japan's Unit 731 stands out in National Day holiday charts," *Xinhua*, 2025.10.9.

14 "Beijing insiders' plan to play Donald Trump," *The Economist*, 2025.11.11.

15 Zhao Minghao, "Following the Xi-Trump summit, is the G2 back on track?," *South China Morning Post*, 2025.11.4.

16 秋田浩之, "中国、対日強硬の裏に米中「雪解け」欧州大学院のジュリオ·プリエセ氏," *日本経済新聞*, 2025年11月17日.

5장 트럼프 다음을 내다보기

유력 마가 후계자 밴스

1 Natalie Allison and Cat Zakrzewski, "Vance Leads Charlie Kirk's Mourning, Cementing Place in Powerful Movement," *The Washington Post*, September 19, 2025.

2 Elena Moore, "Vice President Vance Has a New Gig: Fundraising for the Republican National Committee," *NPR*, March 18, 2025.

3 Jim VandeHei and Mike Allen, "Behind the Curtain: GOP Future Foretold," *Axios*, September 17, 2025.

4 Elena Moore, "Vice President Vance Has a New Gig: Fundraising for the Republican National Committee," *NPR*, March 18, 2025.

5 Jonathan Swan and Maggie Haberman, "How J.D. Vance Won Over Donald Trump," *The New York Times*, July 16, 2024.

6 Swan and Haberman, "How J.D. Vance Won"

7 Swan and Haberman, "How J.D. Vance Won"

8 Tom Nichols, "The Moral Collapse of JD Vance," *The Atlantic*, July 14, 2021.

9 Sophia Cai, "Trump's Real-Time Reviews of 2024 VP Possibles and Other Surrogates," *Axios*, May 5, 2024.

10 Mike Allen and Dan Primack, "Scoop: J.D. Vance Courts Silicon Valley for Trump," *Axios*, May 24, 2024.

11 Trevor Hunnicutt and Jarrett Renshaw, "Trump Dismisses 2028 VP Run as 'Too Cute,' Leaves Door Open to Third Term," *Reuters*, October 28, 2025.

12 Henry J. Gomez, "For One Night, Vance Takes Charlie Kirk's Place on the College Campus Debate Circuit," *NBC News*, October 30, 2025; Jasmine Baehr, "Massive Crowds Line up in the Rain at Ole Miss for Turning Point USA Event with VP Vance, Erika Kirk," *Fox News*, October 29, 2025.

13 "Remarks: JD Vance Addresses a Turning Point USA Tour Event in Oxford, Mississippi - October 30, 2025," *Roll Call*, October 30, 2025, https://rollcall.com/factbase/trump/transcript/donald-trump-remarks-jd-vance-turning-point-usa-oxford-mississippi-october-30-2025/.

14 VandeHei and Allen, "Behind the Curtain"

자금-기술 갖춘 테크 보수

1 Andrew Granato, "How Peter Thiel and the Stanford Review Built a Silicon Valley Empire," *Stanford Politics Magazine*, November 27, 2017.

2 Julie Ankenbrandt, "How Was The Rivalry Between Paypal And X.com Before And After The Merger?," *Forbes*, October 9, 2015.

3 Granato, "How Peter Thiel"

4 Ryan Mac and Theodore Schleifer, "How a Network of Tech Billionaires Helped J.D. Vance Leap Into Power," *The New York Times*, July 17, 2024.

5 Dwoskin et al., "Inside the Powerful Peter Thiel Network"

6 Jonathan Swan and Maggie Haberman, "How J.D. Vance Won Over Donald Trump," *The New York Times*, July 16, 2024.

7 Eliana Johnson, "Donald Trump's 'Shadow President' in Silicon Valley," *Politico*, February 26, 2017.

8 Rolfe Winkler and Angel Au-Yeung, "Who Is David Sacks, Trump's Pick for AI and Crypto Czar?," *The Wall Street Journal*, December 10, 2024.

9 Mike Allen and Dan Primack, "Scoop: J.D. Vance Courts Silicon Valley for Trump," *Axios*, May 24, 2024.

10 Alexandra Ulmer and Dawn Chmielewski, "With Trump VP Pick J.D. Vance, Silicon Valley Conservatives Land a 'Tech Bro' on the Ticket," *Reuters*, July 17, 2024.

11 Joe Lonsdale, "A Business Leader on Why He's Backing Donald Trump," *The Economist*, June 27, 2024.

12 Theodore Schleifer, "Trump Picks a Jet-Setting Pal of Elon Musk to Go Get Greenland," *The New York Times*, January 16, 2025.

선거 운동의 새 지평 연 머스크

1 "President Donald Trump Election Night Speech," *C-SPAN video*, November 6, 2024, https://www.c-span.org/program/campaign-2024/former-president-donald-trump-election-night-speech/651287/.

2 Taylor Telford, Faiz Siddiqui, and Casey Parks, "Elon Musk Said His Trans Child Was 'Dead.' She's Calling Him Out," *The Washington Post*, July 26, 2024.

3 Adam Satariano, Ryan Mac, and Tiffany Hsu, "Elon Musk Puts His Own Politics on Display on Election Day," *The New York Times*, November 8, 2022.

4 Theodore Schleifer and Ryan Mac, "How Elon Musk Chose Trump," *The New York Times*, July 18, 2024.

5 Marco Quiroz-Gutierrez, "Nelson Peltz Says He Connected Elon Musk with Donald Trump—'I Was a Matchmaker'," *Fortune*, November 14, 2024; Kevin Breuninger, "Elon Musk Says Trump 'Came by' While He Was Eating Breakfast, Did Not Ask for Money," *CNBC*, March 18, 2024.

6 "America PAC," *Federal Election Commission*, https://www.fec.gov/data/committee/C00879510/?cycle=2024&tab=about-committee/.

7 Theodore Schleifer and Susanne Craig, "Trump's Victory Is a Major Win for Elon Musk and Big-Money Politics," *The New York Times*, November 6, 2024.

8 Hugo Lowell, "America Pac Was Warned about Trump Ground Game Fraud Months Ago," *The Guardian*, November 1, 2024.

9 Schleifer and Craig, "Trump's Victory Is a Major Win"

10 Theodore Schleifer, "Musk's Super PAC Offers $47 to Those Who Help It Find Trump Voters," *The New York Times*, October 7, 2024.

11 David Freedlander, "Elon Musk's Pennsylvania Playbook," New York Magazine, November 3, 2024; Alice Tecotzky and Brent D. Griffiths, "Elon Musk Went All-In on Pennsylvania—and Helped Deliver the White House to Trump," *Insider*, November 8, 2024.

12 Theodore Schleifer, Maggie Haberman, Ryan Mac, and Jonathan Swan, "Musk Is Going All In to Elect Trump," *The New York Times*, October 11, 2024.

13 Schleifer et al., "Musk Is Going All In"

14 Freedlander, "Elon Musk's Pennsylvania Playbook"

밴스와 머스크의 케미

1 Ross Douthat, "JD Vance, Elon Musk and the Future of America," *The New York Times*, December 7, 2024.

2 Henry J. Gomez, Peter Nicholas, and Matt Dixon, "Trump's Children Won't Have White House Roles in His Second Term," *NBC News*, December 4, 2024.

3 Filip Timotija, "Thiel Says He Won't Have 'Full-Time' Role in Second Trump Administration," *The Hill*, December 13, 2024.

4 Lauren Irwin, "Trump Jr. on Poll Showing Him Top 2028 GOP Candidate: 'Don't Get Me in Trouble'," *The Hill*, January 22, 2025.

5 Kristen Holmes, Kaitlan Collins, and Samantha Waldenberg, "Musk Blasts Trump's Agenda Bill as a 'Disgusting Abomination,' Catching White House Officials Off Guard," *CNN*, June 4, 2025.

6 Alex Isenstadt, "Musk's Erratic June Included a $15 Million Peace Offering," *Axios*, July 31, 2025.

7 Will Steakin, Lalee Ibssa, and Hannah Demissie, "Trump and Musk Feud Escalates after Musk Floats Creating New Political Party," *ABC News*, July 8, 2025.

8 Brian Schwartz, "Elon Musk Pledged to Start a Political Party. He Is Already Pumping the Brakes," *The Wall Street Journal*, August 19, 2025.

9 Ashley Carnahan, "Vance Tells Musk to Stay 'Loyal' to Trump's Republican Party amid Third-Party Speculation," *Fox News*, August 20, 2025.

10 Schwartz, "Elon Musk Pledged"

11 Neil Strauss, "Elon Musk: The Architect of Tomorrow," *Rolling Stone*, November 15, 2017.

12 Trung T. Phan, "The Cold War Rocket Expert that Elon Musk Called When He Wanted to Go to Mars," *The Hustle*, October 14, 2020.

13 Phan, "Cold War Rocket Expert"

14 Kirsten Grind, "Elon Musk's Plan to Put a Million Earthlings on Mars in 20 Years," *The New York Times*, July 11, 2024.

15 Lora Kolodny, "Trump Attends SpaceX Starship Launch in Texas with CEO Elon Musk," *CNBC*, November 19, 2024.

16 "The Inaugural Address," The White House, January 20, 2025, https://www.whitehouse.gov/remarks/2025/01/the-inaugural-address/.

17 Loren Grush, "Trump Repeatedly Asks NASA Administrator Why We Can't Go Straight to Mars," *The Verge*, July 20, 2019.

18 Elon Musk, *X*, January 3, 2025, https://x.com/elonmusk/status/1875023335891026324/.

19 Jonathan Corum, "A Flag on Mars? Maybe Not So Soon," *The New York Times*, January 30, 2025; "Can Musk Put People on Mars?," *The Economist*, March 27, 2025.

트럼피디아

트럼프 알고리즘을 해부하다

1판 1쇄 발행 2026년 1월 15일

글 이지윤
발행인 신혜경
발행처 마음의숲

편집이사 권대웅
편집 조혜민
디자인 장소희
마케팅 오세미

출판등록 2006년 8월 1일 (제2006-000159호)
주소 서울특별시 마포구 와우산로30길36 마음의숲빌딩 (창전동 6-32)
전화 (02) 322-3164~5 팩스 (02) 322-3166
이메일 maumsup@naver.com
인스타그램 @maumsup
용지 월드페이퍼㈜ 인쇄·제본 ㈜교보피앤비

ISBN 979-11-6285-183-8 (03320)

* 값은 뒤표지에 있습니다.